教育部人文社科基金项目
"生态宜居目标下农村社区环境自主治理机制研究"（19YJC810006）
"洞庭湖区生态环境跨域协同治理机制研究"（17YJCZH195）
"劳动力流动视角下中西部地区乡村振兴的实现机制研究"（18YJCZH046）

国家社科基金项目
"互动式治理视角下农村环境多元共治的实现机制研究"（19BZZ077）

湖南省社科基金项目
"湖南省武陵山片区旅游扶贫的企业参与机制研究"（17YBX014）
"洞庭湖区农业产业链融资模式选择及其福利效果研究"（17JD64）
"连片特困地区精准扶贫碎片化及治理研究"（18YBX011）

REPORT ON RURAL GOVERNANCE AND
DEVELOPMENT IN HUNAN PROVINCE (2019)

湖南农村治理与发展报告（2019）

主　编　李红革
副主编　匡立波　何鑫　王尔媚　苏静　贾先文　何静宜

中国财经出版传媒集团
经济科学出版社
Economic Science Press

图书在版编目（CIP）数据

湖南农村治理与发展报告. 2019/李红革主编.
—北京：经济科学出版社，2019.10
ISBN 978-7-5218-0905-3

Ⅰ.①湖⋯ Ⅱ.①李⋯ Ⅲ.①农村-社会管理-研究报告-湖南-2019 Ⅳ.①C912.82

中国版本图书馆CIP数据核字（2019）第194878号

责任编辑：周国强
责任校对：郑淑艳
责任印制：邱 天

湖南农村治理与发展报告（2019）

主 编 李红革
副主编 匡立波 何 鑫 王尔媚
　　　 苏 静 贾先文 何静宜

经济科学出版社出版、发行 新华书店经销
社址：北京市海淀区阜成路甲28号 邮编：100142
总编部电话：010-88191217 发行部电话：010-88191522
网址：www.esp.com.cn
电子邮件：esp@esp.com.cn
天猫网店：经济科学出版社旗舰店
网址：http://jjkxcbs.tmall.com
固安华明印业有限公司印装
787×1092 16开 21.5印张 360000字
2019年10月第1版 2019年10月第1次印刷
ISBN 978-7-5218-0905-3 定价：98.00元
（图书出现印装问题，本社负责调换。电话：010-88191510）
（版权所有 侵权必究 打击盗版 举报热线：010-88191661
QQ：2242791300 营销中心电话：010-88191537
电子邮箱：dbts@esp.com.cn）

专家委员会

专家委员会主任

徐勇 现为教育部人文社会科学重点研究基地——华中师范大学中国农村研究院/政治科学高等研究院教授，国务院学位委员会政治学学科评议组召集人、全国博士后流动站评审专家、国家社科基金评审组成员、教育部首批文科"长江学者"特聘教授、教育部社会科学委员会委员、中国政治学会副会长。2006年担任中共中央政治局集体学习专题讲解。

专家委员会委员

龙献忠 教授，博士生导师，湖南文理学院校长，国务院学位办博士论文抽检评审专家、教育部博士点基金项目评审专家、教育部人文社会科学项目评审专家、湖南省人文社会科学重点研究基地评审专家和湖南省教育厅科研项目评审专家。

刘春晖 教授，中国注册会计师，湖南文理学院党委委员、副校长，从事财务会计理论与应用研究。

佘丹青 博士，教授，硕士生导师，湖南省学科带头人，湖南省普通高等学校哲学社会科学重点研究基地首席专家。现任湖南文理学院科学技术发展研究院长。

肖小勇 博士，教授，硕士生导师，湖南文理学院经济与管理学院院长，湖南省管理科学学会副会长，常德市政府重大行政决策咨询委员会委员。

黄向阳 教授，硕士生导师，湖南文理学院马克思主义学院院长，国家社科基金同行评议专家，湖南省在线开放课程专家建设委员会委员。

课题组

组　长　李红革
副组长　匡立波　何　鑫　王尔媚　苏　静
　　　　　贾先文　何静宜
成　员（按姓氏笔画排序）
　　　　　于国萍　毛凌琳　朱　露　许达志　李海彤
　　　　　杨艺超　肖　攀　张　航　张慧慧　欧阳倩
　　　　　罗　尧　季旭东　周双娥　胡港云　康　乐
　　　　　董树军

主要编撰者简介

李红革 教授，湖南科技大学博士生导师，湖南文理学院副校长，主要从事马克思主义理论、企业文化管理和农村基层社会治理研究。中国思想道德建设专业委员会常务理事，教育部人文社科重点研究基地——华中师范大学中国农村研究院"湖南调查中心"的首席专家，湖南省社科基地"湖南城市文化研究基地"负责人，湖南文理学院"湖南农村基层治理研究中心"负责人。主持国家社科基金项目、教育部人文社科基金项目、湖南省社科成果评审委员会重大项目等省部级项目10多项。出版著作3部，参编著作2部，主编教材1部，公开发表论文30多篇。作为主要完成人，先后获国家教学成果一等奖1项，省级教学成果一、二、三等奖共5项，省级社科成果三等奖1项，主持的关于农村基层治理与发展研究报告多次获得省、部级领导批示，个人多次获得湖南省高校学生思想政治教育先进工作者、湖南省高校优秀党务工作者、湖南省高校思想政治教育研究先进个人荣誉称号，2次荣获省级三等功。2009年入选评师网"湖南省最受欢迎的师大教授排行榜。"

匡立波 湖南文理学院副教授，主要研究方向为农村基层治理。近年来围绕农村发展主持教育部人文社科课题1项、省级课题5项，发表论文20多篇，多篇被《中国社会科学文摘》全文转载、人大复印资料全文复印。代表作有《民工荒是真荒吗?》《农民工：亦工亦农的新阶层》《公共空间重构与乡村秩序整合》《互联网+背景下社会资本"弱关系"与脱贫路径创新研究》。

何　鑫 博士，湖南文理学院经济与管理学院院长助理、湖南文理学院"湖南农村基层治理研究中心"调查项目负责人。主要研究领域为人口流动与乡村振兴，主持教育部人文社科基金青年项目1项、省级项目2项、其余项目3项。代表作有专著《金融发展、人口流动联合视角下的房价空间异质性研究》，论文《房价波动的空间异质性研究——基于人口流动视角下的空间计量检验》《生态足迹模型下的人口适度规模研究》等。

王尔媚 湖南文理学院经济与管理学院讲师，主要研究方向为农村金融、社会治理等，多次参与农村经济调查研究，深入农户开展相关调研工作，并负责整理和分析调查问卷，形成研究成果。主持湖南省社科评审委员会一般项目1项，参与多项省社科基金项目、省自科基金项目的研究。代表作有《时变需求下易逝品供应链解耦点动态定位模型的构建》。

苏　静　博士，副教授，湖南文理学院经济与管理学院副院长，美国德州大学高级访问学者，湖南省青年骨干教师。主要从事农村金融与农村基层社会治理及大数据统计研究，自2015年以来，长期组织并开展农村基层社会调查与实践工作。先后在《中国农村经济》《农业技术经济》《教育与经济》《财经问题研究》《财经理论与实践》《金融经济学研究》《经济经纬》《经济地理》《经济与管理研究》等CSSCI来源期刊发表专业学术论文20多篇。主持国家社科基金、教育部人文社科基金、湖南省社科基金、湖南省自科基金、湖南省教育厅优秀青年基金等省部级以上纵向科研项目10余项；主持并完成地方《乡村振兴规划编制》《"十二五"经济与社会发展规划实施效果评估》等地方政府横向委托课题10余项。出版专著2部，参编教材1部。作为主要撰写人完成的多篇农村基层治理调研报告与资政报告获得省部级主要领导批示。

贾先文　博士，教授，湖南文理学院国际学院院长，中国社科院农发所博士后，湖南农业大学硕士生导师，美国为期一年的高级访问学者，湖南省新世纪"121人才工程"人选，湖南省优秀青年骨干教师，湖南省应用特色学科"应用经济学"学科带头人，湖南省高校科技创新团队"农地流转与农业经营方式转变研究"带头人，湖南省社会科学重点研究基地"现代农业经营方式研究基地"首席专家。兼任《武陵学刊》编委成员、湖南省城市文化研究会副秘书长、中国城郊经济研究会理事、湖南省经济学会理事、湖南省管理学会理事。近年来，主持国家社科基金课题2项、教育部人文社科基金课题1项、中国博士后基金课题1项、省级课题7项、其他课题12项。在《中国行政管理》《经济地理》《经济与管理研究》等刊物发表论文40余篇，出版专著1部，1项成果获得湖南省社科成果鉴定省内先进。

何静宜　长沙县国家级现代农业（创新）示范区管委会主任，从事农业产业化发展管理工作，主要负责长沙县农业创新创业指导、农村一二三产业融合、现代农业服务、美丽乡村建设和农业园区发展等事务。

前言

中共十九大报告中提出的乡村振兴战略为新农村建设提供了方向指引和路径指导。湖南省是一个中部农业大省，了解其乡村战略的实施和进展具有"滴水见太阳"的代表意义。《湖南省农村治理与发展报告（2019）》以湖南省为区域个案，以2018年湖南文理学院和华中师范大学联合采集的湖南省14个地州市、40个县、281个行政村的调研数据为分析基础，研究了乡村振兴战略实施以来湖南省在农村农地流转、并村改革、能人返乡、教育扶贫、环境治理、养老服务以及农地流转等方面的政策实施状况。

研究表明，湖南省多数农村完成了土地确权工作，土地流转还存在农地抛荒现象明显、农业产业化规模有限、土地流转率不高、专业的土地流转平台缺乏等难题。从规模经营来看，种植大户增收明显，但增收幅度有限，农民参与农业企业/合作社经营以劳动力就业为主，收益以工资为主，土地入股、资金入股、合作经营等参与方式还不普遍，农民还没有深度参与农业产业发展链条中去。因此，湖南省农业发展还有较大提升空间。

在并村改革方面，湖南省已在全省范围内推进并村工作，并呈现"范围广、保障好、呼声高"的特征，但仍然存在"人气微、便民弱、实效浅"等亟待解决的难题。实践中，湖南省需要进一步清产核资激活原动力、放权赋能提升组织力、村干分流释放战斗力、融合发展并出生产力，以"人心合"发挥并村改革的"乘数效应"。

在引才回乡方面，湖南省"能人回乡"战略实施成效初显，仍存在"引才回乡政策不充分、村庄发展动力不充足、能人回乡效力不充盈"的问题，能人回乡政策显得"步履维艰"。湖南省还需打好政策"组合拳"，锻造村庄"服务链"，擘画发展"鸟瞰图"，将外出能人引回来、留下来、定下来，最终以回乡能人之"星火"成就乡村振兴"燎原"之势。

在教育扶贫方面，当前湖南省教育扶贫政策整体推进力度大、内容覆盖广、受众评价高，但仍然存在受益主体认知不足、参与不深，政策供需错位和发挥实效薄弱、供给主体单一、考核权重不足等问题。因此，需要精准把脉、多元供给，资源聚力，考评助力，完善教育资助体系，才能从根本上阻断代际贫困。

在养老服务方面，当前湖南省农村养老服务数量和质量有较大提升，老年人对养老服务内容认可度高，期待村庄完善养老服务机构与场所，开展集体活动，成立老年协会组织。因此，需推动养老主体多元化，推进老年组织常态化，增强养老服务针对性，促进老年活动多样化，让老年人生活丰富多彩。同时还需完善基础设施供给，甄别需求差异，遵从选择意愿，完善政策保障，解决养老服务供不应需、供需不均、供不适需的问题。

在环境治理方面，农民是农村环境治理的主要受益者与参与者，但当前农村生态环境治理仍然存在参与场域狭隘、公共环保意不够、参与程度有限、环境治理能力不强，参与方式松散、组织化程度不高等问题。湖南省农村环境治理还需明确农民主体身份，增强环境治理意识；完善参与配套，加强环境治理服务；扩展参与路径，健全环境治理体系。

目录

|总报告|

2018年湖南农村治理与发展总报告　　3

|基层政治篇|

村合更要心合：让并村改革收效"1+1＞2"
　　——基于湖南省2197个村民"并村改革"现状的调查研究　　63

引才回乡何以"步履维艰"？
　　——基于湖南省2197个村民"能人回乡"现状的调查研究　　94

|教育扶贫篇|

靶向治疗：助农村教育扶贫行之有效
　　——基于全国31个省份240个村庄454个建档立卡贫困户的调查　　131

教育扶贫：进展如何、成效怎样？
　　——基于全国31个省份240个村庄454个建档立卡贫困户的调查　　168

|养老服务篇|

供需杠杆撬动农村养老服务"再上台阶"
　　——基于湖南省76个村庄1154位老年人的调查与研究　　203

提升农村养老服务满意度如何发力？
　　——基于湖南省76个村庄1154位老年人的调查与研究　　250

| 环境治理篇 |

莫让农民成为环境治理攻坚战的"看客"
　　——基于湖南省2197位村民"农村生态环境治理"的调查　　293

| 技术篇 |

技术分析报告　　329

总报告

2018年湖南农村治理与发展总报告

湖南文理学院"湖南农村基层治理研究中心"

教育部人文社会科学重点研究基地——华中师范大学中国农村研究院调查咨询中心

摘　要：中共十九大报告提出的乡村振兴战略标志着新农村建设进入新的历史阶段。2018年是乡村振兴的开局之年，一年以来，中部农业大省湖南省围绕乡村振兴做出系统规划并大力推动了一系列涉农政策的实施。报告以湖南省14个地、州、市的农村调研数据为基础，从农地流转、规模经营、贫困治理、并村改革、环境治理、农民参与等多方面反映了湖南省乡村振兴战略的实施力度和落地程度，就农村治理与发展提出相应对策和建议。

关键词：乡村振兴；治理；发展

2017年10月，中共十九大召开，报告中首次提到"乡村振兴"战略，该战略是决胜全面建成小康社会、全面建设社会主义现代化国家的重大历史任务，是新时代做好"三农"工作的总抓手。2018年是实施乡村振兴战略的开局之年，一年来，作为中部农业大省的湖南省是如何抓住机遇，落实战略，不断推进农村农业向前发展的？为充分了解湖南省农村发展状况，推动乡村振兴战略实施，在2017年寒假和2018年暑假，湖南文理学院联合华中师范大学对湖南省14个地、州、市的40个县281个行政村进行了大规模调查，调查内容涉及湖南省农户家庭基本情况、农业生产基本情况、农民生活基本情况、农地流转、精准扶贫、并村改革、环境治理、农民参与等各方面情况，共回收有效问卷2197份。在回收问卷的基础上，调查组通过SPSS软件对问卷数据进行统计分析，形成了湖南农村治理与发展的总报告。

本报告分为六个部分：第一部分是农地流转与规模经营，考察农民土地确权登记、农地流转、种植大户经营、农业企业/合作社经营等进展。第二部分是贫困治理与农村发展，考察精准扶贫的脱贫需求、扶贫供给、脱贫绩效，以及扶贫对农村发展的推动作用。第三部分是并村改革与基层治理，分析并村改革的整体进展、并村民意征集、并村以后村民选举、民主决策、村民权益保障等状况。第四部分是生态宜居与农村环境治理，探讨农村污染现状、农民对环境的满意度、农民治污行动、美丽乡村建设。第五部分是乡村振兴与农民参与，考察农民在产业发展、生态宜居、乡风文明建设、乡村有效治理中的参与状况。第六部分是结论与建议，针对前述各部分的发展状况与特点，分别总结湖南省在治理和发展中的问题，并提出有针对性的意见和建议。

一、农地流转与规模经营

中国要实现农业现代化，农地流转与规模经营是现代农业发展的必然方向。近些年来，中央先后出台了一系列关于农地流转和规模经营的文件，2018 年，中共中央办公厅、国务院办公厅印发了《关于引导农村土地经营权有序流转发展农业适度规模经营的意见》，并发出通知，要求各地区各部门结合实际认真贯彻执行。该意见是指导农村土地改革的重要文件，其主要内容包括农村土地流转和农地规模经营两个方面，与农民的利益、农村的发展密切相关，体现了多种经营方式共同发展、鼓励创新、尊重农民意愿、适度经营的原则。

（一）农村居民基本特征

1. 现有留村农户老龄化现象严重

在本次调查的 2131 个有效样本中，40 岁以下的农户仅占比 16.8%，而 40 岁及以上的老年农户占比高达 83.2%，其中，60 岁及以上的农户接近有效样本的 1/3，见表 1。也就是说，40 岁以下的劳动适龄人口仍然更愿意在城市生活，农村老龄化现象依然无法得到有效缓解。

表1　　　　　　　　　　　　调查样本的年龄段

年龄	占比（%）	样本数（个）
20岁以下	5.16	110
20~29岁	5.21	111
30~39岁	6.43	137
40~49岁	24.82	529
50~59岁	25.25	538
60岁及以上	33.13	706
合计	100	2131

注：①表内数据因四舍五入的原因，存在总计与分项合计不等的情况，本书下同。②有效样本为2131个、缺失值为66个。

2. 从事农业劳动工作的留村农户较多

在本次调查的2034个有效样本中，28.61%的农户从事非农业劳动工作，而71.39%的农户从事农业相关工作，约为非农业劳动者的2.5倍，见表2。不难发现，农户从事农业相关工作占大多数；反之，个体工商户及雇工阶层等其他非农业工作占少数。

表2　　　　　　　　　　　　调查样本的职业

职业	占比（%）	样本数（个）
农业劳动者	71.39	1452
非农业劳动者	28.61	582
合计	100	2034

注：有效样本为2034个、缺失值为163个。

3. 农户的受教育程度普遍较低

在本次调查的2015个有效样本中，仅接受小学及以下教育的农户占比44.02%，接受初中等教育的占比33.75%，也就是说，仅接受九年义务教育及以下的农户高达77.77%，超过有效样本数的3/4。接受高中或中专教育的农户占比13.90%，而接受高等教育的留村人口仅占8.34%，不到1/10，见表3。

表3　调查样本受教育水平

教育水平	占比（%）	样本数（个）
小学及以下	44.02	887
初中	33.75	680
高中/中专	13.90	280
大学专科/大学本科	8.29	167
研究生	0.05	1
合计	100	2015

注：有效样本为2015个、缺失值为182个。

4. 留村农户务农年收入普遍偏低，且务工收入高于务农收入

在本次调查的1171个有效样本中，务农年收入为10000元及以下的低收入农户占比高达70.28%，年收入为10001~30000元阶段的中收入农户占比20.41%，年收入30001元及以上的高收入农户仅9.31%。相比之下，留村务工10000元及以下农户占比为31.26%，收入10001~30000元的农户占比25.68%，30001元以上的高收入农户多达43.06%。其中，留村农户中务工低收入者比务农低收入者少492人，而务工高收入农户比务农高收入农户多347人，见表4和表5。

表4　务农年收入

务农年收入	占比（%）	样本数（个）
（低）10000元及以下	70.28	823
（中）10001~30000元	20.41	239
（高）30001~50000元	5.38	63
（高）50000元及以上	3.93	46
合计	100	1171

注：有效样本为1171个、缺失值为1026个。

表5　务工年收入

务工年收入	占比（%）	样本数（个）
（低）10000元及以下	31.26	331
（中）10001~30000元	25.68	272

续表

务工年收入	占比（%）	样本数（个）
（高）30001～50000元	18.41	195
（高）50000元及以上	24.65	261
合计	100	1059

注：有效样本为1059个、缺失值为1138个。

5. 半数以上农户对现有生活满意度较高

在本次调查的1725个有效样本中，非常满意和比较满意的农户占比合计为53.85%，表明近半数的农户都拥有较高的幸福指数。回答一般的农户占比为35.19%，而很不满意和不太满意的农户约占总样本量的1/10，见表6。

表6　　　　　　　　　　　　　　满意程度

满意程度	占比（%）	样本数（个）
非常满意	7.25	125
比较满意	46.61	804
一般	35.19	607
不太满意	9.80	169
很不满意	1.16	20
合计	100	1725

注：有效样本为1725个、缺失值为472个。

6. 近五成农户普遍感觉生活压力较大

在本次调查的1713个有效样本中，压力很大和压力较大的农户占比合计为49.80%，表明近半数的农户都感觉生活压力较大。回答压力一般的农户占比为38.35%，而压力很小和没有压力的农户约占总样本量的1/10，见表7。

表7　　　　　　　　　　　　　当前生活压力状况

生活压力	占比（%）	样本数（个）
压力很大	13.02	223
压力较大	36.78	630

续表

生活压力	占比（%）	样本数（个）
一般	38.35	657
压力很小	8.11	139
没有压力	3.74	64
合计	100	1713

注：有效样本为1713个、缺失值为484个。

（二）农地流转

1. 七成农户从事农业生产

湖南省是农业大省，也是务工输出大省，农民以农业生产和外出务工为主，小农兼业是农民生产的常态。本次调查发现，在2197个有效样本中，从事农业生产的有1542户，占比70.19%，即大概有七成农民务农，务农人口占绝大多数。还有29.81%的农户不再从事农业生产，占三成左右，见表8。

表8　　　　　　　　　　是否从事农业生产

是否从事农业生产	占比（%）	样本数（个）
是	70.19	1542
否	29.81	655
合计	100	2197

注：有效样本为2197个、缺失值为0个。

2. 超过六成承包地已完成确权登记

在本次调查的1864个有效样本中，表示承包地已完成确权登记的占比为63.14%，约为总样本量的2/3，而明确表示没有完成确权登记的占比为22.69%，其余14.16%的对象表示家里没有承包地，见表9。这表明2013年中央一号文件提出的农村土地确权政策得到较好的落实。

表9　　　　　　　　　　　承包地是否进行了确权登记

是否确权登记	占比（%）	样本数（个）
是	63.14	1177
否	22.69	423
家里没有承包地	14.16	264
合计	100	1864

注：有效样本为1864个、缺失值为333个。

3. 半数以上农户已获得新的土地承包经营权证

在本次调查的1389个有效样本中，表示已拿到新的土地承包经营权证的占比为54.86%，而表示没有拿到新的土地承包经营权证的占比为45.14%说明有半数以上农户已获得新的土地承包经营权证见表10。

表10　　　　　　　　　　是否拿到新的土地承包经营权证

是否拿到经营权	占比（%）	样本数（个）
是	54.86	762
否	45.14	627
合计	100	1389

注：有效样本为1389个、缺失值为808个。

4. 进行承包地流转的农户只有一成

随着农村产业的发展，土地需求越来越高，承包地流转的频率越来越高。在本次调查的1738个有效样本中，表示土地已流转的农户占比仅为10.64%，约为总样本量的1/10，而表示没有流转的占比高达89.36%，见表11。这说明湖南农村产业发展不快，大规模用地需求不突出，种植大户不多，农村产业发展要加强，土地流转还存在较大的空间和政策引导。

表11　　　　　　　　　　　　承包地是否流转

是否流转	占比（%）	样本数（个）
是	10.64	185
否	89.36	1553
合计	100	1738

注：有效样本为1738个、缺失值为459个。

5. 农户获取土地流转信息的渠道主要为村集体和社交网络

如表12所示，在本次调查的415个有效样本中，表示是"通过村集体"和"自己通过社交网络等手段"获得信息的占比分别为25.30%和37.59%，而"通过政府部门"和"通过土地流转服务中心"的累积占比不到30%，表明政府及相关部门还应多在农户间宣传政策。

表12　　　　　　　　　获取土地流转信息方式

获取信息方式	占比（%）	样本数（个）
自己通过社交网络等手段	37.59	156
通过土地流转服务中心	14.22	59
通过政府部门	15.66	65
通过村集体	25.30	105
其他	7.23	30
合计	100	415

注：有效样本为415个、缺失值为3个。

6. 农户完成流转的方式仍主要以口头协议为主

如表13所示，在本次调查的270个有效样本中，表示土地流转是"通过私下口头协议"完成的占29.26%，而以"通过私下书面协议"和"提出委托申请签订合同"的占比分别为22.22%和24.44%，表明农户对土地流转的法律意识还比较淡薄，发生土地纠纷的风险较高。

表13　　　　　　　　　完成土地流转的方式

完成方式	占比（%）	样本数（个）
通过私下书面协议	22.22	60
通过私下口头协议	29.26	79
提出委托申请签订合同	24.44	66
其他	24.07	65
合计	100	270

注：有效样本为270个、缺失值为150个。

7. 农户没有扩大经营规模的原因主要为没有足够的劳动力

在本次调查的1300个有效样本中,因没有足够的劳动力而未扩大经营规模的农户占27.62%,而因"受到地形限制"和"认为农业生产太辛苦"从而没有扩大经营规模的农户分别占比为16.62%和15.38%(见表14),表明农户扩大经营规模的风险仍偏高,遇到的阻力和障碍较大,要大范围实现规模经营的目标还有较大的距离。

表14　　　　　　　　　　没有扩大经营规模的原因

原因	占比(%)	样本数(个)
受到地形限制	16.62	216
没有足够的劳动力	27.62	359
土地流转难度大	3.77	49
缺少资金投入	10.15	132
担心农产品滞销	9.00	117
认为农业生产太辛苦	15.38	200
没有必要扩大	15.85	206
其他	1.62	21
合计	100	1300

注:有效样本为1300个、缺失值为12个。

(三)种植大户与农业经营

1. 六成种植大户表示扩大土地规模对生产有较大促进作用

在目前的生产成本和粮食价格制约下,扩大粮食种植面积到底是规模经济还是规模不经济?本次调查考察了扩大土地规模对种植大户发展生产的作用,从数据发现,在115个种粮大户中,有30户表示土地规模对生产的促进作用很大,占比26.08%,38户表示促进作用较大,占比33.04%,两者合计占比59.12%,见表15。

表 15　种植大户扩大土地规模后对生产是否有促进作用

是否有作用	占比（%）	样本数（个）
作用很大	26.09	30
作用较大	33.04	38
一般	33.91	39
作用较小	3.48	4
没有作用	3.48	4
合计	100	115

注：有效样本为115个、缺失值为56个。

2. 近3/4的种植大户表示扩大粮食种植规模有助于增加收入，但普遍来看增长幅度不太高

种粮的增收效应如何决定了种粮大户的积极性高不高，不仅关系到农民增收，还关系到国家粮食安全。调查显示，在湖南省119个种粮大户中，有21人认为扩大种植规模后"收入增加了很多"，占比17.65%，66人认为"收入有所增加"，占比55.46%，两者合计占比73.11%，接近3/4。还有5.04%的农户认为收入"没什么变化"，21.85%的认为收入"有所减少"，见表16。总体来看，种粮能促进增收，但增收幅度并不太大，认为收入能"增加了很多"的农户不到两成。

表 16　扩大种植规模后收入有何变化

收入有何变化	百分比（%）	样本数（个）
增加了很多	17.65	21
有所增加	55.46	66
没什么变化	21.85	26
有所减少	5.04	6
减少了很多	0	0
合计	100	119

注：有效样本为119个、缺失值为21个。

3. 近八成种植大户获得了政府帮扶

湖南省对粮食种植高度重视，给予了包括机插、机烘、机防等方面的农机购置补贴和种粮补贴,这些种粮大户究竟多大程度上享受到这些优惠?根据数据显示,在113个有效样本中,有14个农户表示政府"帮扶力度很大",占比12.39%,73个农户表示政府"提供了一些帮扶措施",占比64.60%,两者合计占比76.99%,接近八成,见表17。可见,政府对种粮大户的帮扶力度较大。

表17　种粮大户是否获得了政府帮扶

是否获得支持	占比（%）	样本数（个）
帮扶力度很大	12.39	14
提供了一些帮扶措施	64.60	73
基本上没有什么帮扶	23.01	26
合计	100	113

注：有效样本为113个、缺失值为6个。

(四) 农业企业或合作社经营

1. 以劳动力就业方式参与农业企业或合作社经营的超过六成

农业企业或合作社会吸纳周边农户参与进来,一般来说,农户的参与方式决定了企业或合作社的收入分配方式,也决定了农户参与农业产业经营的深度和力度。在89个有效样本中,有12个农户表示以"土地入股"的方式参与企业或合作社经营,54个农户表示以"农业劳动力就业"的方式参与经营,21个农户表示以"农村企业管理者身份"的方式参与,"资金入股"和"订单生产与产销分工"方式参与经营的分别为1人,五种参与方式的比例依次为13.48%、60.67%、23.60%、1.12%、1.12%,见表18。可见,劳动力就业方式参与农业产业经营的最多,超过六成,其他方式如资金入股、土地入股、订单生产与产销分工的都较少,湖南省农民参与产业经营程度还不深入。

表18　以何种方式加入农业企业或合作社

加入方式	占比（%）	样本数（个）
土地入股	13.48	12
农业劳动力就业	60.67	54

续表

加入方式	占比（%）	样本数（个）
农业企业管理者身份	23.60	21
资金入股	1.12	1
订单生产与产销分工	1.12	1
合计	100	89

注：有效样本为89个、缺失值为21个。

2. 农户加入农业企业或合作社的因素较为多元

进一步考察农户加入农业企业或合作社的原因，在83个有效样本中，有33个农户表示是"政府或村委会倡导推行"，21个农户表示可以"统一销售，不再为销售发愁"，有20个农户表示"企业或合作社可以提供资金、技术和管理经验"，8个农户表示加入企业或合作社"收益高"，依次占比为39.76%、25.34%、24.10%、9.64%，见表19。可见，农户加入企业或合作社的各项原因占比较均衡，参与农业产业化的因素较多元。

表19　　　　　　　　　　加入农业企业或合作社的原因

加入原因	占比（%）	样本数（个）
企业或合作社可以提供资金、技术和管理经验	24.10	20
统一销售，不再为销售发愁	25.34	21
政府或村委会倡导推行	39.76	33
收益高	9.64	8
其他	1.26	1
合计	100	83

注：有效样本为83个、缺失值为6个。

3. 工资收入是农户加入农业企业或合作社的主要收益分配方式

分析农户加入农业企业或合作社后的收益分配方式，从表20得知，在84个有效样本中，有31个农户表示获得的收益是"按工资分配"，达到36.90%；其次分别是"按入股分配""农户收益，合作社提成""按租金形式分配""统购定销，企业抽成""其他"，分别占比27.38%、23.81%、7.14%、3.57%、1.19%。由此可知，农户的工资收益占比最高，与前面所述的以"劳动力就业"为主的参与方式基本吻合，普遍来看，湖南省农户还没有深度参与农业企业/合作社的产业链中去。

表20　　　　　　　　　加入农业企业或合作社的收益分配方式

加入方式	占比（%）	样本数（个）
按入股分配	27.38	23
按工资分配	36.90	31
按租金形式分配	7.14	6
统购定销，企业抽成	3.57	3
农户收益，合作社提成	23.81	20
其他	1.19	1
合计	100	84

注：有效样本为84个、缺失值为4个。

4. 超过一半的农户对农业企业或合作社利润分配满意

进一步考察农户对农业企业或合作社利润分配的满意度，如表21所示，在98个有效样本中，有18个农户表示对利润分配表示"非常满意"，占比18.36%，37个农户表示"基本满意"，占比37.36%，两者合计占比55.72%，超过一半，说明农户对农业企业或合作社利润分配较为满意。

表21　　　　　　　　　对农业企业或合作社利润分配方式的满意度

是否满意	占比（%）	样本数（个）
非常满意	18.36	18
基本满意	37.36	37
一般	40.82	40
不大满意	1.02	1
很不满意	2.04	2
合计	100	98

注：有效样本为98个、缺失值为2个。

二、贫困治理与农村发展

中国的贫困治理历时弥久，尤其是改革开放以来，中国扶贫开发工作大规模、大幅度、高速度地改善了广大农村居民的生活状况，更是为全球减贫事业做出巨大贡献，减贫数量占到全球七成以上，赢得举世瞩目，收获广泛好评。但是，经过多年的减贫工作，现在剩下的都是"硬骨头"。全面建成小康社会的目标，对中国的贫困治理提出新要求。2013年11月，习近平到湖南湘西考察时首次做出"实事求是、因地制宜、分类指导、精准扶贫"的重要指示。2014年1月，中办详细规制了精准扶贫工作模式的顶层设计，推动了"精准扶贫"思想落地。随后，"精准扶贫"的大幕在全国缓缓拉开，一场大规模的脱贫攻坚战在全国范围内打响。在扶贫开发工作进入"啃硬骨头、攻坚拔寨"的冲刺期，作为精准扶贫政策的孵化地——湖南省，其精准扶贫工作开展如何、成效几许？本部分以贫困治理中的农户需求、贫困治理中的社会供给和贫困治理下的农村发展为线索，对湖南省精准扶贫工作的开展、成效、问题等方面进行探索，为推动湖南省的贫困治理，推动农村发展提供决策依据。

（一）贫困治理中的农户需求

既然贫困治理的受众是"贫困户"，扶贫政策的实施就要针对贫困户的需求展开。要真正帮助贫困户实现脱贫，关键要看贫困户要的是什么。

1. 贫困户对"就业、养老、教育"需求最突出

在考察贫困户对各类精准扶贫措施的需求情况时，如表22所示，在调查的251户贫困户中，认为需要"提供更多的就业机会"有106户，占调查贫困户总量的42.23%，排名第一。认为需要"提供养老服务"的贫困户占调查贫困户总量的22.31%；排名第二。认为需要"解决孩子受教育问题"的贫困户占调查贫困户总量的21.91%，排名第三。此外，对"改善农村基础设施""满足基本医疗服务""提供安全住房保障"扶贫措施的需求比例分别为6.37%、5.58%和0.80%。可以看出，在各项扶贫措施中，贫困户对"就业、养老、教育"三方面的需求呼声最高，三者合计占比86.45%。究其原因，"提供养老服务""提供更多的就业机会""解决孩子受教育问题"

为老、中、小三代人的脱贫提供了对口的措施。

表22　　　　　　　　您希望社会力量对您家提供哪些方面的帮扶

需要措施	占比（%）	样本数（个）
提供更多的就业机会	42.23	106
提供养老服务	22.31	56
解决孩子受教育问题	21.91	55
改善农村基础设施	6.37	16
满足基本医疗服务	5.58	14
提供安全住房保障	0.80	2
其他	0.80	2
合计	100	251

注：有效样本为251个、缺失值为61个。

2. 仅五成贫困户认为扶贫工作满足其脱贫需求

如表23所示，考察近两年扶贫工作是否满足其需求，仅7.44%的贫困户表示扶贫工作"完全满足"其需求，48.37%的贫困户表示能够"基本满足"其需求，两者合计55.81%。认为扶贫工作对其需求的满足程度为"一般"的贫困户占比达30.24%，而认为扶贫工作"不太能满足"其需求和"完全不能满足"其需求的贫困户占比分别为13.02%和0.93%，三者合计44.19%。总的看来，对扶贫工作开展措施满足其需求给予肯定态度的贫困户占比仅五成多，刚刚过半。这说明精准扶贫工作的开展存在一定程度的供需错位。

表23　　　　　　　　扶贫工作是否满足您家的需求

满足程度	占比（%）	样本数（个）
完全满足	7.44	16
基本满足	48.37	104
一般	30.24	65
不太能满足	13.02	28
完全不能满足	0.93	2
合计	100	215

注：有效样本为215个、缺失值为97个。

（二）贫困治理中的社会供给

贫困治理中的需求是农户"要什么"，那贫困治理中的供给又是什么呢？习近平在 2015 减贫与发展高层论坛上的讲话，回答了贫困治理"给什么、由谁给"的问题。一是"给什么"：通过扶持生产和就业发展一批，通过易地搬迁安置一批，通过生态保护脱贫一批，通过教育扶贫脱贫一批，通过低保政策兜底一批。二是"由谁给"：在政府的主导下，广泛动员全社会力量参与扶贫。在这一指导思想下，当前阶段湖南省精准扶贫工作形成了三足鼎立之势。在村庄（政府）、驻村帮扶队、乡贤能人等社会力量组成的三大扶贫队伍的支持下，广泛开展了形式多样、内容全面的各项扶贫项目与措施。

1. 村庄开展的扶贫工作推进力度大，但宣传力度较为薄弱

针对贫困户所在村庄近两年是否开展了精准扶贫项目的调查显示，有 84.64% 的贫困户表示其所在的村庄近两年开展了精准扶贫的项目，仅 3.59% 的贫困户表示其所在村庄未开展精准扶贫工作。表 24 的数据显示，精准扶贫工作在政府大力推进下广泛开展起来。但是，在调查的贫困户中，有 11.77% 的贫困户表示不清楚所在村庄是否开展了精准扶贫项目，这在一定程度上说明，精准扶贫工作的宣传力度还不够，在今后的扶贫工作中，应进一步加大宣传力度，结合政策宣传、贫困户走访等多种方式，将精准扶贫的政策推送到每一位贫困户面前。

表 24　　　　　　　　　　近两年村庄精准扶贫项目开展情况

是否开展	占比（%）	样本数（个）
是	84.64	259
否	3.59	11
不清楚	11.77	36
合计	100	306

注：有效样本为 306 个、缺失值为 6 个。

2. 村庄开展的扶贫项目覆盖范围广，与贫困户的重点需求基本吻合

如表 25 所示，村庄开展的精准扶贫政策涉及产业扶贫、教育扶贫等多个方面，每

项政策均有一定比例的贫困户表示享受过该政策的扶持与帮助,说明精准扶贫项目内容覆盖广,帮扶角度全。进一步分析不同扶贫政策的推广比例,在208位接受过精准扶贫政策的贫困户中,享受过"产业扶贫"的贫困户有83个,占比达39.90%。享受过"教育扶贫"的贫困户占比为16.83%,享受过"社会保障兜底脱贫"的贫困户占比为15.38%。三者合计占比达72.11%。根据政策内容可知,产业扶贫政策的开展能够为贫困户提供就业岗位,提升人力资本。教育扶贫项目为贫困家庭的子女上学提供了更多机会。社会保障兜底对生活困难的60周岁以上的老年人等特困人群提供供养。对比表22的分析可以看出,政府开展的扶贫项目与贫困户对"就业、教育、养老"的需求基本吻合。

表25 享受过村庄开展的哪些扶贫政策或项目

扶贫政策或项目	占比(%)	样本数(个)
产业扶贫	39.90	83
教育扶贫	16.83	35
社会保障兜底脱贫	15.38	32
生态补偿扶贫	10.58	22
异地搬迁脱贫	6.73	14
小额信贷等金融扶贫	3.37	7
公路、饮水等基础设施建设	0.48	1
其他	6.73	14
合计	100	208

注:有效样本为208个、缺失值为98个。

3. 驻村帮扶队的参与程度远高于乡贤能人等社会力量帮扶

如图1所示,在被调查的274户贫困户中,有95.65%的贫困户表示接受过驻村帮扶队的帮扶,仅4.35%的贫困户表示未曾接受过驻村帮扶队的帮扶。然而,接受过社会力量帮扶的贫困户仅为25.55%,有63.87%的贫困户表示未曾接受过社会力量的帮扶,还有10.58%的表示不清楚是否接受过社会力量的帮扶。由此可以看出,精准扶贫工作中,驻村帮扶队的参与度极高,覆盖范围很广,但乡贤能人等社会力量的参与度不够。

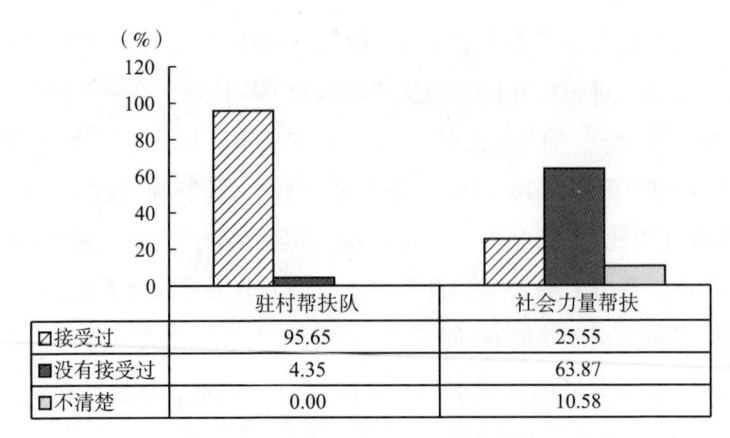

湖南农村治理与发展报告（2019）

图1　驻村帮扶队与社会力量帮扶情况

	驻村帮扶队	社会力量帮扶
接受过	95.65	25.55
没有接受过	4.35	63.87
不清楚	0.00	10.58

注："驻村帮扶队"有效样本为207个、缺失值为105个；"社会力量"有效样本为274个、缺失值为38个。

4. 驻村帮扶队参与程度高，但帮扶措施与贫困户需求不匹配

如表26所示，在接受驻村帮扶队帮扶的197户贫困户中，有133户表示接受过"提供生活物品慰问"的帮助，占比达67.51%。接受过"改造房屋建设""提供健康医疗救助"和"其他"帮助的贫困户占比均为7.61%。接受过"提供学生教育资助"帮扶措施的贫困户占比为7.11%。此外，还有2.55%的贫困户接受过"提供相关技能指导"的帮扶措施。可以看出，驻村帮扶队对贫困户帮助最多的是"提供生活物品慰问"，但是这一帮扶措施只能短期内改善贫困户的基本生活，不能真正帮助其实现脱贫。而针对贫困户需求程度较高的教育扶贫，驻村帮扶队的帮扶程度低，享受过该项政策帮扶的贫困户占比排名倒数第二，而在"就业、养老"这两方面的扶贫项目几乎没有开展。

表26　帮扶队为您家开展过哪些帮扶活动

帮扶措施	占比（%）	样本数（个）
提供生活物品慰问	67.51	133
提供相关技能指导	2.55	5
改造房屋建设	7.61	15
提供学生教育资助	7.11	14
提供健康医疗救助	7.61	15
其他	7.61	15
合计	100	197

注：有效样本为197个、缺失值为10个。

5. 社会力量帮扶力度小，但扶贫措施比驻村帮扶更能满足贫困户需求

如表 27 所示，在接受了社会力量帮助的 70 户贫困户中，接受过"教育扶贫"帮助的贫困户为 19 户，占比 27.14%。此外，接受过"产业扶贫"帮助的贫困户，有 18 户，占比达 25.71%，接受过"转移就业脱贫"的贫困户为 1 户，占比 1.43%，两者合计 27.14%。教育扶贫满足贫困户希望"解决孩子受教育问题"的需求，"产业扶贫"及"转移就业脱贫"能够为贫困户提供更多的就业机会，符合了其对"就业"的需求。但是针对贫困户在"养老服务"方面的需求，社会力量基本上没有提供这方面的帮扶措施。

表 27　　　　　　　　　　社会力量为帮扶活动开展情况

帮扶措施	占比（%）	样本数（个）
产业扶贫	25.71	18
教育扶贫	27.14	19
健康扶贫	22.86	16
转移就业脱贫	1.43	1
生态保护脱贫	1.43	1
基础设施建设	15.71	11
志愿扶贫	1.43	1
其他	4.29	3
合计	100	70

注：有效样本为 70 个、缺失值为 0 个。

（三）贫困治理下的农村发展

贫困治理的根本目的还是在于发展，治理的目的不是仅仅停留在"治"上，更是要为发展"理"出一条道路，通过各种扶贫措施解决各种贫困挑战，全面促进农村地区的发展。

1. 农民认为精准扶贫效果显著，对推动农村发展起到积极作用

在被调查的 258 户贫困户中，有 17.83% 的贫困户认为精准扶贫项目的对于脱贫

"作用很大",认为"作用较大"的占比为44.96%,两者合计62.79%。觉得精准扶贫项目对于脱贫的效果"作用一般"的贫困户占比为28.29%。认为精准扶贫的脱贫"作用较小"和"没有作用"的贫困户占比分别为8.53%和0.39%,两者合计8.92%,见表28。总的来说,超过六成的贫困户对精准扶贫的作用比较认可,仅0.39%的贫困户对扶贫项目的脱贫效果持否定态度,说明精准扶贫工作的开展取得了一定成效。但是仍有近四成的贫困户对精准扶贫的效果没有给予肯定态度,说明精准扶贫的工作尚未帮助所有贫困户实现脱贫,未来的扶贫工作仍任务艰巨。

表28　　　　　　　　　　精准扶贫项目对于脱贫效果情况

效果	占比(%)	样本数(个)
作用很大	17.83	46
作用较大	44.96	116
作用一般	28.29	73
作用较小	8.53	22
没有作用	0.39	1
合计	100	258

注:有效样本为258个、缺失值为54个。

2. 超过半数的贫困户认为其在扶贫工作中受益程度大

在此次调查中,认为精准扶贫工作的开展使其"受益很大"的贫困户占比为12.50%,43.75%的贫困户表示在精准扶贫的开展对其而言"受益较大",两者合计56.25%。认为在精准扶贫项目中受益程度为"一般"和"受益较小"的贫困户占比分别为38.33%和4.58%。仅0.83%的贫困户表示精准扶贫工作的开展对其而言"完全没有受益",见表29。这说明精准扶贫项目几乎让所有贫困户都有所获益,且大部分贫困户的受益程度较高。

表29　　　　　　　　　　贫困户在扶贫工作中的受益程度

满足程度	占比(%)	样本数(个)
受益很大	12.50	30
受益较大	43.75	105

续表

满足程度	占比（%）	样本数（个）
一般	38.33	92
受益较小	4.58	11
完全没受益	0.83	2
合计	100	240

注：有效样本为240个、缺失值为72个。

3. 贫困农民在增收、教育、养老上的受益最高

进一步考察扶贫工作的开展具体为贫困户带来了哪些方面的受益。如表30所示，51.94%的贫困户认为其"收入增加了"，15.05%的贫困户认为"养老有了保障"，认为"教育水平得到提高"和"基本医疗得到满足"的贫困户占比分别为13.59%和10.19%。此外，还有的贫困户在住房安全方面有所受益，一些贫困户通过扶贫工作的开展，提高了脱贫的积极性。可以看出，贫困户受益程度最大的三项为"收入增加了""养老有了保障""教育水平得到提高"，这与贫困户在"就业、养老、教育"上的需求基本吻合。

表30　　　　　　　您家在精准扶贫中的受益主要体现在哪些方面

满足程度	占比（%）	样本数（个）
收入增加了	51.94	107
养老有了保障	15.05	31
教育水平得到提高	13.59	28
基本医疗得到满足	10.19	21
住房安全有保障了	4.37	9
脱贫积极性提高了	3.40	7
其他	1.46	3
合计	100	206

注：有效样本为206个、缺失值为106个。

4. 精准扶贫对贫困户的增收效果尤其明显

表31显示，在获得扶贫项目或政策帮助后，增收水平在101~1000元、1001~

2000元、2001~3000元、3001~4000元、4001~5000元之间的贫困户占比分别为：20.99%、24.69%、12.96%、8.64%、11.73%。增收5000元以上的贫困户占比合计为17.90%，其中，增收水平在10000元以上的贫困户有3户，占比1.85%。由此可见，精准扶贫措施对增加贫困户收入效果显著。这对于帮助贫困户脱贫、推动村庄进一步发展具有积极意义。

表31　　　　　　　　贫困户获得扶贫项目或政策帮助后的增收情况

增收额	占比（%）	样本数（个）
100元以下	3.09	5
101~1000元	20.99	34
1001~2000元	24.69	40
2001~3000元	12.96	21
3001~4000元	8.64	14
4001~5000元	11.73	19
5001~6000元	4.94	8
6001~7000元	4.94	8
7001~8000元	1.23	2
8001~9000元	0.00	0
9001~10000元	4.94	8
10000元以上	1.85	3
合计	100	162

注：有效样本为162个、缺失值为150个。

5. 八成贫困户的发展能力在扶贫中得到提高

如果说收入水平的提高对帮助贫困户脱贫、推动村庄发展产生的效果可能是短期的，那么发展能力的提高产生效果则是长期的。调查显示，八成贫困户的发展能力在扶贫项目实施后得到提高。其中，表示个人发展能力"显著提高"的贫困户占比为9.13%，认为个人发展水平有了一定提高的贫困户占比为71.82%，仅19.05%的贫困户认为个人发展能力"没什么变化"，见表32。这说明，精准扶贫工作的开展有效地提升了贫困户的发展能力，激发了脱贫的内生动力。

表32　　　　　　　　　扶贫项目对贫困户发展能力影响情况

发展能力变化情况	占比（%）	样本数（个）
显著提高	9.13	23
有了一定提高	71.82	181
没什么变化	19.05	48
合计	100	252

注：有效样本为252个、缺失值为60个。

6. 扶贫队伍力量薄弱、扶贫工作形式化等问题较为突出

但在促进农村发展的进程中，目前的贫困治理工作仍存在较多问题亟待解决。从调查的306户贫困户的反馈来看，40.52%的贫困户认为当地扶贫工作"没什么问题"。但仍以近六成的贫困户指出当地的扶贫工作存在的一些问题。具体说来，认为"扶贫工作队伍力量薄弱"的贫困户占比最高，为19.93%。认为"扶贫工作形式化"的贫困户占比排名第二，为10.78%。觉得"领导干部思想认识不到位"的贫困户占比紧随其后，排名第三，为9.15%。此外，还有贫困户指出当地扶贫工作存在"扶贫项目难以形成合力""扶贫效果缺乏长效性"的问题，认为存在这两点问题的贫困户占比均为5.88%，见表33。由此可以看出，"扶贫工作队伍力量薄弱""扶贫工作形式化"等问题是较为突出，这在一定程度上会削弱脱贫效果，制约农村的发展。

表33　　　　　　　　　您觉得当地扶贫工作存在哪些问题

问题	占比（%）	样本数（个）
领导干部思想认识不到位	9.15	28
扶贫工作队伍力量薄弱	19.93	61
扶贫工作形式化	10.78	33
扶贫资金截留现象严重	2.94	9
扶贫项目难以形成合力	5.88	18
扶贫效果缺乏长效性	5.88	18
监督考核机制不健全	3.27	10
其他	1.63	5
没什么问题	40.52	124
合计	100	306

注：有效样本为306个、缺失值为6个。

三、并村改革与基层治理

并村改革作为农村改革的"敲门砖",是推动农村发展的重要路径。根据《湖南省乡村振兴战略规划(2018－2022年)》的部署,全省范围内大力推进并村改革,通过科学安排县域乡村布局、资源利用、设施配置和村庄整治,推动村庄规划管理全覆盖。依据因地制宜,优势互补的原则,合理确定建制村的规模和数量,优化资源配置,进一步激发农村基层治理的潜力,促进和加快农村全面小康社会的建成。民主选举、民主决策、民主管理和民主监督是基层治理的核心要求,通过研究湖南省并村改革的整体进展与并村改革中的基层治理行为,能够反映湖南省并村改革之举的成效与问题。

(一)并村改革整体进展

1. 近九成村庄已开展并村改革

并村改革是优化乡村生产生活生态空间的有效实现路径。通过并村整合优势资源,加强统筹安排,凝聚发展方向,形成规模效应能够进一步推动农村并强、并富、并出活力。目前来看,湖南省近九成村庄已开展并村改革。如图2所示,在1888位有效农户访谈样本中,有1667位表示所在村庄已进行并村改革,占比高达88.29%,仅有11.71%的农户表示所在村庄未进行并村改革。由此可见,湖南省并村改革的覆盖面相对较广,以大部制和扁平化为方向的基层行政体制改革在湖南省取得了推进深、范围广的成效。

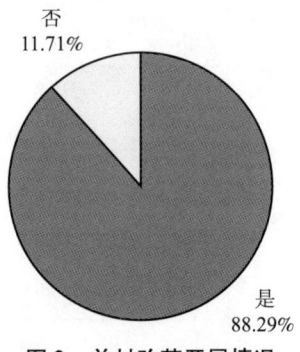

图2 并村改革开展情况

注:有效样本为1888个、缺失值为309个。

2. 超六成农户对并村改革持支持态度

如图 3 所示，在 1659 位有效农户样本中，有 1048 位对并村改革持"非常支持""比较支持"的态度，占比超过六成，为 63.17%，对并村改革持"不太支持""很不支持"的农户占比仅为 4.82%，两者相差 58.35 个百分点。由此可知，过半数农户对并村改革持支持态度，并村改革符合多数农户的需求与预期。

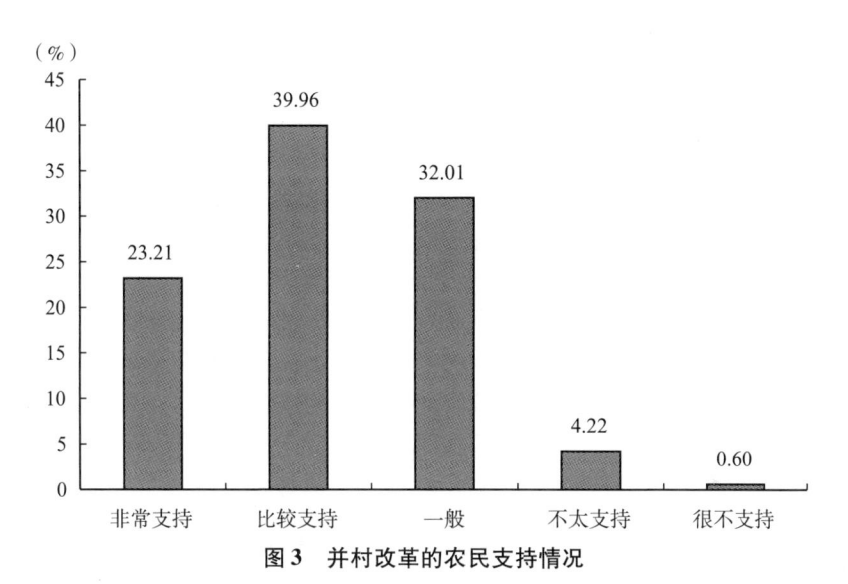

图 3 并村改革的农民支持情况

注：有效样本为 1659 个、缺失值为 538 个。

3. 党支部工作满意度越高，农户对于并村改革的支持度也越高

在对党支部工作非常满意、比较满意、一般、不太满意、很不满意五种状态下，农户对于并村改革持支持态度的占比依次为 89.88%、73.61%、52.37%、37.84%、30.76%（见表 34），整体上呈现出随着满意度降低而逐渐降低的趋势。由此可见，党支部工作满意度与农户对并村改革的支持率呈正相关关系。

表 34　　　　　　　　不同党支部工作满意度村庄并村改革支持情况

党支部工作满意度	是否支持（%）					样本数（个）
	非常支持	比较支持	一般	不太支持	很不支持	
非常满意	54.17	35.71	6.55	3.57	0	168

续表

党支部工作满意度	是否支持（%）					样本数（个）
	非常支持	比较支持	一般	不太支持	很不支持	
比较满意	23.61	50.00	22.57	3.30	0.52	576
一般	16.09	36.28	43.80	3.30	0.53	758
不太满意	17.57	20.27	50.00	12.16	0	74
很不满意	15.38	15.38	26.92	34.62	7.69	26

注：有效样本为1602个、缺失值为595个。

4. 有自治组织村庄的农户对于并村改革的支持度相对较高

如表35所示，有自治组织村庄的农户对并村改革持支持态度的村民占比为77.23%，比没有自治组织村庄的村民支持率高出15.32个百分点。由此可知，自治组织建设对于推进并村改革具有一定的正向作用。

表35　　　　不同自治组织建设情况村庄并村改革支持情况

是否成立村民自治组织	是否支持（%）					样本数（个）
	非常支持	比较支持	一般	不太支持	很不支持	
是	36.38	40.85	18.70	3.66	0.41	492
否	17.78	44.13	31.75	5.40	0.95	315
不清楚	16.47	37.84	40.93	4.25	0.51	777

注：有效样本为1584个、缺失值为613个。

（二）并村改革中的意见征集

1. 近半数村庄并村改革没有征求农民意见

基层治理面向民众，服务民众，也应源于民众，尊重民众。但是在湖南省的并村改革中，民众的主体性体现不强。调查发现，在1670个有效样本中，并村改革征集了农民意见的村庄占比为52.63%，没有征集农民意见的村庄占比47.37%，见表36。由此可知，并村改革中对村民的意见征集度不够，民众的主体性没有得到充分体现，与基层治理中的民主性要求相违背。

表36　　　　　　　　　　并村改革中农民意见征集情况

是否征集意见	占比（%）	样本数（个）
是	52.63	879
否	47.37	791
合计	100	1670

注：有效样本为1670个、缺失值为527个。

2. 党支部工作满意度是影响并村改革中村民意见征集度的关键因素

如表37所示，党支部工作非常满意、比较满意、一般、不太满意、很不满意的村庄并村改革征集村民意见依次占比分别为73.10%、59.41%、46.06%、26.03%、26.92%。可知，随着党支部工作满意度增加，并村改革村民意见征集度就相应增加，两者呈正相关关系。

表37　　　　　　不同党支部满意度村庄并村改革中村民意见征集情况

党支部工作满意度	是否征集意见（%） 是	是否征集意见（%） 否	样本数（个）
非常满意	73.10	26.90	171
比较满意	59.41	40.59	579
一般	46.06	53.94	762
不太满意	26.03	73.97	73
很不满意	26.92	73.08	26

注：有效样本为1611个、缺失值为586个。

3. 村民自治组织的成立对村民意见征集度有正向影响

如表38所示，494个成立了村民自治组织的村庄在并村改革中征集了村民意见的占比为65.38%，没有成立村民自治组织的村庄征集了村民意见的占比为38.87%。由此可知，有村民自治组织的村庄并村改革村民意见征集度明显高于没有自治组织的村庄。

表 38　　不同自治组织建设村庄并村改革中村民意见征集情况

是否成立村民自治组织	是否征集意见（%）是	是否征集意见（%）否	样本数（个）
是	65.38	34.62	494
否	38.87	61.13	319
不清楚	49.87	50.13	778

注：有效样本为1591个、缺失值为606个。

（三）并村改革中的村民选举

民主选举是民主治理的前提和基础，民主治理是民主选举的深化和保障。维护民主选举权，提升民主选举质量有助于完善基层治理行为，形成民主选举与民主治理均衡发展的良好态势，进而促进基层治理的有效性。

1. 并村改革后民主选举广泛开展

如表39所示，在1159个有效农户样本中，有837个表示参与了并村后新村委会的选举，占比为72.22%，仅有27.78%的农户表示未参与。由此可知，并村改革后新村委会的选举参与率整体较高。但不容忽视的是仍有近三成农户未参与到新村委会的选举工作中，村民选举权在基层治理中的作用有待进一步提升。

表 39　　并村改革后新村委会选举参与情况

是否参与	占比（%）	样本数（个）
是	72.22	837
否	27.78	322
合计	100	1159

注：有效样本为1159个、缺失值为52个。

2. 年长及党员身份的农户在并村改革后对新村委选举的参与度较高

不同年龄阶段与政治面貌的农民在新村委会选举中的参与情况不同。如表40所示，从不同年龄的农户来看，50~59岁的农户在新村委会选举中参与率最高，为75.93%；其次为60岁及以上的农户，占比为73.19%；30岁以下的农户参与率最低，为59.60%。从不同政治面貌的农户来看，党员身份的农户在新村委会选举中参与率为83.51%，高于非党员农户13.36个百分点，见表40。综上所述，年长及党员身份的农户在并村改革后新村委选举中参与率相对高于年轻及非党员身份的农户。

表40　　　　　　　　不同群体并村改革后新村委会选举参与情况

分类		是否参与（%）		样本数（个）
		是	否	
年龄	30岁以下	59.60	40.40	99
	30~39岁	69.23	30.77	78
	40~49岁	71.95	28.05	303
	50~59岁	75.93	24.07	295
	60岁及以上	73.19	26.81	373
是否党员	是	83.51	16.49	97
	否	70.15	29.85	995

注："年龄"有效样本为1148个、缺失值为1049个；"是否党员"有效样本为1092个、缺失值为1105个。

3. 有无自治组织对村民在新村委会选举中的参与度有显著影响

如表41所示，成立了自治组织的村庄村民参与新村委会选举的占比为85.51%，未成立自治组织的村庄此项占比为62.89%，两者相差22.62个百分点。由此可知，村庄成立自治组织有助于提高农户的参与率。

表41　　　　　　　不同自治组织建设村庄并村改革后村委会选举参与情况

是否成立村民自治组织	是否参与（%）		样本数（个）
	是	否	
是	85.51	14.49	490
否	62.89	37.11	318
不清楚	71.03	28.97	756

注：有效样本为1564个、缺失值为633个。

（四）并村改革中的村民决策

1. 村民的决策权在并村改革中没有充分发挥作用

民主决策是农民主体地位的集中体现。加强民主协商，推进民主决策是发展基层民主、完善基层治理的有效手段。在湖南省的并村改革中，民主决策权没有得到充分发挥。以并村改革后新村名和新村部选址决策为例。在并村后的新村名决策中，仅25.14%的村民参与了新村名的讨论，47.04%的村民表示未参与讨论，另有27.82%的农户表示村里没有组织相关的讨论，两者占比合计超过七成。再看新村部选址决策，仅有23.20%的农户表示参与了新村部选址的讨论，49.72%的农户表示未参与讨论，另有27.08%的农户表示村里没有组织相关的讨论，见图4。由此可见，仅两成村民参与了并村改革中新村名和新村部选址决策的讨论，说明村民的决策权在并村改革中没有充分发挥作用。

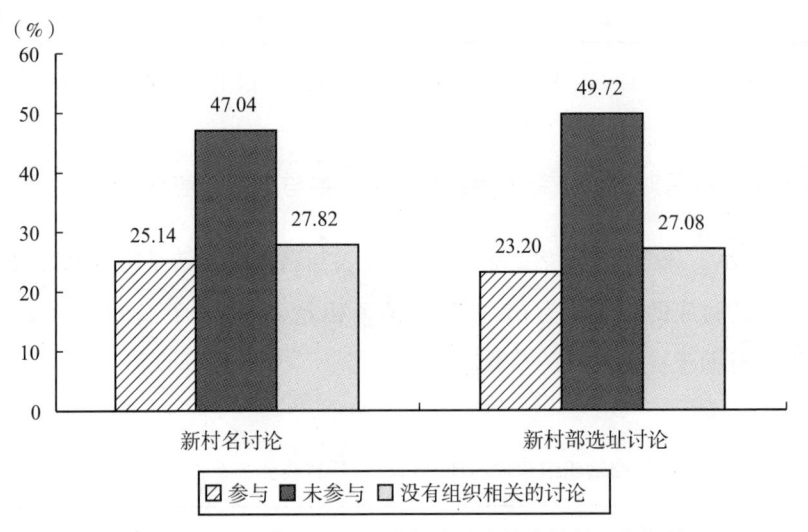

图4 并村改革后新村名、新村部选址决策中的村民参与情况

注："新村名讨论"有效样本为1639个、缺失值为558个；"新村部选址讨论"有效样本为1625个、缺失值为572个。

2. 党支部工作满意度较高的村庄，农户参与并村改革后新村名、新村部选址决策的占比也相对较高

如表42所示，在决定并村后新村名的讨论中，对党支部工作表示非常满意的农户参与率最高，为57.23%，明显高于对党支部工作表示不满意的农户；对党支部工作比较满意的农户次之，占比为27.37%。进一步考察党支部满意度与新村部选址决策中的讨论参与度之间的关系，对党支部工作表示非常满意、比较满意、一般、不太满意、很不满意的农户参与讨论的比率依次为53.01%、27.50%、14.71%、10.14%、8.33%，整体上出现随着满意度的降低而逐渐降低的趋势，见表43。由此可见，党支部工作满意度与并村改革后新村名、新村部选址决策中的农户参与率呈正相关关系。

表42　　　　　不同党支部满意度村庄在新村名决策中的村民参与情况

党支部工作满意度	是否参与新村名讨论（%）			样本数（个）
	是	否	没有组织相关讨论	
非常满意	57.23	25.90	16.87	166
比较满意	27.37	46.14	26.49	570
一般	17.69	51.86	30.45	752
不太满意	11.43	47.14	41.43	70
很不满意	26.92	42.31	30.77	26

注：有效样本为1584个、缺失值为613个。

表43　　　　　不同党支部满意度村庄在新村部选址决策中的村民参与情况

党支部工作满意度	是否参与新村部选址讨论（%）			样本数（个）
	是	否	没有组织相关讨论	
非常满意	53.01	25.90	21.08	166
比较满意	27.50	46.06	26.44	571
一般	14.71	57.49	27.80	741
不太满意	10.14	52.17	37.68	69
很不满意	8.33	41.67	50.00	24

注：有效样本为1571个、缺失值为626个。

3. 有自治组织的村庄在并村改革后新村名、新村部选址决策中的农户参与率相对更高

如表44所示,其中,有自治组织的村庄村民参与率为34.29%,明显高于没有自治组织的村庄。此外,在未成立自治组织的村庄中,36.91%的农户表示村庄没有组织过关于新村名的讨论,高于有自治组织的村庄21.2个百分点。再看新村部选址决策中的村民参与度,如表45所示,有自治组织村庄的村民在讨论中参与率为31.89%,明显高于没有自治组织的村庄。此外,在未成立自治组织的村庄中,41.16%的农户表示村庄没有组织过相关讨论,高于有自治组织的村庄27.58个百分点。综上所述,有自治组织的村庄在并村改革后新村名、新村部选址决策中的农户参与率相对更高。

表44　不同自治组织建设村庄并在新村名决策中的村民参与情况

是否成立村民自治组织	是否参与新村名讨论(%)			样本数(个)
	是	否	没有组织过相关讨论	
是	34.29	50.00	15.71	490
否	16.09	47.00	36.91	317
不清楚	22.30	45.91	31.79	758

注：有效样本为1565个、缺失值为632个。

表45　不同自治组织建设村庄在新村部选址决策中的村民参与情况

是否成立村民自治组织	是否参与新村部选址讨论(%)			样本数(个)
	是	否	没有组织过相关讨论	
是	31.89	54.53	13.58	486
否	18.00	40.84	41.16	311
不清楚	19.60	50.86	29.54	755

注：有效样本为1552个、缺失值为645个。

(五) 并村改革中的村民权益保障

1. 并村改革中农户集体经济组织财产权与收益权得到有效保障

公民的财产权、收益权等权益受法律保护。基层治理行为的开展,必须以不侵犯村

民权益为前提。考察湖南省并村改革开展过程中原有集体经济组织的权益保障情况,如表46所示,在1532位有效农户访谈样本中,有1426位受访者表示所在村庄并村改革过程中,农户原有的集体经济组织收益并未受到侵害,占比93.08%;106位受访者的集体经济组织收益在并村改革过程中受到不同程度的侵害,占比6.92%。由此可见,湖南省已开展并村改革的村庄之中,农户集体经济组织财产权与收益权得到有效保障。

表46　　　　　并村改革中原有集体经济组织收益是否受到侵害

是否受到侵害	占比(%)	样本数(个)
是	6.92	106
否	93.08	1426
合计	100	1532

注:有效样本为1532个、缺失值为665个。

2. 党支部工作满意度较低的村庄在并村改革中集体经济组织收益被侵害的比例相对较高

如表47所示,有34.78%对党支部工作"很不满意"的农户表示,自家原有的集体经济组织收益在并村改革中受到侵害,是不同满意度分组中最高的。将"非常满意""比较满意"认为是对党支部工作"满意"的群组,将"不太满意""很不满意"认为是对党支部工作"不满意"的群组。可以看出,对党支部工作表示"满意"和"不满意"的农户,其原有的集体经济组织收益在并村改革中受到侵害的比率分别为16.88%和42.47%。这说明,对村内党支部工作满意度较低的村庄在并村改革中集体经济组织收益被侵害比例,高于对村内党支部工作满意度较高的村庄。

表47　　　不同党支部工作满意度村庄并村改革中集体经济组织收益被侵害情况

党支部工作满意度	是否受到侵害(%) 是	是否受到侵害(%) 否	样本数(个)
非常满意	13.46	86.54	156
比较满意	3.42	96.58	526
一般	5.73	94.27	716
不太满意	7.69	92.31	65
很不满意	34.78	65.22	23

注:有效样本为1486个、缺失值为711个。

3. 未成立村民自治组织的村庄在并村改革中发生村干部变卖集体资产情况的比率相对较高

考察村庄并村改革中，村庄自治组织建设与村干部变卖集体资产情况的关系。如表48所示，成立了村民自治组织的村庄，其在并村改革中未发生变卖集体资产情况的占比达93.25%，仅6.75%的村庄发生过村干部变卖集体资产的情况。而未成立村民自治组织的村庄，出现变卖集体资产情况的比重为21.35%，比成立村民自治组织的村庄该情况的发生率多出近15个百分点。由此可见，未成立村民自治组织的村庄在并村改革中发生村干部变卖集体资产情况的比率相对较高。

表48　　　　不同自治组织建设村庄并村改革中村干部变卖集体资产情况

是否成立村民自治组织	是否变卖集体资产（%） 是	是否变卖集体资产（%） 否	样本数（个）
是	6.75	93.25	385
否	21.35	78.65	281
不清楚	4.50	95.50	666

注：有效样本为1332个、缺失值为865个。

四、生态宜居与农村环境整治

实现乡村振兴，"生态宜居"是重要目标，"美丽富裕幸福新湖南"建设离不开优美的生态环境。《湖南省农村人居环境整治三年行动实施方案（2018－2020年）》指出，要"以建设美丽宜居村庄为导向，以农村垃圾、污水治理和村容村貌提升为主攻方向，动员各方力量，整合各种资源，强化各项措施，加快补齐我省农村人居环境短板，打好乡村振兴的第一仗"。在本次调查中，课题组对垃圾随意堆放、旱厕异味大、人畜不分离、散养家禽家畜、乱搭乱建、露天焚烧秸秆共六种污染行为做了详细调查。

（一）农村生态污染现状

1. 农户污染行为复杂多元

最严重的污染行为是散养家禽家畜，如图5所示，在1670个有效样本中，认为存在"散养家禽家畜"的有932个,占比55.81%,这说明湖南省农民的家庭养殖方式还没有根本性改变,转变农民的生活方式并非轻而易举。其次是"露天焚烧秸秆",在1636个有效样本中,认为存在"露天焚烧秸秆"的有757户,占比46.27%,其实在近两年湖南省各县市都下发了禁止露天焚烧秸秆的通知,明令禁止露天焚烧水稻、油菜、棉花、玉米等农作物产生的秸秆和落叶等秸秆,违者予以行政处罚甚至是承担相应刑事责任,但从实际执行来看,禁烧行为收效并不理想,"生产生活生态统筹"的实现还是一项比较艰巨的任务。污染行为最少的是"滥垦滥牧",在1456个有效样本中,认为存在滥垦滥牧行为的有158户,仅占10.85%,刚过一成,这应该与湖南省牧区较少的地形有关。总体来看,湖南省的污染行为复杂多元,而且这些污染行为与农民的生产生活紧密相关,很多行为是农民多年养成的习惯,矫正非一朝一夕之功,治污任务形势不容乐观。

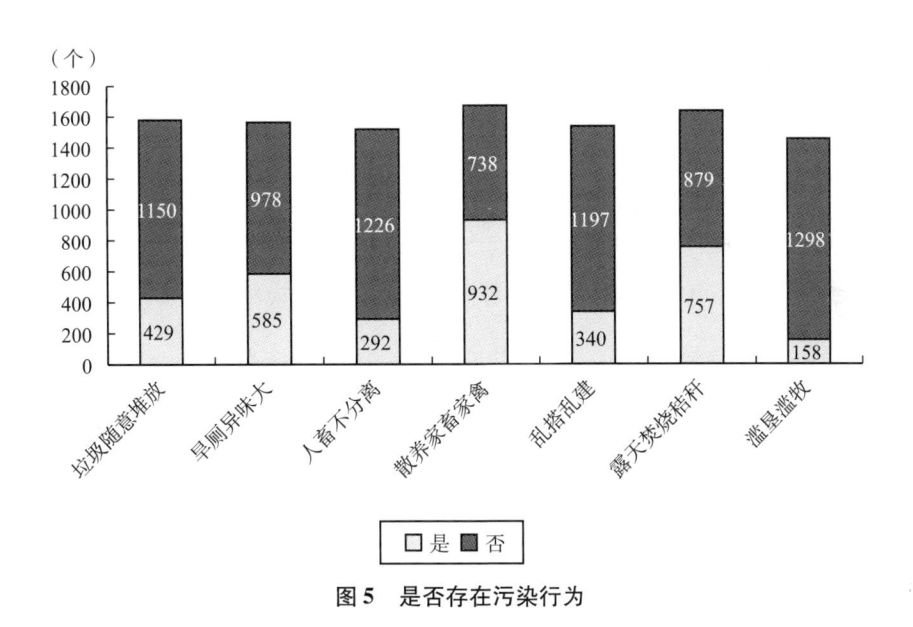

图5 是否存在污染行为

2. 近两成农民认为农村污染严重

在1899个有效样本中,有238个农户认为村庄环境污染"比较严重",占比为12.53%,认为环境污染"非常严重"的占比为2.37%,两者合计占比为14.90%,接近两成,见表49。由此可见,虽然目前农村环境问题已有所改善,但仍有部分农户认为村庄污染严重。

表49　村庄环境污染程度概况

村庄环境污染	占比（%）	样本数（个）
非常严重	2.37	45
比较严重	12.53	238
一般	35.76	679
比较轻微	24.17	459
非常轻微	8.74	166
没有	16.43	312
合计	100	1899

注：有效样本为1899个、缺失值为298个。

（二）农民对环境治理的满意度

1. 农民对环境治理的总体满意度较高

在1941个样本中，有226个农户对环境治理表示"非常满意"，占比11.64%；有817个农户表示对环境治理"比较满意"，占比42.09%，两者合计占比53.73%，超过一半，见表50。可见，在整体部署下，湖南省近几年的环境整治工作卓有成效。

表50　农民对环境治理的整体满意度

村庄环境治理	占比（%）	样本数（个）
非常满意	11.64	226
比较满意	42.09	817
一般	41.32	802
不太满意	4.53	88
很不满意	0.42	8
合计	100	1941

注：有效样本为1941个、缺失值为256个。

2. 农民对垃圾处理的满意度最低

进一步考察农民对不同环境治理的满意状况，从表51可知，农民对环境绿化的满意度最高，对垃圾处理的满意度最低。在1575个有效样本中，有244人表示对环境绿化"非常满意"，408人表示"比较满意"，两者合计占比41.39%。其次是路面硬化，在1583个有效样本中，有245个农户表示对路面硬化"非常满意"，占比15.48%，377人表示"比较满意"，占比23.82%。两者合计占比39.30%。满意度最低的是垃圾处理，在1582个样本中，有378个农户表示"比较不满意"，占比23.89%，有141个农户表示"非常不满意"，两者占比之和为32.80%，接近1/3。可见，垃圾处理越来越成为困扰农民的环境问题。

表51　　　　　　　　农民对不同环境治理行为的满意度比较

环境治理行为	非常满意	比较满意	一般	比较不满意	非常不满意	不清楚	样本数（个）
垃圾处理	8.85	28.45	29.08	23.89	8.91	0.82	1582
污水处理	9.94	23.96	37.67	20.38	6.67	1.38	1590
饮水处理	11.51	26.29	32.89	19.31	8.93	1.07	1590
路面硬化	15.48	23.82	30.64	21.01	7.45	1.52	1583
环境绿化	15.49	25.90	29.71	18.16	9.27	1.59	1575

注："垃圾处理"有效样本为1582个、缺失值为615个；"污水处理"有效样本为1590个、缺失值为607个；"饮水处理"有效样本为1590个、缺失值为607个；"路面硬化"有效样本为1583个、缺失值为614个；"环境绿化"有效样本为1575个、缺失值为622个。

（三）农民的治污行动

1. 多数农民愿意为垃圾处理付费

随着塑料包装袋的盛行，无法降解的农村垃圾越来越多，传统社会的生态循环系统被破坏，很多村庄面临"垃圾围村"的困局，垃圾处理成了美丽乡村建设的重中之重。课题组就农户垃圾处理做了详细调查，发现半数农民参与了村庄垃圾处理工作，过半农民愿意为垃圾处理付费。在1909个有效样本中，有830户农民参与了本村的垃圾处理工作，占比43.48%，接近一半。课题组就"如果村里进行统一垃圾清理，您是否愿意付费"向农户咨询，如表52所示，结果在1944个有效样本中，有1037个农户表示愿意付费，占比53.34%，超过一半，说明农民的环保意识越来越强。

表 52　　　　　　　　　　是否愿意为统一清理垃圾付费

是否愿意	占比（%）	样本数（个）
愿意	53.34	1037
不愿意	18.52	360
不清楚	28.14	547
合计	100	1944

注：有效样本为1944个、缺失值为253个。

2. 垃圾以集中收集为主，随意丢弃现象仍然存在

就农民对生活垃圾的处理方式而言，基本做到垃圾集中处理，但部分农户随意丢弃垃圾现象仍然存在。从表53得知，在1897个农户中，有1363人选择了"收集起来放到村庄垃圾收集点或公共垃圾箱"，占比71.85%；选择"自家焚烧处理"的次之，有336户，占17.71%；再次是"自己掩埋处理"，占6.27%；"随意丢弃"的占3.74%。可见，目前农村生活垃圾基本做到"村集中"，说明村庄生活垃圾池的修建颇见成效，但是长久的生活习惯让农民无法短时间内改变垃圾随意丢弃的行为。

表 53　　　　　　　　　　生活垃圾的处理方式

处理方式	占比（%）	样本数（个）
收集起来放到村庄垃圾收集点或公共垃圾箱	71.85	1363
自家焚烧处理	17.71	336
自家掩埋处理	6.27	119
随意丢弃	3.74	71
其他	0.42	8
合计	100	1897

注：有效样本为1897个、缺失值为300个。

3. 农村生活污水以农户分散收集处理为主

农村生活污水处理是将生活污水中的有害物质和污染环境成分清除、降解做无害处理。目前农村生活污水处理的方式主要有三种：农户分散收集处理、村镇集中收集处理、统收集归入市政管网。许多地区的农村在完善生活污水收集管网，有些发达地区已

经具备了较完整的收集和处理体系,如上海农村生活污水处理率已达到75%。但从调查来看,湖南省农村生活污水处理基本还停留在分散收集处理阶段。如表54所示,在1886个有效样本中个,有785个农户的生活污水是"随意倒掉",占比41.62%;840个农户是将污水"倒入村庄生活废水沟渠",占比44.54%;只有202个农户选择"收集起来再次利用",占比10.71%,选择"其他"方式的仅占3.13%。目前农村生活污水处理形式多样、工艺成熟,各地农村还要因地制宜,合理选择污水处理设备和技术。

表54　　　　　　　　　　　　生活污水的处理方式

处理方式	占比（%）	样本数（个）
随地倒掉	41.62	785
倒入村庄生活废水沟渠	44.54	840
收集起来再次利用	10.71	202
其他	3.13	59
合计	100	1886

注：有效样本为1886个、缺失值为311个。

4. 施用化肥为主的农户比施用农家肥的农户多一成

随着现代科技发展,中国农药和化肥使用量剧增,农业对化肥、农药依赖严重,多数作物的亩均用量高于发达国家的平均水平,不仅增加了成本,还给生态环境造成了影响。从表55来看,湖南省农业生产中化肥使用占大多数,在1907个有效样本中,657个农户选择"使用化肥居多",占比34.45%,高于1/3。选择"使用农家肥居多"的为459户,占比24.07%,比"使用化肥居多"的少一成。选择"两者差不多"的有415户,占比21.76%,此外还有19.72%的农户"不进行农业生产"。根据生态环境部发布的《农业农村污染治理攻坚战行动计划》明确,要"减少化肥、农药使用量和农业用水总量",湖南省在农业生产方式改进上还有很大提升空间。

表55　　　　　　　　　　　农业生产中使用农家肥还是化肥

肥料使用种类	占比（%）	样本数（个）
使用化肥居多	34.45	657
使用农家肥居多	24.07	459

续表

肥料使用种类	占比（%）	样本数（个）
两者差不多	21.76	415
不进行农业生产	19.72	376
合计	100	1907

注：有效样本为1907个、缺失值为290个。

5. 随意丢弃农药瓶/袋的农户近三成

表56显示，在1875个有效样本中，农民随意丢弃农药瓶/袋的有540个，占比28.80%，接近三成。使用过的空农药瓶或农药袋中还含有农药药液或粉剂，随意丢弃在田间地头、路旁村口、井渠塘沟等地方不仅污染环境，遇到高温多雨天气，还会随着雨水到处流，给人畜饮水带来危险，危害植物正常生长，给人们生命健康带来隐患。环保部于2015年出台了《农药包装废弃物回收处理管理办法（试行）》，建立成熟的农药包装废弃物处理机制是农业安全生产的重要议题，需要引起农业部门高度重视。

表56　　　　　　　　　　农户处理农药瓶/袋的情况

处理情况	占比（%）	样本数（个）
随意丢弃	28.80	540
统一回收	42.72	801
没使用农药	9.17	172
没进行农业生产	19.31	362
总计	100	1875

注：有效样本为1875个、缺失值为322个。

6. 对秸秆进行焚烧的农户近三成

湖南省是稻作区，麦秸秆较少，但油菜秸秆、稻草较多，传统的处理方式是少部分就地还田，大部分捆回家作为牲口的饲料或做饭的燃料。现在由于多数农户不再喂牲口，做饭也改用燃气或煤，原本供不应求的秸秆变得多余，如何有效处理成了难题。如表57所示，在1739个有效样本中，有482个农户选择"焚烧处理"，占比27.72%，接近三成。此外,"粉碎后就地还田""作为生活燃料""作为养殖饲料"分别占比18.23%、17.42%、5.46%。可见,焚烧处理占比最高,"一烧了事"仍然是农民的首要选择。就地焚烧固然简单,但对空气造成污染,还易引发火灾,影响道路交通和航空安全,引发交通事故。湖南省各县市多次在农作物收割期出台禁烧秸秆通知,各级干部严格管控,取得了很大成效。但从本次调查来看,近三成农户焚烧处理秸秆,说明了禁烧期一过,焚烧秸秆现象又一定程度上死灰复燃了,环境保护如何从运动式治理走向常态化治理还需政府不断探索。

表57 农户处理秸秆的情况

处理情况	占比(%)	样本数(个)
粉碎后就地还田	18.23	317
焚烧处理	27.72	482
作为生活燃料	17.42	303
作为养殖饲料	5.46	95
生产中没有产生秸秆	11.56	201
没进行农业生产	18.75	326
其他	0.86	15
总计	100	1739

注:有效样本为1739个、缺失值为458个。

(四)美丽乡村建设开展与成效

1. 近三成村庄开展过美丽乡村或生态宜居建设,村庄中超过七成农户参与了该活动

在1906个有效样本中,有571个农户表示村里开展了美丽乡村或生态宜居建设,占比29.96%,接近三成,见表58。在开展过此活动的村庄中,有73.63%的农户参与到美丽乡村或生态宜居建设中来,见表59。可见,湖南省美丽乡村建设的规模比较大,农户参会率较高。

表58　村庄是否开展了"美丽乡村"或"生态宜居"建设

是否开展	占比（%）	样本数（个）
是	29.96	571
否	24.08	459
不清楚	45.96	876
合计	100	1906

注：有效样本为1906个、缺失值为291个。

表59　"美丽乡村"或"生态宜居"的农户参与情况

是否参与	占比（%）	样本数（个）
是	73.63	402
否	26.37	144
总计	100	546

注：有效样本为546个、缺失值为25个。

2. 超六成的农户认为"美丽乡村"或"生态宜居"建设的效果好

如表60所示，在553个有效样本中，对"美丽乡村"或"生态宜居"建设的评价为"非常好"和"比较好"的占比分别为22.24%和40.51%，合计占比为62.75%，超过六成；而评价效果为"不太好"和"很不好"的占比分别为4.16%、0.72%，均不足一成，远低于前者。由此可以看出，农户对"美丽乡村"或"生态宜居"建设的认可度较高，生态环境治理有较高的民意基础，前景乐观。

表60　农户对"美丽乡村"或"生态宜居"建设的效果评价情况

效果	占比（%）	样本数（个）
非常好	22.24	123
比较好	40.51	224
一般	32.37	179
不太好	4.16	23
很不好	0.72	4
总计	100	553

注：有效样本为553个、缺失值为18个。

五、乡村振兴与农民参与

农民是乡村振兴的主体，农民是否积极参与是乡村振兴战略实施方案能否落地的决定因素。2018年是《湖南省乡村振兴战略规划（2018－2022年）》实施的开局之年，省委省政府高度重视该规划的部署，各级政府正紧锣密鼓地推动各项工作有序开展，湖南省社会各界也在密切关注战略的进程。那么，在乡村振兴的实际工作中，当全社会都把目光聚焦农村发展时，农民本身的主体地位是否充分发挥出来了？农民是否被积极动员起来了？以下就将乡村振兴五项工作中的农民参与结果做具体呈现和初步分析。

（一）产业发展中的农民参与

乡村振兴是一项复杂的系统工程，重点是产业要振兴、产业要兴旺，作为乡村振兴的物质基础，产业兴旺既是支撑乡村振兴的源头，更是引领乡村振兴的潮头。湖南省是一个中部劳务输出大省，没有产业的"空心村"占大多数，乡村产业经济发展底子薄。近两年，湖南省加大了乡村产业发展力度，根据《湖南省乡村振兴战略规划（2018－2022年）》，湖南省要立足粮食、畜禽、蔬菜、茶叶、水果、水产、油茶、油菜、中药材、竹木十大特色优势产业，打造"湘"字号特色农产品品牌，实行产业兴村强县。

1. 近两成村庄引进了新产业，过半农户参与了村里项目引进会议

如表61至表63所示，2018年在1972个样本农户中，明确表示村里引进了新项目的农户有383个，占比19.42%，还有45.08%的农户表示不清楚村里是否引进了新产业项目，也就是说，至少两成农户确定村里增加了新的农业产业项目；进一步分析村里引进了新项目的农民参与情况，在363个有效样本中，187户农民表示村里引进新项目时召开了村民大会或村民代表大会，占比51.52%，超过半数；在召开村民大会或村民代表大会的村庄，72.19%的农户表示参加了会议。

表61　　　　　　　　　　是否发展了新产业项目

是否发展项目	占比（%）	样本数（个）
是	19.42	383
否	35.50	700
不清楚	45.08	889
合计	100	1972

注：有效样本为1972个、缺失值为225个。

表62　　　　　在发展产业项目时是否召开村民大会或村民代表大会

是否召开会议	占比（%）	样本数（个）
是	51.52	187
否	20.94	76
不清楚	27.55	100
合计	100	363

注：有效样本为363个、缺失值为0个。

表63　　　您或家人是否参加了产业发展的村民大会或村民代表大会

是否参加会议	占比（%）	样本数（个）
是	72.19	135
否	27.81	52
合计	100	187

注：有效样本为187个、缺失值为0个。

2. 农民对村庄产业发展的参与态度较为积极

如表64所示，在350个有效样本中，表示村里发展产业项目时想租用自家土地的有93个，占比26.57%，租用率不足三成，这说明新产业项目的用地规模有限，大多数产业不需要大规模征用农地。在谈及"如果村里发展项目需要向农民筹集资金你是否愿意出资"时，在1947个有效样本中，有1040户农户表示愿意出资，占比达53.42%，超过了半数，有29.38%的农户态度模糊，仅有17.21%的农户明确表示不愿意出资，见图6。当问及是否愿意将自己的土地入股时，1915个有效样本中，有1061个农户表示愿意入股土地，占比55.40%，超过了半数，32.43%的农户没有明确表态，仅有

12.17%的农户表示不想土地入股,见图7。由上述数据可知,湖南省农村产业项目农地使用规模有限,大农业还不太普遍,但农户对于投资农村产业项目的态度较为积极。

表64　　　　　　　　　发展产业项目时村里是否想租用您家土地

是否租用土地	占比（%）	样本数（个）
是	26.57	93
否	71.71	251
不清楚	1.71	6
合计	100	350

注：有效样本为383个、缺失值为33个。

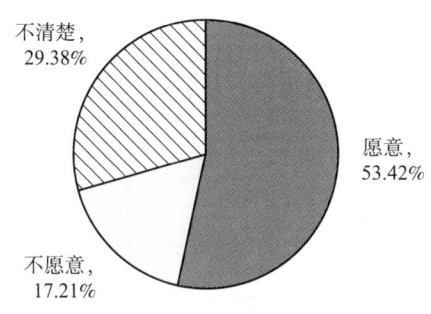

图6　村里发展产业是否愿意出资

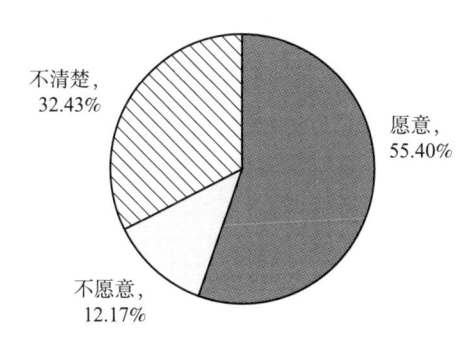

图7　村里发展产业是否愿意土地入股

（二）生态宜居中的农民参与

1. 农户对"厕所革命"的认同度较高

"小康不小康,厕所算一桩",农村改厕工作有利于改善村居卫生和文明环境,提高人民群众的健康水平，为了贯彻党中央厕所革命的部署，眼下农村改厕在不少地方全面展开，农民的旱厕被一一拆除重新改造。调查表明，湖南省农户对改厕的认同度较高。如表65至表67所示，在1920个有效样本中，有878个农户表示接受过村庄或当地政府的改厕宣传，占比45.73%，有54.27%的农户没有接受过改厕宣传，超过半数。在1942个农户样本中，有62.46%的农户表示村里没有开展相关工作，接近2/3；表示村里开展了改厕工作的是729户，占比37.54%，刚超过1/3。在"你家是否参与了改厕工作"的问题中，683户填写了问卷，其中参与了改厕的有467户，比例高达68.37%，超过2/3。也就是说，有些村庄的改厕动员还不够，村民们接受的改厕宣传并不充分，但农户改厕的积极性较高，出于提高生活质量的需要，一部分没有接受改厕宣传的农户也积极改厕了。

表65　　　　　是否接受过村庄或当地政府的农村改厕宣传

是否接受宣传	占比（%）	样本数（个）
是	45.73	878
否	54.27	1042
合计	100	1920

注：有效样本为1920个、缺失值为277个。

表66　　　　　　　　村庄是否开展了改厕工作

是否开展改厕	占比（%）	样本数（个）
是	37.54	729
否	62.46	1213
合计	100	1942

注：有效样本为1942个、缺失值为255个。

表67　　　　　　　　农户是否参与了改厕工作

是否开展改厕	占比（%）	样本数（个）
是	68.37	467
否	31.63	216
合计	100	683

注：有效样本为683个、缺失值为144个。

2. 农民改厕的参与积极性较高

进一步考察农户的改厕状况，发现农民改厕的参与积极性较高。如表 68 所示，在 693 个有效样本中，140 户农民表示村民"非常积极"参与改厕，占比 20.20%；"比较积极"的有 354 户，占比 51.08%，两者之和为 71.28%，比例较高。改厕消极的农户不多，只有 19 户表示"不太积极"，2 户表示"很不积极"，合计占比仅为 3.03%。在问及"是否愿意花钱改厕"时，1391 户农民表示愿意进行改厕，占比为 74.46%，不愿意改厕的仅占比为 25.54%，见图 8。

表 68　　村民参与改厕的积极性

是否参与改厕	占比（%）	样本数（个）
非常积极	20.20	140
比较积极	51.08	354
一般	25.69	178
不太积极	2.74	19
很不积极	0.29	2
合计	100	693

注：有效样本为 693 个、缺失值为 135 个。

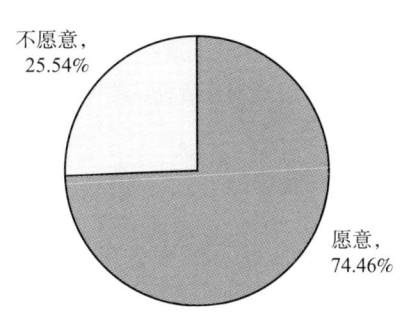

图 8　是否愿意花钱改厕

3. 农民对庭院卫生清洁工作很重视，但对垃圾分类执行力度不够

在 1955 个有效样本中，有 1343 个农户表示接受过当地政府或村庄的环保宣传，占比为 68.70%，超过 2/3。如图 9 所示，在政府的动员下，有 90.05% 的农户自觉对房前屋后及自家庭院的环境卫生进行了清洁。但是政府对农村垃圾分类的宣传还不够，执行

效果还有待提升。仅有54.95%的农户表示本村或当地政府动员村民进行垃圾分类，刚过半数；如图10所示，在1929个有效样本中，表示对家里的生活垃圾进行了处理的为961户，占比49.82%，不到半数，说明农户对垃圾分类的认同度不高，环境保护还停留在粗放阶段。

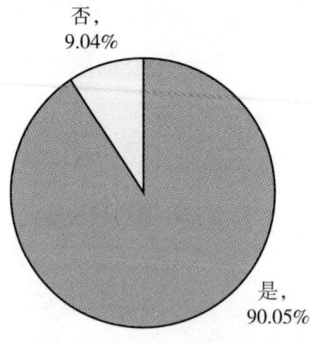

图9　是否自觉清扫自家庭院

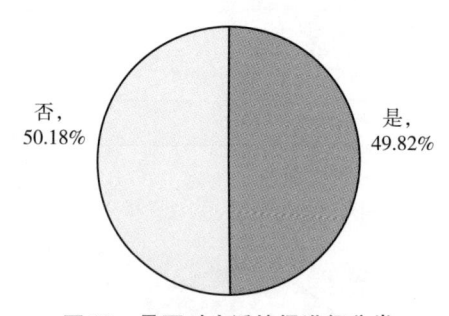

图10　是否对生活垃圾进行分类

4. 农民对环保合作组织的参与度较低

农村人居环境的保护需要全体村民的共同自觉和集体出力，怎样让原子化的小农有环保的自觉性是个难题。对此，有的村庄成立了环保合作组织，让老年人、妇女或党员成立环保小组，对村庄环境卫生维护状况进行监督、检查和评比，建立了人居环境维护的长效机制。调查发现，湖南省建立这种组织的村庄还不普遍，在1929个农户中，表示村庄有环保合作组织的仅有523个，占比27.11%，不到1/3，见表69；即便在成立了环保合作组织的村庄，农民参与组织的比率也只有36.48%，见表70。

表 69　　　　　　　　　　是否成立了环保合作组织

是否成立	占比（%）	样本数（个）
是	27.11	523
否	72.89	1406
合计	100	1929

注：有效样本为1929个、缺失值为268个。

表 70　　　　　　　　　　是否参与了环保合作组织

是否参与	占比（%）	样本数（个）
是	36.48	185
否	37.87	192
不清楚	25.64	130
合计	100	507

注：有效样本为507个、缺失值为16个。

（三）乡风文明建设中的农民参与

1. 湖南省移风易俗活动参与较好

针对当下操办婚丧喜庆事宜出现的不良社会风气，2018年2月10日湖南省精神文明建设指导委员会办公室和湖南省纠"四风"治陋习专项整治工作办公室联合向全省城乡居民发出《操办婚丧喜庆事宜倡议书》。表71显示，农村移风易俗活动开展较普遍，湖南省2197个农户中，有1027个农户表示村里开展了节俭办红白喜事等移风易俗活动，占比46.75%；样本农户中参与该活动的有78.87%，超过2/3。总体来看，湖南省移风易俗活动参与较好。

表 71　　　　　　　　　　是否参与了移风易俗活动

是否参与	百分比（%）	样本数（个）
是	78.87	810
否	20.06	206

续表

是否参与	百分比（%）	样本数（个）
不清楚	1.07	11
合计	100	1027

注：有效样本为1027个、缺失值为0个。

2. 参与村庄文明创建活动的家庭较多，成效较好

从调查统计来看，湖南省开展文明户、文明家庭等文明创建活动还没有完全普及，1925个样本中，有889个农户表示村里开展了文明创建活动，占比46.18%，没有过半。但在开展了文明评选活动的村庄中，如表72所示，农民的活动热情较高，在889个样本中，有732个农户表示参与了文明评选，比率达到82.34%，其中有53.55%的农户认为文明评选对于促进村民文明行为有很大作用，超过了半数。

表72　　　　　　　　文明户等评选活动对促进村民文明行为是否有用

作用如何	占比（%）	样本数（个）
很大	14.85	132
较大	38.70	344
一般	35.55	316
较小	5.15	46
很小	5.75	51
合计	100	889

注：有效样本为889个、缺失值为4个。

（四）乡村有效治理中的农民参与

1. 湖南省农村村民自治组织数量不多，村民参与率不高

中共十九大报告指出，农村要建立"自治、法治、德治"相结合的治理体系。"自治"需要以群众理事会、议事会等自治组织为支撑，从调查来看，湖南省村民自治组织数量不多，参与率不高。如表73和表74所示，在1925个有效样本中，只有556个农

户表示村里成立了村民理事会等自治组织,仅占比28.88%,还不到1/3;在成立了村民理事会的村庄中,农户的参与率也较低,在543个农户中,只有214个农户加入自治组织,参与率只有39.41%,不到四成。

表73　　　　　　　　村庄是否成立了村民理事会等村民自治组织

是否成立	占比(%)	样本数(个)
是	28.88	556
否	19.74	380
不清楚	51.38	989
合计	100	1925

注:有效样本为1925个、缺失值为272个。

表74　　　　　　　　农户是否加入村民理事会等村民自治组织

是否成立	占比(%)	样本数(个)
是	39.41	214
否	60.59	329
合计	100	543

注:有效样本为543个、缺失值为13个。

2. 从法治维度看,村民在普法宣传教育中的参与度较高

如表75和表76所示,在1903个有效样本中,表示开展过普法宣传教育的有876个农户,占比为46.03%;进一步考察农户对普法宣传教育的参与积极性,有624个农户表示参加过普法宣传教育活动,占比为71.23%。总体来看,农民对普法宣传教育的参与积极性较高,"法治"有较好的民意基础。

表75　　　　　　　　　　村庄是否开展了普法宣传教育

是否成立	占比(%)	样本数(个)
是	46.03	876
否	17.45	332
不清楚	36.52	695
合计	100	1903

注:有效样本为1903个、缺失值为294个。

表76　　　　　　　　　　农户是否参加了普法宣传教育活动

是否成立	占比（%）	样本数（个）
是	71.23	624
否	28.77	252
合计	100	876

注：有效样本为876个、缺失值为0个。

3. 从德治维度看，开展优良家风家训活动的村庄较少，但开展该活动的村庄其村民参与情况良好

如图11和图12所示，在1911个样本中，只有477个农户表示村里开展了家风家训活动，仅占比24.96%，不到1/4，相比于社会主义核心价值观活动，其开展率要少18个百分点。但在开展了优良家风家训的村庄，农民的参与态度比较积极，在477个样本中，有376户表示参与了优良家风家训活动，参与率达到78.83%，比社会主义核心价值观活动的开展频率要高出3个百分点。可见，农户对家风家训活动的参与态度比较积极，但是村庄主动开展较少，还需要大力进行传统文化的教育宣传活动。

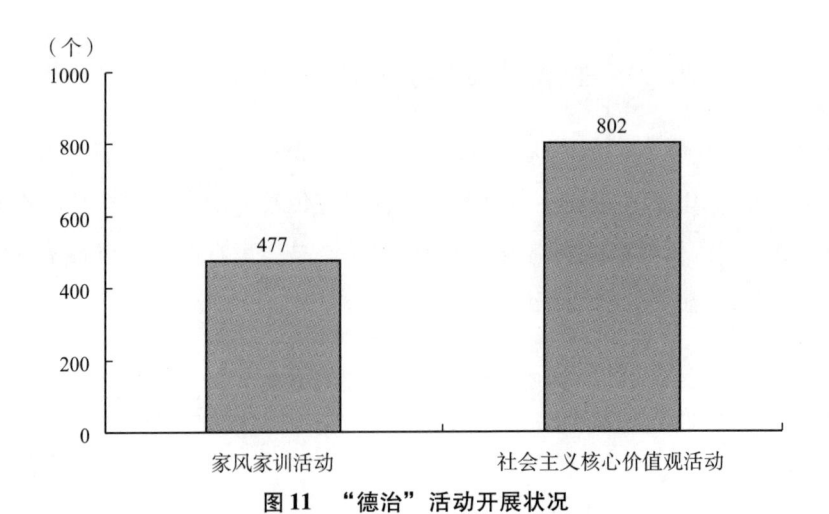

图11　"德治"活动开展状况

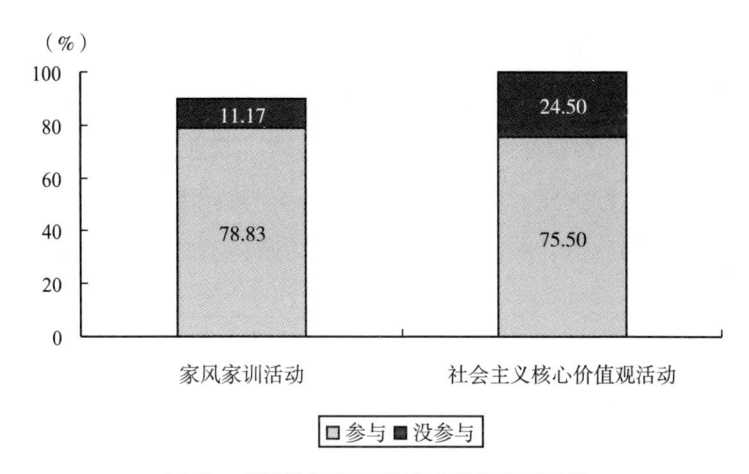

图12 "德治"活动的农户参与情况比较

六、结论与建议

(一)农地流转与规模经营

湖南省土地确权颁证工作稳定推进,大多数村庄完成了确权颁证,大多数农户获得了新的土地承包经营权证,为农地流转和农业发展奠定了良好的基础。从调查来看,湖南农业发展有几个特点:一是农地抛荒现象较为明显,前述分析显示,湖南省有七成农户在从事农业生产,即还有三成农户没有从事农业生产,但流转土地的农户只有一成,说明还有二成左右农户的土地处于抛荒状态。二是土地流转率不高,承包地流转的农户只有一成,还说明农业产业发展规模有限,用地需求不旺盛。三是土地流转方式较为原始,农户流转承包地仍然以熟人社交网络为主,缺乏专业的土地流转平台;流转协议也以私下口头协议占主要,这容易为民间土地纠纷埋下隐患。四是种植大户增收明显,但增收幅度有限,过半大户表示收益"有所增加",说明有增收,但增收不多。五是农民参与农业企业/合作社以劳动力就业为主,收益以工资为主,农民还没有深入、完全的参与农业产业链条,土地入股、资金入股,合作经营的参与方式还不充分。

土地是财富之母,发展农村产业经济,土地是关键。湖南省农地抛荒较多,将大量闲置农地集中起来,在政策范围内用好、用活土地资源,充分发挥出农地的增收效应,政府需要完善土地流转服务政策和举措。可以借鉴山东东平的土地流转模式，成立农村综合产权交易所，发展土地股份合作社，引导农民入社、农地入股，发展由党支部引领、土地经营对外租赁、村集体与经营大户合作经营、农业产业园区带动以及开发经营第三产业等多种合作社方式，搭建集产权交易、产权托管、产权融资为一体的综合平台，推动土地股份制改革，积极画好土地流转之圆，不断探索学习，点亮乡村前行之灯。

（二）贫困治理与农村发展

从贫困治理中的脱贫"需求"来看，贫困户对"就业、养老、教育"三方面的需求尤为突出，这三方面涉及一户家庭中老、中、小三代人的生存与发展，因此需要扶贫工作回到"以人为本"的核心，扶贫工作重点是扶植"贫困的人"。从扶贫"供给"角度来看，村庄（政府）、驻村帮扶队、社会力量呈三足鼎立之势，其中村庄和驻村帮扶队在扶贫工作中参与程度高，而社会力量的帮扶则略显微弱。从三者扶贫措施的供需匹配角度来看，村庄开展的扶贫项目与贫困户对"就业、教育、养老"的需求基本吻合；社会力量提供的扶贫措施涉及"就业、教育"两大需求，但未曾涉及"养老服务"方面；而驻村帮扶队的帮扶措施还存在不少供需错配现象。总体上看，当前的扶贫供给与农户需求之间存在一定的供需错位，贫困治理工作需要进一步抓住贫困户的"胃"，让政策"对胃口"。

从贫困治理的治理成效来看，精准扶贫项目的开展对脱贫的效果显著，对推动农村的发展起到积极作用。贫困户在精准扶贫中受益程度高，收入水平得到显著改善，个人发展能力有效提升，为脱贫和发展提供了短期支持和长期动力。不过，扶贫工作仍存在诸如扶贫队伍力量薄弱、扶贫工作形式化等问题，这在一定程度上会削弱脱贫效果，制约农村的发展。

在今后的贫困治理中，要坚持以扶贫促发展，关键还是在识别贫困户需求上下功夫，"以人为中心"，针对贫困户的具体需求精准把脉，尤其对贫困户反应强烈的"就业、养老、教育"三大问题拓展扶贫渠道，对症下药，为贫困户提供更多职业教育、学校教育机会，提升贫困人口的能力素质和养老保障水平。只有为各类贫困人员提供了有针对性的脱贫措施，才能真正激发贫困人口脱贫的内生动力，形成脱贫致富的可持续发展能力，锻造贫困代际延续的阻断力，真正实现"拔穷根，挪穷窝"。

（三）并村改革与基层治理

从并村改革的整体发展水平来看，湖南省近九成村庄已开展并村改革，以大部制和扁平化为方向的基层行政体制改革在湖南省取得了推进深、范围广的成效。与推广度相比，并村改革中村民意见的征集度显得量小力微。农民在新村委会选举中的参与度也不尽如人意，农民的政治选举权未得到充分体现，并村过程中村民决策权的体现更是微乎其微，这显然不符合基层治理中的民主要求。这说明，湖南省的并村改革在推进过程中农民主体地位凸显不够。在并村后的基层治理工作中，应充分吸纳农民参与村庄事项的决策、监督、管理和实施的全过程，体现农民的政治权利，而非让农民家园"被合并"。

进一步分析发现，党支部工作满意度与村民自治组织的成立，对发挥农户在并村改革与基层治理中的主体地位有积极影响。党支部满意度高和建立了自治组织的村庄，村民意见征集度、选举参与度、决策讨论度均相对较高。而党支部工作满意度较低和未成立自治组织的村庄，在并村改革中集体经济组织收益被侵害的比例相对较高。究其原因，基层党支部和村民自治组织，在基层治理中发挥着领导核心作用，有利于促进农村基层民主，维护村民的合法权益，促进社会主义新农村建设。

在并村改革与基层治理过程中，可以打造"三自一引"的基层治理模式。一是进一步发挥农民的主体作用，充分尊重农户意愿，切实提升改革效益，让农民能够"自愿改"。二是充分吸纳农民参与村庄事项的决策、监督、管理和实施的全过程，体现农民的政治权利，提升基层治理中的农民参与度，让农民"自主改"。三是建立村民自治组织，开展村庄日常自我管理、自我服务等工作，提升基层治理能力，让农民"自治改"。四是"以党建为引领"，以农户为中心，推进自治、法治、德治相融合，最终实现乡村善治。

（四）生态宜居与环境治理

习近平总书记2013年和2018年两次考察湖南省时都特别强调了生态环境保护问题，强调要牢固树立尊重自然、顺应自然、保护自然的生态文明理念，推进绿色发展、循环发展、低碳发展，真正把生态系统的一山一水、一草一木保护好，谱写建设美丽中国湖南新篇章。整体上来说，在湖南省委省政府的高度重视下，湖南省农村生态文明建设力度大，取得了较大成效，农民对美丽乡村建设、生态宜居建设和具体环境治理行为的满意度都较高。

目前主要的问题是农民积习难返，生产生活中垃圾随处乱扔、露天焚烧秸秆、农药瓶/袋随意丢弃等恶习仍然普遍存在，农药化肥使用量较大，生活污水还停留在农户分散收集阶段，污染"上山下乡""垃圾围村"不同程度存在，农村脏乱差还没有根本改观。不过从调查来看，湖南省农民的环保意识已经越来越强，他们已经意识到环境污染的严重性，尤其对集中有效处理垃圾的呼声很高，并表示愿意为垃圾处理付费。所以，环境治理有了比较好的民意基础，各级政府要充分发挥农民的积极性，继续加大环境保护的宣传教育，尤其要加强组织动员，鼓励村庄建立各种类型的环保自组织，如环保党小组、环保妇女协会、环保老人协会，充分发挥党员、妇女、老人、乡贤等社会力量的作用，从环保行动的组织、动员、评比、监督等各方面入手，建立村庄环境治理的常态化制度和长效机制，日积月累，久久为功。

（五）乡村振兴与农民参与

湖南省农户在产业发展、生态宜居、乡风文明、治理有效等各项中的活动参与积极性都较高，他们对乡村振兴的认同度整体向好。从调查来看，目前存在的问题有三：一是农村产业发展不够，农民愿意为产业发展投资投劳，也愿意为农村产业流转土地，但是最大的瓶颈是湖南省农村的产业发展还不够兴旺，农村产业对土地的规模需求不大，小农耕作的方式没有根本改变，大多数农民仍然面临参与热情有余，参与机会不足的问题。二是农民组织性不够，调查显示湖南农村的自治组织数量不多，组织类别较少，村民理事会、议事会、老年协会很少，尤其新兴的环保自治组织缺乏，所以农民自我管理、自我监督的积极性还没有充分发挥，因而湖南省农民对家庭环境整治的积极性很高，但对公共环境不热心，他们积极改厕、整治庭院，但不热心垃圾分类，生活垃圾一丢了事。三是乡风文明建设还不够深入，标语式、口号式的社会主义核心价值观教育较多，渗入农民日常生活的家风家训教育开展不够，乡风文明还没有向农民的生活世界转化。

因此，湖南省乡村振兴要打通农民参与的"最后一公里"，在经济上要积极吸引能人返乡，出台更多产业发展优惠政策，给农民以更多的产业参与机会；在政治上要发展多种形式的农民自治组织，激发出农民自我组织、自我教育、自我动员、自我监督的积极性；在文化上进一步推动乡风文明活动深入农民的公共生活、家庭生活和日常生活，以新风气培育新农民，促使新农村焕发精神文明新面貌。

参考文献

［1］中共中央办公厅、国务院办公厅：关于引导农村土地经营权有序流转发展农业适度规模经营的意见［EB/OL］. http：//www. gov. cn/xinwen/2014 – 11/20/content_2781544. htm，2014 – 11 – 20.

［2］中共湖南省委办公厅、湖南省委办公厅：湖南省农村人居环境整治三年行动实施方案（2018 – 2020 年）［EB/OL］. http：www. hunan. gov. cn/xxgk/wjk/swszfbgt/201810/t20181024 _ 5148034. html，2018 – 10 – 24.

［3］白雪娇. 从"鸡肋"到"黄金"：被合作社激活的土地［N］. 社会科学报，2014 – 10 – 23（002）.

［4］葛云飞. 产业精准扶贫中的地方政府公共服务供给研究［J］. 安徽行政学院学报，2018（4）：47 – 53.

［5］陈文胜，何绍辉. 和乡并村亟待做好五个结合［J］. 农村经营管理，2016（5）：27.

［6］杜家豪. 奋力开创新时代湖南生态文明建设新局面［EB/OL］. http：//news. sina. com. cn/o/2018 – 10 – 12/doc-ihmhafir2307169. shtml，2018 – 10 – 12.

基层政治篇

村合更要心合：让并村改革收效"1+1>2"

——基于湖南省2197个村民"并村改革"现状的调查研究

湖南文理学院湖南农村基层治理研究中心
教育部人文社会科学重点研究基地——华中师范大学中国农村研究院调查咨询中心

摘　要：并村改革是优化乡村生产生活生态空间的有效实现路径。现阶段，湖南省已在全省范围内推进并村改革工作，并呈现"范围广、保障好、呼声高"的特征，但仍然存在"人气微、便民弱、实效浅"等亟待解决的难题。基于此，课题组建议通过清产核资激活原动力、放权赋能提升组织力、村干分流释放战斗力、融合发展并出生产力，以"人心合"发挥并村改革的"乘数效应"。

关键词：并村改革；清产核资；放权赋能；村干分流

《国家乡村振兴战略规划（2018-2022年）》提出："科学安排县域乡村布局、资源利用、设施配置和村庄整治，推动村庄规划管理全覆盖。"并村改革工作不仅要充分考虑农民的公共需求半径和乡村组织的有效服务半径，更要为村庄合并后的高速发展找法子、寻路子。现阶段，湖南省已在全省范围内推进并村改革工作，为了更全面、准确地了解并村改革工作现状，以更高站位、更宽视野推动合并村发展，湖南文理学院于2018年7月对湖南省2197位农户进行了问卷调查与研究。调查数据显示，当前湖南省并村改革工作在呈现"范围广、保障好、呼声高"特征的同时，仍然存在"人气微、便民弱、实效浅"等不可忽视的问题。基于此，课题组建议通过清产核资激活原动力、放权赋能提升组织力、村干分流释放战斗力、融合发展并出生产力，以"人心合"放大并村改革的"乘数效应"。

一、湖南省并村改革开展情况

（一）并村改革整体进展

1. 湖南省近九成村庄已开展并村改革

考察湖南省并村改革开展情况，如表1所示。在1888位有效农户访谈样本中，有1667位表示所在村庄已进行并村改革，占比高达88.29%，仅有11.71%的农户表示所在村庄未进行并村改革。由此可见，湖南省近九成村庄已开展并村改革，并村改革的覆盖面相对较广。

表1　　　　　　　　　　　并村改革开展情况

是否开展	占比（%）	样本数（个）
是	88.29	1667
否	11.71	221
合计	100	1888

注：有效样本为1888个、缺失值为309个。

2. 农户对并村改革的知晓情况与年龄成正相关关系，而不同家庭收入的农户中又以中等收入农户知晓度最高

考察不同群体农户对于并村改革开展的知晓情况，如表2所示。年龄在30岁以下、30~39岁、40~49岁、50~59岁不同年龄段对于并村改革开展的知晓情况占比依次为84.41%、86.89%、89.40%、90.63%，整体上呈现出随着年龄增长而逐渐上升的趋势。从不同家庭收入的农户来看，中等收入农户对于并村改革开展的知晓度最高，达91.64%，高于低收入农户9.69个百分点，高于高收入农户4.83个百分点。由此可见，农户对并村改革的知晓情况与年龄呈正相关关系，而不同家庭收入的农户中又以中等收入农户知晓度最高。

表2 不同群体对于并村改革开展的知晓情况

分类		是否开展（%）		样本数（个）
		是	否	
年龄	30岁以下	84.41	15.59	186
	30~39岁	86.89	13.11	122
	40~49岁	89.40	10.60	453
	50~59岁	90.63	9.37	459
	60岁及以上	86.60	13.40	612
家庭收入	低收入	81.95	18.05	277
	中低收入	89.63	10.37	347
	中等收入	91.64	8.36	287
	中高收入	88.57	11.43	210
	高收入	86.81	13.19	288

注："年龄"有效样本为1832个、缺失值为365个；"家庭收入"有效样本为1409个、缺失值为788个。

3. 党支部工作满意度较低的村庄开展并村改革的占比相对高于满意度较高的村庄

调查数据显示，不同党支部工作满意度村庄并村改革的开展情况也有所不同。如表3所示。对党支部工作不太满意的农户表示已经开展并村改革的占比高达96.10%，接近100%；其次是对党支部工作很不满意的占比，为89.66%。由此可知，村内党支部工作满意度较低的村庄开展并村改革的占比相对高于满意度较高的村庄，对党支部工作满意度不高是推动并村改革的一大动因。

表3 不同党支部工作满意度村庄并村改革开展情况

党支部工作满意度	是否开展（%）		样本数（个）
	是	否	
非常满意	89.06	10.94	192
比较满意	87.41	12.59	659
一般	87.54	12.46	875
不太满意	96.10	3.90	77
很不满意	89.66	10.34	29

注：有效样本为1832个、缺失值为365个。

4. 有自治组织的村庄开展并村改革的覆盖面更广泛

分析不同自治组织建设情况村庄并村改革的开展情况,如表4所示,93.79%成立自治组织村庄的农户表示本村已开展并村改革,高于未成立自治组织的村庄6.32个百分点。由此可知,有自治组织的村庄并村改革的覆盖面更广泛,自治组织是并村改革的重要推动力。

表4　　　　　　不同自治组织建设情况村庄并村改革开展情况

是否成立村民自治组织	是否开展（%）是	是否开展（%）否	样本数（个）
是	93.79	6.21	531
否	87.47	12.53	367
不清楚	85.24	14.76	908

注：有效样本为1806个、缺失值为391个。

5. 超六成农户对并村改革持支持态度

考察农户对于并村改革的支持情况,如表5所示。在1659位有效农户样本中,有1048位对并村改革持支持态度,占比超过六成,为63.17%,对并村改革持不支持态度的农户占比仅为4.82%,两者相差58.35个百分点。由此可知,过半数农户对并村改革持支持态度,并村改革符合多数农户的需求与预期。

表5　　　　　　并村改革的农民支持情况

是否支持	占比（%）	样本数（个）
非常支持	23.21	385
比较支持	39.96	663
一般	32.01	531
不太支持	4.22	70
很不支持	0.60	10
合计	100	1659

注：有效样本为1659个、缺失值为538个。

6. 男性、年长、党员农户对于并村改革的支持率相对高于女性、年轻与非党员的农户

分析不同群体农户对于并村改革的支持情况，如表6所示。从不同性别的农户来看，65.46%的男性农户对并村改革持支持态度，高于女性农户7.99个百分点。从不同年龄的农户来看，年龄在30岁以下、30~39岁、40~49岁、50~59岁的农户对于并村改革持支持态度的占比依次为51.88%、57.15%、65.43%、66.18%，整体上呈现出随着年龄的增长逐渐上升的趋势。从不同政治面貌的农户来看，党员农户对并村改革持支持态度的占比为77.31%，非党员农户此项占比为60.80%，两者相差16.51个百分点。综上所述，男性、年长、党员农户对于并村改革的支持率明显高于女性、年轻与非党员的农户。

表6　　　　　　　　　　不同群体对于并村改革的支持情况

项目	分类	非常支持	比较支持	一般	不太支持	很不支持	样本数（个）
性别	男	24.16	41.30	29.78	4.16	0.61	1155
	女	21.68	35.79	37.42	4.50	0.61	489
年龄	30岁以下	18.13	33.75	46.25	.63	1.25	160
	30~39岁	26.67	30.48	39.05	3.81	0	105
	40~49岁	26.62	38.81	28.61	5.22	0.75	402
	50~59岁	22.06	44.12	29.41	3.68	0.74	408
	60岁及以上	23.67	38.07	32.58	5.30	0.38	528
是否党员	是	27.73	49.58	21.01	1.68	0	119
	否	22.65	38.15	33.90	4.74	0.57	1413

注："性别"有效样本为1644个、缺失值为553个；"年龄"有效样本为1603个、缺失值为594个；"是否党员"有效样本为1532个、缺失值为665个。

7. 党支部工作满意度越高，农户对于并村改革的支持度也越高

调查数据显示，不同党支部工作满意度村庄的农户对于并村改革的支持情况也存在不同，如表7所示。在对党支部工作非常满意、比较满意、一般、不太满意、很不满意五种状态下，农户对于并村改革持支持态度的占比依次为89.88%、73.61%、52.37%、

37.84%、30.76%，整体上呈现出随着满意度降低而逐渐降低的趋势。其中，对党支部工作非常满意的农户对并村改革持支持态度的占比达到近九成，54.17%的农户表示对并村改革非常支持。由此可知，党支部工作满意度与农户对并村改革的支持率呈正相关关系。

表7　　　　　　　　不同党支部工作满意度村庄并村改革支持情况

党支部工作满意度	非常支持	比较支持	一般	不太支持	很不支持	样本数（个）
非常满意	54.17	35.71	6.55	3.57	0	168
比较满意	23.61	50.00	22.57	3.30	0.52	576
一般	16.09	36.28	43.80	3.30	0.53	758
不太满意	17.57	20.27	50.00	12.16	0	74
很不满意	15.38	15.38	26.92	34.62	7.69	26

注：有效样本为1602个、缺失值为595个。

8. 有自治组织村庄的农户对于并村改革的支持度相对较高

考察村庄自治组织建设情况与农户对于并村改革态度的关系，如表8所示。77.23%有自治组织村庄的农户对并村改革持支持态度，"非常支持"与"比较支持"高出没有自治组织的村庄15.33个百分点。由此可知，自治组织建设对于推进并村改革具体一定的正向作用。

表8　　　　　　　　不同自治组织建设情况村庄并村改革支持情况

是否成立村民自治组织	非常支持	比较支持	一般	不太支持	很不支持	样本数（个）
是	36.38	40.85	18.70	3.66	0.41	492
否	17.77	44.13	31.75	5.40	0.95	315
不清楚	16.47	37.84	40.93	4.25	0.51	777

注：有效样本为1584个、缺失值为613个。

9. 逾七成村庄并村改革后进行了新村委会选举

考察并村改革后各村庄新村委会选举的情况，如表9所示。在1636位有效农户样本中，有1211位表示并村改革后进行了新村委会选举，占比达到74.02%，仅25.98%的农户表示并村后未进行新村委会选举。由此可知，逾七成村庄并村改革后进行了新村委会选举。

表9　　　　　　　　　　　并村改革后新村委会选举情况

是否进行新村委会选举	占比（%）	样本数（个）
是	74.02	1211
否	25.98	425
合计	100	1636

注：有效样本为1636个、缺失值为561个。

10. 村庄建设中人才越缺乏，并村后新村委会选举的占比越高

分析不同村庄建设中人才需求状况与并村改革后新村委会选举之间的关系，如表10所示，非常缺乏人才的村庄在并村后进行新村委会选举的占比最高，为78.54%，分别比较缺乏、不太缺乏、不缺乏人才的村庄高出5.31个、11.87个、17个百分点。由此可知，村建中的人才缺乏现实对于并村后新村委会选举具有推动作用。

表10　　　　　不同村建中人才需求村庄并村改革后新村委会选举情况

村建中人才需求	是否进行新村委会选举（%） 是	是否进行新村委会选举（%） 否	样本数（个）
非常缺乏	78.54	21.46	438
比较缺乏	73.23	26.77	919
不太缺乏	66.67	33.33	162
不缺乏	61.54	38.46	26

注：有效样本为1545个、缺失值为652个。

11. 有自治组织的村庄并村后进行新村委会选举的占比相对较高

调查数据显示，不同自治组织建设情况的村庄并村改革后新村委会选举情况也有所不同。如表11所示，在有自治组织的村庄中，85.51%的农户表示并村后进行了新村委会选举，高于没有自治组织的村庄22.62个百分点。由此可知，有自治组织的村庄并村

后进行新村委会选举的占比相对较高。

表 11　　不同自治组织建设村庄并村改革后村委会选举情况

是否成立村民自治组织	是否进行新村委会选举（%）		样本数（个）
	是	否	
是	85.51	14.49	490
否	62.89	37.11	318
不清楚	71.03	28.97	756

注：有效样本为1564个、缺失值为633个。

12. 六成以上村庄并村改革后新任村主任仍为原所在村庄成员

如表12所示，在1209位有效农户样本中，60.79%农户表示并村改革后新村当选的村主任是其原来所在村庄的成员，其余39.21%的农户表示并村改革后新村当选的村主任不是其原来所在村庄的成员。由此可知，六成以上村庄并村改革后新任村主任仍为原所在村庄成员。

表 12　　并村改革后新任村主任是否本村情况

是否本村	占比（%）	样本数（个）
是	60.79	735
否	39.21	474
合计	100	1209

注：有效样本为1209个、缺失值为988个。

13. 党支部工作满意度与并村后新任村主任仍为原所在村庄成员的占比呈正相关关系

分析不同党支部工作满意度状况下并村改革后新当选村主任的情况，如表13所示，对党支部工作表示非常满意的农户表示并村改革后新任村主任仍为原所在村庄成员的占比最高，为79.14%，其次为对党支部工作比较满意的农户，占比为65.87%，明显高于对党支部工作不太满意和很不满意的农户。综上所述，党支部工作满意度与并村后新任村主任仍为原所在村庄成员的占比呈正相关关系。

表13　　　　　　　不同党支部满意度村庄并村改革后村主任是否本村情况

党支部工作满意度	是否本村（%） 是	是否本村（%） 否	样本数（个）
非常满意	79.14	20.86	139
比较满意	65.87	34.13	419
一般	54.88	45.12	543
不太满意	54.55	45.45	44
很不满意	27.27	72.73	22

注：有效样本为1167个、缺失值为1030个。

14. 有自治组织的村庄并村后新任村主任仍为原所在村庄成员的占比相对较高

调查数据显示，不同自治组织建设情况下并村改革后新当选村主任的情况也有所不同。如表14所示，成立自治组织村庄的农户表示并村改革后新任村主任仍为原所在村庄成员的占比为66.02%，高于未成立自治组织的村庄19.59个百分点。由此可知，有自治组织的村庄并村后新任村主任仍为原所在村庄成员的占比相对较高。

表14　　　　　　　不同自治组织建设村庄并村改革后村主任是否本村情况

是否成立村民自治组织	是否本村（%） 是	是否本村（%） 否	样本数（个）
是	66.02	33.98	415
否	46.43	53.57	196
不清楚	62.85	37.15	541

注：有效样本为1152个、缺失值为1045个。

15. 并村改革后村民距村部距离有所增加

考察并村改革后村民距离村部的距离变化情况，如表15所示，并村改革前村民距村部的距离均值为1.95公里，并村改革后增加至2.29公里。由此可知，并村改革后村民距村部的距离略有增加。

表 15　　　　　　　　并村改革前后与村部距离均值

改革前后	与村部距离均值（公里）	样本数（个）
改革前	1.95	1222
改革后	2.29	1214

注："改革前"有效样本为 1222 个、缺失值为 975 个；"改革后"有效样本为 1214 个、缺失值为 983 个。

16. 村民参与度低是并村改革中面临的主要困难

考察湖南省各村庄在并村改革中面临的主要困难情况，如表 16 所示。村民参与度低占比最高，为 17.10%；其次为村级干部分流难，为 15.96%；再次为村级账务厘清难，占比为 14.53%。由此可知，村民参与度、村级干部分流以及村级账务厘清是并村改革中面临的三大难题。

表 16　　　　　　　　　并村改革中主要困难

主要困难	占比（%）	样本数（个）
村民参与度低	17.10	207
村级干部分流难	15.96	193
村级账务厘清难	14.53	176
集体收益分配难	12.45	151
村庄命名、村部选址难	6.08	74
加大了村务管理难度	12.75	154
其他	0.34	4
很顺利，无困难	8.60	103
不清楚	12.19	147
合计	100	1209

注：有效样本为 1209 个、缺失值为 988 个。

（二）并村改革中的农民参与

1. 并村改革中征集农民意见的村庄相对占多数

考察并村改革中农民意见征集的情况，如表 17 所示。在 1670 个样本中，并村改革征集了农民意见的村庄有879个,占比为52.63%,没有征集农民意见的村庄有791个,占比47.37%,比征集意见的少5.26个百分点。由此可知,并村改革中征集农民意见的村庄相对占多数。

表17 并村改革中农民意见征集情况

是否征集意见	占比(%)	样本数(个)
是	52.63	879
否	47.37	791
合计	100	1670

注:有效样本为1670个、缺失值为527个。

2. 党支部工作满意度与并村改革村民意见征集度呈正相关关系

调查数据显示,不同党支部工作满意度的村庄在并村改革中征集村民意见的状况也有所不同。如表18所示,党支部工作非常满意、比较满意、一般、不太满意、很不满意的村庄并村改革征集村民意见依次占比分别为73.10%、59.41%、46.06%、26.03%、26.92%。可知,随着党支部工作满意度增加,并村改革村民意见征集度就相应增加,两者呈正相关关系。

表18 不同党支部满意度村庄并村改革中村民意见征集情况

党支部工作满意度	是否征集意见(%) 是	是否征集意见(%) 否	样本数(个)
非常满意	73.10	26.90	171
比较满意	59.41	40.59	579
一般	46.06	53.94	762
不太满意	26.03	73.97	73
很不满意	26.92	73.08	26

注:有效样本为1611个、缺失值为586个。

3. 有村民自治组织的村庄并村改革村民意见征集度明显高于没有自治组织的村庄

考察不同村庄自治组织成立状况对并村改革村民意见征集的影响,如表19所示。

494个成立了村民自治组织的村庄在并村改革中征集了村民意见的占比为65.38%，高于没有成立村民自治组织的村庄26.51个百分点。由此可知，有无村民自治组织对并村改革村民意见征集度影响较大，有村民自治组织的村庄村民意见征集度明显高于没有村民自治组织的村庄。

表19　不同自治组织建设村庄并村改革中村民意见征集情况

是否成立村民自治组织	是否征集意见（%） 是	是否征集意见（%） 否	样本数（个）
是	65.38	34.62	494
否	38.87	61.13	319
不清楚	49.87	50.13	778

注：有效样本为1591个、缺失值为606个。

4. 并村改革中农民签字认可度不过半

考察并村改革中农户签字认可的情况，如表20所示。在1640个有效样本中，并村改革征集了农民意见的有746个，占比45.49%，没有征集农民意见的有894个，占比54.51%，两者相差9.02个百分点。由此可知，并村改革中农民意见征集情况没有过半，签字认可度不高。

表20　并村改革中农民签字认可情况

是否签字认可	占比（%）	样本数（个）
是	45.49	746
否	54.51	894
合计	100	1640

注：有效样本为1640个、缺失值为557个。

5. 党支部满意度与并村改革农民签字认可度呈正相关关系

比较党支部工作满意度与并村改革中农民签字认可的情况，如表21所示。在1588个样本中，党支部工作满意度为很不满意、不太满意、一般、比较满意、非常满意情况的农民签字认可度依次为15.38%、23.29%、35.46%、54.96%、73.29%，整体上呈现出签字认可度随党支部满意度增长而递增的趋势。由此可知,党支部满意度与并村改革农民签字认可度呈正相关关系。

表21　　　　　不同党支部满意度村庄并村改革中村民签字认可情况

党支部工作满意度	是否签字认可(%) 是	是否签字认可(%) 否	样本数(个)
非常满意	73.29	26.71	161
比较满意	54.96	45.04	575
一般	35.46	64.54	753
不太满意	23.29	76.71	73
很不满意	15.38	84.62	26

注:有效样本为1588个、缺失值为609个。

6. 成立自治组织的村庄并村改革中村民签字认可的占比相对高于未成立自治组织的村庄

考察不同自治建设状况村庄并村改革中村民签字认可的情况,如表22所示。成立了自治组织的村庄并村改革中村民签字认可的占比为50.52%,超过半数,高于未成立自治组织的村庄16.14个百分点。由此可知,村民自治组织对于并村改革具有一定的推动作用,成立自治组织的村庄并村改革中村民签字认可的占比相对高于未成立自治组织的村庄。

表22　　　　　不同自治组织建设村庄并村改革中村民签字认可情况

是否成立村民自治组织	是否签字认可(%) 是	是否签字认可(%) 否	样本数(个)
是	50.52	49.48	485
否	34.38	65.62	317
不清楚	46.22	53.78	768

注:有效样本为1570个、缺失值为627个。

7. 七成以上农户参与了并村改革后新村委会的选举

考察湖南省各村庄并村改革后新村委会选举的农民参与情况,如表23所示。在

1159位有效农户样本中,有837位表示参与了并村后新村委会的选举,占比为72.22%,仅有27.78%的农户表示未参与。由此可知,并村改革后新村委会的选举参与率整体较高,但不容忽视的是仍有近三成农户未参与到新村委会的选举工作中,新村委会选举应继续增加农户参与率。

表23　　　　　　　　并村改革后新村委会选举参与情况

是否参与	占比（%）	样本数（个）
是	72.22	837
否	27.78	322
合计	100	1159

注：有效样本为1159个、缺失值为52个。

8. 年长及党员身份的农户在并村改革后新村委选举中参与率相对高于年轻及非党员身份的农户

分析不同群体并村改革后新村委会选举的参与情况,如表24所示。从不同年龄的农户来看,50~59岁的农户在新村委会选举中参与率最高,为75.93%;其次为60岁及以上的农户,占比为73.19%;30岁以下的农户参与率最低,为59.60%。从不同政治面貌的农户来看,党员身份的农户在新村委会选举中参与率为83.51%,高于非党员农户13.36个百分点。综上所述,年长及党员身份的农户在并村改革后新村委选举中参与率相对高于年轻及非党员身份的农户。

表24　　　　　　　不同群体并村改革后新村委会选举参与情况

项目	分类	是否参与（%）是	是否参与（%）否	样本数（个）
年龄	30岁以下	59.60	40.40	99
	30~39岁	69.23	30.77	78
	40~49岁	71.95	28.05	303
	50~59岁	75.93	24.07	295
	60岁及以上	73.19	26.81	373
是否党员	是	83.51	16.49	97
	否	70.15	29.85	995

注："年龄"有效样本为1148个、缺失值为1049个;"是否党员"有效样本为1092个、缺失值为1105个。

9. 成立自治组织的村庄在并村改革后新村委会选举中农户的参与率明显高于没有自治组织的村庄

调查数据显示，不同自治组织建设状况村庄的农户在并村改革后新村委会选举中的参与情况也有所不同。如表 25 所示，成立了自治组织的村庄村民参与新村委会选举的占比为 85.51%，未成立自治组织的村庄此项占比为 62.89%，两者相差 22.62 个百分点。由此可知，成立自治组织的村庄在并村改革后新村委会选举中农户的参与率明显高于没有自治组织的村庄，村民自治组织有助于合并村庄工作的开展，提高村民的认同感。

表 25　　　　　　　不同自治组织建设村庄并村改革后村委会选举参与情况

是否成立村民自治组织	是否参与（%）是	是否参与（%）否	样本数（个）
是	85.51	14.49	490
否	62.89	37.11	318
不清楚	71.03	28.97	756

注：有效样本为 1564 个、缺失值为 633 个。

10. 不足三成农户参与并村改革后新村名的讨论

分析并村改革后新村名讨论中的农户参与情况可知，近五成农户未参与新村名的讨论，另有 27.82% 的农户表示村里没有组织相关的讨论，两者占比合计超过七成（见表 26）。由此可知，并村改革后新村名的讨论中农户参与率偏低。

表 26　　　　　　　　并村改革后新村名讨论参与情况

是否参与	占比（%）	样本数（个）
是	25.14	412
否	47.04	771
村里没有组织相关的讨论	27.82	456
合计	100	1639

注：有效样本为 1639 个、缺失值为 558 个。

11. 干部与党员身份的农户在并村改革后新村名的讨论中参与率相对较高

不同群体农户对于并村改革后新村名讨论的参与情况也有所不同。如表27所示，干部与党员身份的农户参与率相对较高，占比为45.16%、34.19%，分别高于非干部与非党员身份的农户22.88个、12.33个百分点。由此可知，干部与党员身份的农户在并村改革后新村名的讨论中参与率相对较高，可充分发挥党员、干部对于村民参与的带动作用。

表27　　　　　　　　不同群体并村改革后新村名讨论参与情况

项目	分类	是否参与（%）			样本数（个）
		是	否	村里没有组织相关的讨论	
是否干部	是	45.16	40.32	14.52	62
	否	22.28	48.49	29.23	1454
是否党员	是	34.19	45.30	20.51	117
	否	21.86	48.75	29.39	1395

注："是否干部"有效样本为1516个、缺失值为681个；"是否党员"有效样本为1512个、缺失值为685个。

12. 党支部工作满意度较高的村庄，农户参与并村改革后新村名讨论的占比也相对较高

考察不同党支部工作满意度村庄的农户在并村改革后新村名讨论中的参与情况，如表28所示。对党支部工作表示非常满意的农户参与率最高，为57.23%，明显高于对党支部工作表示不满意的农户；对党支部工作比较满意的农户次之，占比为27.37%。综上所述，党支部工作满意度较高的村庄，农户参与并村改革后新村名讨论的占比也相对较高。

表28　　　　　不同党支部满意度村庄并村改革后新村名讨论参与情况

党支部工作满意度	是否参与（%）			样本数（个）
	是	否	没有组织相关讨论	
非常满意	57.23	25.90	16.87	166

续表

党支部工作满意度	是否参与（%） 是	是否参与（%） 否	是否参与（%） 没有组织相关讨论	样本数（个）
比较满意	27.37	46.14	26.49	570
一般	17.69	51.86	30.45	752
不太满意	11.43	47.14	41.43	70
很不满意	26.92	42.31	30.77	26

注：有效样本为1584个、缺失值为613个。

13. 有自治组织的村庄在并村改革后新村名讨论中的农户参与率相对更高

如表29所示，不同自治组织建设状况村庄的农户在并村改革后新村名讨论中的参与情况也存在差异。其中，有自治组织的村庄村民参与率为34.29%，明显高于没有自治组织的村庄。此外，在未成立自治组织的村庄中，36.91%的农户表示村庄未组织过关于新村名的讨论，高于有自治组织的村庄21.2个百分点。综上所述，有自治组织的村庄在并村改革后新村名讨论中的农户参与率相对更高。

表29　　　　　　不同自治组织建设村庄并村改革后新村名讨论参与情况

是否成立村民自治组织	是否参与（%） 是	是否参与（%） 否	是否参与（%） 没有组织相关讨论	样本数（个）
是	34.29	50.00	15.71	490
否	16.09	47.00	36.91	317
不清楚	22.30	45.91	31.79	758

注：有效样本为1565个、缺失值为632个。

14. 近五成农户未参与并村改革后新村部的选址

考察并村改革后新村部选址中农户的参与情况，如表30所示。可知，49.72%的农户表示未参与讨论，仅有23.20%的农户表示参与了新村部选址的讨论，另有27.08%的农户表示村里没有组织相关的讨论。由此可知，近五成农户未参与并村改革后新村部的选址，新村部选址的农户参与率整体较低。

表30　　　　　　　并村改革后新村部选址讨论参与情况

是否参与	占比（%）	样本数（个）
是	23.20	377
否	49.72	808
村里没有组织相关的讨论	27.08	440
合计	100	1625

注：有效样本为1625个、缺失值为572个。

15. 干部与党员身份的农户在并村改革后新村部的讨论中参与率相对较高

不同群体农户对于并村改革后新村名讨论的参与情况也有所不同。如表31所示，干部与党员身份的农户参与率相对较高，占比为37.10%、32.76%，分别高于非干部与非党员身份的农户15.91个、12.05个百分点。由此可知，干部与党员身份的农户在并村改革后新村名的讨论中参与率相对较高。

表31　　　　　　不同群体并村改革后新村部选址讨论参与情况

项目	分类	是否参与（%） 是	是否参与（%） 否	是否参与（%） 村里没有组织相关的讨论	样本数（个）
是否干部	是	37.10	51.61	11.29	62
是否干部	否	21.19	50.48	28.32	1444
是否党员	是	32.76	48.28	18.96	116
是否党员	否	20.71	50.79	28.50	1386

注："是否干部"有效样本为1506个、缺失值为691个；"是否党员"有效样本为1502个、缺失值为695个。

16. 党支部工作满意度与并村改革后新村部选址讨论的农户参与率呈正相关关系

考察不同党支部工作满意度村庄的农户在并村改革后新村部选址讨论中的参与情况，如表32所示，对党支部工作表示非常满意、比较满意、一般、不太满意、很不满意的农户在并村改革后新村部选址的讨论中参与率依次为53.01%、27.50%、14.71%、10.14%、8.33%，整体上随着满意度的降低而逐渐降低的趋势。由此可知，党支部工作满意度与并村改革后新村部选址讨论的农户参与率呈正相关关系。

表32　　　　　　不同党支部满意度村庄并村改革后村部选址讨论参与情况

党支部工作满意度	是否参与（%）是	是否参与（%）否	没有组织相关讨论	样本数（个）
非常满意	53.01	25.90	21.08	166
比较满意	27.50	46.06	26.44	571
一般	14.71	57.49	27.80	741
不太满意	10.14	52.17	37.68	69
很不满意	8.33	41.67	50.00	24

注：有效样本为1571个、缺失值为626个。

17. 有自治组织的村庄在并村改革后新村部选址讨论中的农户参与率相对高于没有自治组织的村庄

分析不同自治组织建设状况村庄的农户在并村改革后新村部选址讨论中的参与情况，如表33所示。可知，有自治组织村庄的村民在讨论中参与率为31.89%，明显高于没有自治组织的村庄。此外，在未成立自治组织的村庄中，41.16%的农户表示村庄未组织过相关讨论，高于有自治组织的村庄27.58个百分点。综上所述，有自治组织的村庄在并村改革后新村部选址讨论中的农户参与率相对高于没有自治组织的村庄。

表33　　　　　　不同自治组织建设村庄并村改革后村部选址讨论参与情况

是否成立村民自治组织	是否参与（%）是	是否参与（%）否	没有阻止相关讨论	样本数（个）
是	31.89	54.53	13.58	486
否	18.00	40.84	41.16	311
不清楚	19.60	50.86	29.54	755

注：有效样本为1552个、缺失值为645个。

二、并村改革中的农民权益保障

（一）并村改革中村庄权益的保障状况

1. 超九成农户在并村改革中集体经济组织收益得到保障

考察湖南省并村改革开展过程中原有集体经济组织的权益保障情况，如表34所示。

在1532位有效农户访谈样本中，有1426位受访者表示所在村庄并村改革过程中，农户原有的集体经济组织收益并未受到侵害，占比93.08%；106位受访者的集体经济组织收益在并村改革过程中受到不同程度的侵害，占比6.92%。由此可见，湖南省已开展并村改革的村庄之中，超九成农户集体经济组织收益得到保障。

表34　并村改革中原有集体经济组织收益是否受到侵害

是否受到侵害	占比（%）	样本数（个）
是	6.92	106
否	93.08	1426
合计	100	1532

注：有效样本为1532个、缺失值为665个。

2. 党支部工作满意度较低的村庄在并村改革中集体经济组织收益被侵害的比例相对较高

不同党支部工作满意度村庄在并村改革中集体经济组织收益被侵害情况也有差异。如表35所示，有34.78%对党支部工作很不满意的农户表示，自家原有的集体经济组织收益在并村改革中受到侵害，是不同满意度分组中最高的。不难看出，对村内党支部工作满意度较低的村庄在并村改革中集体经济组织收益被侵害比例，高于对村内党支部工作满意度较高的村庄。

表35　不同党支部工作满意度村庄并村改革中集体经济组织收益被侵害情况

党支部工作满意度	是否受到侵害（%） 是	是否受到侵害（%） 否	样本数（个）
非常满意	13.46	86.54	156
比较满意	3.42	96.58	526
一般	5.73	94.27	716
不太满意	7.69	92.31	65
很不满意	34.78	65.22	23

注：有效样本为1486个、缺失值为711个。

3. 并村改革中村干部侵占集体资产不足一成

表 36 中调查数据显示，并村改革中村干部变卖集体资产的占比为 8.84%，村干部廉价发包集体土地、山林的占比为 6.67%，村干部私吞或侵占集体资产的占比为 6.60%。总的来说，并村改革中村干部侵占集体资产不足一成，虽然这个数字并不算高，但也是并村改革过程中存在不容忽视的问题。

表 36　　　　　　　　并村改革中村干部侵占集体资产情况

侵占类别	村干部是否侵占集体资产（%）		样本数（个）
	是	否	
变卖集体资产	8.84	91.16	1392
廉价发包集体土地、山林	6.67	93.33	1379
私吞或侵占集体资产	6.60	93.40	1377

注："变卖集体资产"有效样本为 1392 个、缺失值为 805 个；"廉价发包集体土地、山林"有效样本为 1379 个、缺失值为 818 个；"私吞或侵占集体资产"有效样本为 1377 个、缺失值为 820 个。

4. 未成立村民自治组织的村庄并村改革中村干部变卖集体资产比例相对较高

考察村庄并村改革中，村庄自治组织建设与村干部变卖集体资产情况的关系，如表 37 所示，超过九成成立村民自治组织的村庄并村改革中未发生变卖集体资产的情况，而未成立村民自治组织的村庄，出现变卖集体资产情况的比重为 21.35%，比成立村民自治组织发生该情况多出近 15 个百分点。由此可见，未成立村民自治组织的村庄并村改革中村干部变卖集体资产相对较高。

表 37　　　　　不同自治组织建设村庄并村改革中村干部变卖集体资产情况

是否成立村民自治组织	是否变卖集体资产（%）		样本数（个）
	是	否	
是	6.75	93.25	385
否	21.35	78.65	281
不清楚	4.50	95.50	666

注：有效样本为 1332 个、缺失值为 865 个。

5. 党支部工作满意度越高，廉价发包集体资产情况越少

如表38所示，考察村庄并村改革中不同党支部工作满意度村庄与村干部变卖集体资产情况可以看出，对党支部工作非常满意、比较满意、一般、不太满意、很不满意的五种状态下，存在村干部廉价发包集体资产情况的占比依次为4.86%、6.09%、6.00%、20.70%、21.74%，整体上呈现出村干部廉价发包集体资产情况随着对党支部工作满意度的增加而逐渐降低的趋势。不难发现，党支部工作满意度越高，廉价发包集体资产情况越少。

表38　不同党支部工作满意度村庄并村改革中村干部廉价发包集体资产情况

党支部工作满意度	是否廉价发包集体资产（%）		样本数（个）
	是	否	
非常满意	4.86	95.14	144
比较满意	6.09	93.91	493
一般	6.00	94.00	633
不太满意	20.70	79.30	58
很不满意	21.74	78.26	23

注：有效样本为1351个、缺失值为846个。

6. 成立村民自治组织的村庄并村改革中村干部私吞集体资产相对较少

考察村庄并村改革中，村庄自治组织建设与村干部私吞集体资产情况的关系，如表39所示，在并村改革中成立村民自治组织的村庄，发生村干部私吞集体资产的情况为3.98%，低于没有自治组织的村庄11.38个百分点。由此可见，村庄自治组织建设对于规避并村改革中的贪腐问题发挥了一定的作用。

表39　不同自治组织建设情况村庄并村改革中村干部私吞集体资产情况

是否成立村民自治组织	是否私吞集体资产（%）		样本数（个）
	是	否	
是	3.98	96.02	377
否	15.36	84.64	280
不清楚	4.64	95.36	668

注：有效样本为1325个，缺失值为872个。

(二) 并村改革中村民权益的保障状况

1. 部分村干部在并村改革后不再担任新村村干部

考察湖南省各村庄并村改革开展过程中的村民担任村干部的情况,如表40所示,在并村改革之前农户担任村干部的比例为5.68%,并村改革之后担任村干部的比例为4.17%,较之前下降了1.51个百分点。由此可知,湖南省已开展并村改革的村庄之中,虽然大多数村干部仍然担任新村村干部,但仍然有一部分村干部在并村改革后不再担任新村村干部。原有村庄的村干部在并村改革开展过程中的安置问题不容忽视。

表40　并村改革前后村民担任村干部情况

时期	是否担任村干部(%)		样本数(个)
	是	否	
在并村改革之前	5.68	94.32	1584
在并村改革之后	4.17	95.83	1581

注:"并村改革之前"有效样本为1584个、缺失值为613个;"并村改革之后"有效样本为1581个、缺失值为616个。

2. 50~59岁的农户担任新村村干部的比例高于其他群体

分析不同群体农户在并村改革中能否担任新村村干部情况,如表41所示,从不同年龄的农户来看,年龄在30岁以下、30~39岁、40~49岁、50~59岁的农户担任新村村干部的占比依次为0、5.88%、3.64%、7.20%、3.40%,其中50至59岁年龄段的农户担任新村村干部的比例高于其他年龄段。综上所述,50~59岁的农户担任新村村干部的比例相对较高。

表41　不同年龄农户并村改革过程中是否担任新村的村干部

分类	是否担任新村的村干部(%)		样本数(个)
	是	否	
30岁以下	0	100	150

续表

分类	是否担任新村的村干部（%）		样本数（个）
	是	否	
30~39岁	5.88	94.12	102
40~49岁	3.64	96.36	385
50~59岁	7.20	92.80	389
60岁及以上	3.40	96.60	500

注：有效样本为1526个、缺失值为671个。

3. 并村改革后多数村民基本信息尚未变更

如表42中调查数据显示，并村改革后户口本、身份证信息变更的有效农户访谈样本有316位，仅占所有受访者的两成，并村改革后户口本、身份证信息还未变更的农户接近八成。不难看出，虽然并村改革的主体工作已然完成，但多数村民基本信息等配套工作还不够及时。

表42　　　　村民在并村改革后户口本、身份证信息变更情况

是否变更	占比（%）	样本数（个）
是	20.47	316
否	79.53	1228
合计	100	1544

注：有效样本为1544个、缺失值为653个。

4. 尚未成立村民自治组织的村庄在并村改革中村民基本信息变更的不及时

考察村庄并村改革中村庄自治组织建设与村民基本信息变更情况的关系，如表43所示，在并村改革中成立村民自治组织的村庄，村民户口本、身份证信息及时变更的比重为25.55%，比还未成立村民自治组织的村庄的这项情况高出近12个百分点。由此可见，村庄自治组织建设的建立与村民基本信息的及时变更呈正相关关系。

表43 不同自治组织建设情况村庄并村改革中信息变更情况

是否成立村民自治组织	村民户口本、身份证信息是否变更（%）		样本数（个）
	是	否	
是	25.55	74.45	458
否	13.61	86.39	294
不清楚	20.38	79.62	736

注：有效样本为1488个、缺失值为709个。

三、并村改革中的农民评价

（一）并村改革中农户的满意度

1. 对村干部安置措施明确满意的农户不足一半

调查数据显示，并村改革中农户对村干部安置措施存在非常满意、比较满意、一般、不太满意、很不满意五种状态，其占比依次为6.25%、38.66%、48.41%、6.18%、0.50%，其中对村干部安置措施明确表达满意态度的百分比为44.91%，不到总样本数（个）的一半（见表44）。由此可知，并村改革过程中农户对村干部安置措施的满意度亟待提升。

表44 并村改革过程中农户对村干部安置措施的满意度

满意度	占比（%）	样本数（个）
非常满意	6.25	100
比较满意	38.66	619
一般	48.41	775
不太满意	6.18	99
其他	0.50	8
合计	100	1601

注：有效样本为1601个、缺失值为596个。

2. 并村改革中家庭收入越低的农户对村干部安置措施的满意度越低

考察村庄并村改革中农户家庭收入与农户对村干部安置措施满意度的关系，如表45所示，家庭收入由低到高的农户对村干部安置措施表示满意（包括"非常满意""比较满意"）的占比分别是35.19%、47.02%、44.13%、47.75%和50.41%，整体上呈现出随着收入水平上升而不断上升的趋势。由此可知，并村改革中家庭收入越低的农户对村干部安置措施的满意度越低，并村改革更要注重对低收入农户的安置方式。

表45 不同家庭收入农户在并村改革中对村干部安置措施的满意度

家庭收入	非常满意	比较满意	一般	不太满意	很不满意	样本数（个）
低收入	2.78	32.41	54.16	8.80	1.85	216
中低收入	6.95	40.07	42.05	10.60	0.33	302
中等收入	6.07	38.06	48.99	6.88	0	247
中高收入	7.86	39.89	48.88	3.37	0	178
高收入	7.08	43.33	43.33	5.42	0.84	240

注：有效样本为1183个、缺失值为1014个。

3. 农户对村干部安置措施的满意度对党支部满意度的降低而逐渐下降

如表46所示，考察村庄并村改革中，不同党支部工作满意度村庄与农户对村干部安置措施满意度情况也不同。对党支部工作非常满意的农户对村干部安置措施表示满意（"非常满意"与"比较满意"之和）的超过八成，对党支部工作满意度为非常满意、比较满意、一般满意、不太满意和很不满意的农户明确表示对村干部安置措施表示满意的分别为81.13%、66.25%、23.77%、17.39%和4.17%，整体上呈现出随着对党支部满意度的降低而逐渐下降的趋势。由此可知，党支部工作满意度与农户对村干部安置措施的满意度呈正相关关系。

表 46　不同党支部工作满意度村庄并村改革中农户对村干部安置措施的满意度

党支部工作满意度	农户对村干部安置措施的满意度（%）					样本数（个）
	非常满意	比较满意	一般	不太满意	很不满意	
非常满意	20.75	60.38	16.98	1.89	0	159
比较满意	6.43	59.82	30.71	3.04	0	560
一般	2.07	21.70	67.79	8.04	0.40	742
不太满意	1.45	15.94	62.32	20.29	0	69
很不满意	4.17	0	41.67	37.50	16.66	24

注：有效样本为1554个、缺失值为643个。

（二）并村改革的积极影响

1. 近七成农户对并村改革的影响持中立态度

考察湖南省并村改革开展过程中的影响，如表47所示，在1583位有效农户访谈样本中，有388位受访者表示所在村庄并村改革过程中产生的积极影响更多，占比为24.51%，是选择消极影响更多的受访者的3倍。另有68.22%的农户对并村改革的影响持中立态度。由此可见，近七成农户对并村改革的影响持中立态度。

表 47　并村改革给农户带来的影响

影响情况	占比（%）	样本数（个）
积极影响更多	24.51	388
消极影响更多	7.27	115
没有什么影响	68.22	1080
合计	100	1583

注：有效样本为1583个、缺失值为614个。

2. 低收入、非党员的农户认可并村改革的比例相对较低

分析并村改革给不同群体农户带来的影响，如表48所示，低收入的农户认为并村改革给自家所带来的积极影响更多的比例为16.43%，是几个不同家庭收入分类中最低的，仅为中低收入认为并村改革带来的积极影响更多的一半。而对不同政治面貌的农户

进行分析可以发现，35.96%的党员认为并村改革给自家所带来的积极影响更多，比非党员的农户该项比例高出近15个百分点。因此，低收入、非党员的农户认可并村改革的比例相对较低。

表48　并村改革给不同群体农户带来的影响

项目	分类	影响情况（%）积极影响更多	消极影响更多	没有什么影响	样本数（个）
家庭收入	低收入	16.43	8.21	75.36	207
	中低收入	32.08	6.48	61.44	293
	中等收入	22.67	8.50	68.83	247
	中高收入	23.08	9.34	67.58	182
	高收入	25.62	9.50	64.88	242
是否党员	是	35.96	4.39	59.65	114
	否	21.19	7.63	71.18	1350

注："家庭收入"有效样本为1171个、缺失值为733个；"是否党员"有效样本为1464个、缺失值为1026个。

3. 并村改革最有利于村庄的资源整合

考察村庄并村改革中，给村庄带来的积极影响。如表49所示，并村改革给村庄带来的积极影响为"整合了村庄资源"的占比为37.61%，有16.49%的农户认为并村改革可以"促进了政府扶持资金的整合"，选择"土地流转更方便，促进规模经营"的比重为14.95%，这三项是农户认为并村改革给村庄带来的最积极的影响。

表49　并村改革给村庄带来的积极影响

积极影响	占比（%）	样本数（个）
土地流转更方便，促进规模经营	14.95	339
整合了村庄资源	37.61	853
促进了政府扶持资金的整合	16.49	374
促进了产业引进和发展	10.63	241
有利于选出有能力的村干部	13.98	317
其他	6.35	144
合计	100	2268

注：有效样本为2268个、缺失值为0个。

4. 九成农户表示并村改革未给自身带来不便

考察湖南省并村改革开展过程中是否给农户造成不便情况,如表50所示,在1528位有效农户访谈样本中,表示所在村庄并村改革过程中产生不便的有139位受访者,占比为9.10%;而并未觉得不便的受访者有1389位,所占比例为90.90%。由此可见,湖南省已开展并村改革总体上未给农民带来不便。

表50　　　　　　　　　　并村改革是否给农户造成不便

是否不便	占比(%)	样本数(个)
是	9.10	139
否	90.90	1389
合计	100	1528

注:有效样本为1528个、缺失值为669个。

四、释放发展潜力,并村改革既有"面子"更有"里子"

(一)激活原动力:清产核资,生产要素动起来

在并村改革的不同环节均要注重对个人和村庄既有固定资产的保障,为村庄合并后的发展积蓄力量。其一,充分保障所有村民的财产权、经济关系均保持不变,保障原有利益分配才能充分得到群众的真正支持,才能为下一步投身到乡村振兴之中夯实基础;其二,并村改革前,对于村庄原有的资产、资源、资金摸清家底并设立台账、登记造册,清产核资、明晰总额,明确资产权属关系;其三,在改革过程中,成立资产监督小组,确保集体资产不流失,保障村民利益不受侵犯,使并村改革在阳光下运行;其四,在已完成并村改革的村庄,推动人才、土地、资本等要素的高速流动,便于村庄的土地流转和村民充分就业;其五,对于原有的债务需要分清类别、分类处理,逐步化解。

（二）提升组织力：放权赋能，自治单元沉下去

针对并村改革之后服务半径延伸、管理幅度过大的问题，亟须按照分类设立的原则，调整自治单元，实现乡村善治。首先，以新村委会为中心，开展村庄日常自我管理、自我服务等工作，健全村民议事会、村民理事会等组织，提升基层治理能力。其次，对于有一定自治传统和自治资源的村民小组或自然村，村委会需要放权赋能，发挥原有单元产业发展、村民自治、公益事业和公共事务等功能，使"鞋子"能够"合脚"，让自治因子继续发挥作用。最后，对于没有自治能力的村民小组或自然村，在依托新村委会开展工作的同时，可鼓励其探索自治组织的成立，孕育自治的萌芽。通过对自治单元的分类调整，提升组织力，使村民可以享受到更多、更优质的公共服务。

（三）释放战斗力：村干分流，村庄服务转起来

"农村富不富，全靠村干部；集体强不强，就看'领头羊'。"一句通俗易懂的顺口溜道出村庄带头人的重要作用。并村改革后，原来的两三个行政村领导班子可能要整合为一个，这就涉及村干部分流、调整安置和工作磨合等问题。第一，对于不再担任领导职务的分流村干部而言，除了应有的奖补、政治经济待遇之外，应当努力吸纳其进入村务监督委员会等组织当中来，发挥其应有的积极作用。第二，理顺各类关系，对村委会领导班子进行妥善调整，严格把好推荐提名关，选好村庄带头人，不断改善村干部队伍结构，使各项工作顺利进行。第三，相关部门要加强对新班子的监管和协调，确保磨合到位，保证重大事项决策不出现较大的分歧意见。

（四）并出生产力：融合发展，富美乡村建起来

并村改革的最终目的不单单是村庄的合并，更是人员和资源的整合，通过规模化效应，为乡村振兴奠定基础。一方面，是人员的整合，乡村社会是一个熟人社会，无论是乡村建设还是产业发展，都需要依托村熟人社会的基础。而并村改革不可避免要打破乡村原有的社会结构，在进行后续的村庄发展时，必不可少的是要重塑乡村的"差序格局"。可考虑以文化为抓手，部署一系列的"合心"文化活动，如广场舞、花鼓戏村庄大赛等，营造"户户比、组组评、村村赛"的氛围，让并村改革后的村民得以在活动

中增进了解、凝聚力量。另一方面，是资源的整合，并村改革是乡村已有资源按照地域相邻、产业发展相近等原则进行合并，通过土地、资金、技术等的集聚、整合和优化，实现资源优势互补，减少同质性，避免恶性竞争，进而激发村庄特色经济发展活力。

| 参考文献 |

　　[1] 中共中央办公厅、国务院办公厅．国家乡村振兴战略规划（2018－2022年）[EB/OL]. http://www.sohu.com/a/270238457_99970665，2018－10－20.

　　[2] 刘峰，吕守明．并村不并账，遗留隐患多 [J]．农村经营管理，2012（9）：10－11.

　　[3] 黄振华、张会芬．农村产权单元与自治单元的关联性及其治理效能 [J]．宁夏社会科学，2018（1）：129－134.

　　[4] 杨平，王世锁，叶仁海．合村　合心　合力 [J]．江苏农村经济，2000（6）：7－8.

　　[5] 邓大才．中国农村村民基本自治单元的选择：历史经验与理论建构 [J]．学习与探索，2016（4）：47－59.

引才回乡何以"步履维艰"?
——基于湖南省 2197 个村民"能人回乡"现状的调查研究

湖南文理学院"湖南农村基层治理研究中心"
教育部人文社会科学重点研究基地——华中师范大学中国农村研究院调查咨询中心

摘　要：中共十九大报告指出："要培养造就一支懂农业、爱农村、爱农民的'三农'工作队伍。"回引乡村本土能人是培育"三农"工作队伍的重要途径。现阶段，湖南省"能人回乡"战略实施成效初显，然而在"能人回乡"战略纵深推行的过程中，仍存在"引才回乡政策不充分、村庄发展动力不充足、能人回乡效力不充盈"的问题，能人回乡政策显得"步履维艰"。基于此，课题组建议通过打好政策"组合拳"，锻造村庄"服务链"，擘画发展"鸟瞰图"，将外出能人引回来、留下来、定下来，最终以回乡能人之"星火"成就乡村振兴"燎原"之势。

关键词：能人回乡；工作队伍；激励配套

《中共中央　国务院关于实施乡村振兴战略的意见》中提出："实施乡村振兴战略，必须破解人才瓶颈制约，要把人力资本开发放在首要位置。"近年来，湖南省"能人回乡"战略逐步向纵深推行且初显成效，为全面性地了解战略实施现状、针对性地提出战略贯彻建议，湖南文理学院经济与管理学院于 2018 年 7 月对湖南省 2197 个村民开展了"能人回乡"现状的专项调研。调查数据显示，当前湖南省外出能人返乡意愿高，村民对回乡能人在带动村民致富、参与村庄公务、促进村庄发展中的作用认可度高，同时也存在"引才回乡政策不充分、村庄发展动力不充足、能人回乡效力不充盈"的问题，能人回乡政策显得"步履维艰"。基于此，课题组建议通过打好政策"组合拳"，锻造村庄"服务链"，擘画发展"鸟瞰图"，将外出能人引回来、留下来、定下来，最终以能人之"星火",造乡村振兴"燎原"之势。

一、农村能人回乡的现实环境

(一)能人回乡的政策背景

1. 仅三成村民知晓政府宣传动员能人回乡

考察湖南省村民政府宣传能人回乡的知晓情况,对1883个有效样本进行分析,如表1所示,村民中听说过当地政府和干部在宣传、动员外出能人回乡的占比为32.45%,仅三成;同时,未听说过政府宣传动员的村民占比为67.55%。总体来看,仅三成村民知晓政府的能人回乡的宣传与动员。

表1　　　　　　　　　村民对政府宣传能人回乡的知晓情况

是否知晓	占比(%)	样本数(个)
是	32.45	611
否	67.55	1272
合计	100	1883

注:有效样本为1883个、缺失值为314个。

2. 村民教育水平与政府宣传能人回乡的知晓情况成正比

考察不同教育水平村民对政府宣传能人回乡的知晓情况,如表2所示,教育水平为文盲、小学、初中、高中、大专及以上的村民听说过当地政府和干部在宣传、动员外出能人回乡的占比依次为19.44%、28.19%、37.13%、33.60%、37.24%,数据大致呈波动上升的趋势。由此可见,村民对政府宣传能人回乡的知晓度与教育水平呈正相关关系。

表2　　　　　不同教育水平村民对政府宣传能人回乡的知晓情况

教育水平分组	是否知晓（%）		样本数（个）
	是	否	
文盲	19.44	80.56	36
小学	28.19	71.81	720
初中	37.13	62.87	579
高中	33.60	66.40	250
大专及以上	37.24	62.76	145

注：有效样本为1730个、缺失值为467个。

3. 村民对政府宣传能人回乡的知晓度与外出频率呈正相关

不同外出频率村民对政府宣传能人回乡的知晓度也存在不同，如表3所示。在外出频率为"经常""较多""一般""很少""没有"的不同状态下，村民听说过当地政府和干部在宣传、动员外出能人回乡的占比依次为45.95%、36.68%、30.59%、30.27%、24.80%，数据明显呈线性下降。由此可见，随着外出频率的提高，村民对政府宣传能人回乡的知晓度有所提高。

表3　　　　　不同外出频率村民对政府宣传能人回乡的知晓情况

外出频率分组	是否知晓（%）		样本数（个）
	是	否	
经常	45.95	54.05	111
较多	36.68	63.32	229
一般	30.59	69.41	595
很少	30.27	69.73	598
没有	24.80	75.20	125

注：有效样本为1658个、缺失值为539个。

4. 外出范围越大的村民对政府宣传能人回乡的知晓度越高

考察村民交往范围对能人回乡宣传知晓情况的影响，如表4所示，外出范围为镇上/乡里、县里、市里、省里、省外的村民听说过当地政府和干部在宣传、动员外出能人回乡的占比分别为28.17%、37.42%、32.89%、40.38%、31.67%，数据整体呈上升趋势。推断可知,外出范围越大的村民对政府宣传能人回乡的知晓度越高。

表4　　　　　　　　不同交往范围村民对政府宣传能人回乡的知晓情况

外出范围分组	是否知晓（%） 是	是否知晓（%） 否	样本数（个）
镇上/乡里	28.17	71.83	820
县里	37.42	62.58	57
市里	32.89	67.11	152
省里	40.38	59.62	52
省外	31.67	68.33	60

注：有效样本为1541个、缺失值为656个。

5. 仅三成村民对能人回乡政策有所了解

考察村民对能人回乡政策的了解程度,如表5所示。可知,对能人回乡政策有了解的村民的合计占比为32.39%,不足四成;而"不太了解""很不了解"能人回乡政策的村民的占比分别为64.23%、3.38%,其累积占比67.61%,近七成。整体来看,湖南省村民对能人回乡政策的了解程度较低,仅三成村民对能人回乡政策有所了解。

表5　　　　　　　　村民对能人回乡政策的了解程度

能人回乡政策了解度	占比（%）	样本数（个）
很了解	5.74	112
了解一点	26.65	520
不太了解	64.23	1253
很不了解	3.38	66
合计	100	1951

注：有效样本为1951个、缺失值为246个。

6. 八成以上村民对政府加大促进能人回乡持肯定态度

分析村民对政府加大宣传促进能人回乡的态度,如表6所示。在1952个有效样本中,有1566位村民表示政府有必要（"非常必要"与"比较必要"之和）加大能人回乡的宣传，其占比为80.23%，超八成；而仅有386位村民持相反态度，其占比为19.77%。可见，超八成村民认为政府有必要加大宣传促进能人回乡。

表6　村民对政府加大促进能人回乡的必要程度

政府加大促进能人回乡必要度	占比（%）	样本数（个）
非常必要	30.43	594
比较必要	49.80	972
不太必要	17.21	336
没有必要	2.56	50
合计	100	1952

注：有效样本为1952个、缺失值为245个。

7. 引进新产业项目村庄的村民更支持政府加大宣传能人回乡

通过调查村庄引进新产业项目对村民在政府加大宣传能人回乡的态度的影响，如表7所示。已引进新产业项目村庄的村民中认为政府有必要加大宣传能人回乡的占比为83.92%；同时未引进新产业项目村庄的村民这一占比为79.14%，低于前者4.78个百分点。可得，引进新产业项目村庄的村民更支持政府加大宣传能人回乡。

表7　引进新产业村庄村民对政府加大能人回乡的必要程度

是否引进	政府加大促进能人回乡必要度（%）				样本数（个）
	非常必要	比较必要	不太必要	没有必要	
是	32.44	51.48	13.67	2.41	373
否	35.32	43.82	17.29	3.57	671
不清楚	25.83	54.72	18.04	1.41	848

注：有效样本为1892个、缺失值为305个。

8. 重视道德宣传村庄的村民更支持政府加大宣传能人回乡

分析不同道德宣传重视程度村庄的村民对政府加大宣传能人回乡的态度，如表8所示。开展过道德宣传活动村庄的村民中认为政府有必要加大宣传能人回乡的占比为83.28%；同时未开展过道德宣传活动村庄的村民这一占比为79.04%，低于前者

4.24个百分点。由上可知，道德宣传活动对村民支持政府加大宣传能人回乡有促进作用。

表8　　　　　重视道德宣传村庄村民对政府加大能人回乡的必要程度

是否道德宣传	政府加大促进能人回乡必要度（%）				样本数（个）
	非常必要	比较必要	不太必要	没有必要	
是	33.69	49.59	14.61	2.11	849
否	35.98	43.06	17.00	3.96	353
不清楚	23.99	54.64	19.20	2.17	646

注：有效样本为1848个、缺失值为349个。

9. 仅三成村民认为当地政府重视能人回乡

考察湖南省村民对于当地政府对能人回乡重视程度的态度，如表9所示。在1952个有效样本中，仅有661位村民认为政府重视能人回乡，其占比为34.08%，仅三成。可见，近七成村民认为政府应加强对能人回乡的重视程度。

表9　　　　　　　村民对政府重视能人回乡的认知程度

政府对能人回乡的重视程度	占比（%）	样本数（个）
非常重视	8.43	163
比较重视	25.65	498
一般	48.45	937
不太重视	15.10	292
很不重视	2.37	46
合计	100	1936

注：有效样本为1964个、缺失值为263个。

10. 引进新产业项目村庄的村民更倾向认为当地政府重视能人回乡

考察村庄引进新产业项目对村民关于当地政府对能人回乡重视程度，如表10所示。研究发现，已引进新产业项目村庄的村民中认为当地政府重视能人回乡的占比为44.02%；同时未引进新产业项目村庄的村民这一占比为30.93%，低于前者13.09个百分点。由此可得,引进新产业项目村庄的村民更倾向认为当地政府重视能人回乡。

表10　　　　引进新产业村庄村民对政府重视能人回乡的认知程度

是否引进	政府对能人回乡的重视程度（%）					样本数（个）
	非常重视	比较重视	一般	不太重视	很不重视	
是	12.23	31.79	39.13	13.59	3.26	368
否	10.36	20.57	48.05	18.17	2.85	666
不清楚	4.64	26.43	53.21	14.05	1.67	840

注：有效样本为1874个、缺失值为323个。

11. 重视道德宣传村庄的村民更倾向认为当地政府重视能人回乡

了解不同道德宣传重视程度村庄的村民关于当地政府对能人回乡重视程度的不同看法，如表11所示。开展过道德宣传活动村庄的村民中认为当地政府重视能人回乡的占比为41.42%；同时未开展过道德宣传活动村庄的村民这一占比为27.49%，低于前者13.93个百分点。可以看出，开展过道德宣传活动村庄的村民更倾向于认为当地政府重视能人回乡。

表11　　　　重视道德宣传村庄村民对政府重视能人回乡的认知程度

是否道德宣传	政府对能人回乡的重视程度（%）					样本数（个）
	非常重视	比较重视	一般	不太重视	很不重视	
是	13.18	28.24	45.29	11.88	1.41	850
否	6.73	20.76	46.78	19.30	6.43	342
不清楚	3.28	21.68	55.54	18.10	1.40	641

注：有效样本为1833个、缺失值为364个。

12. 仅近两成村民对政府吸引能人回乡条件的评价较高

考察湖南省村民对政府吸引能人回乡条件的认可程度，如表12所示。在1902个有效样本中，较为认可政府吸引能人回乡条件的村民仅有362位，占比为19.03%。由此可见，仅不足两成村民对政府吸引能人回乡条件持较为认可的态度。

表12　　　　　　　　村民对政府吸引能人回乡条件的评价情况

政府吸引能人回乡条件	占比（%）	样本数（个）
很好	4.31	82
较好	14.72	280
一般	43.53	828
不太好	31.39	597
很不好	6.05	115
合计	100	1902

注：有效样本为1902个、缺失值为295个。

13. 引进新产业项目村庄的村民更认可政府吸引能人回乡的条件

通过调查村庄引进新产业项目对村民关于政府吸引能人回乡条件的认可程度的影响发现，如表13所示。已引进新产业项目村庄的村民中较为认可政府吸引能人回乡条件的占比为35.23%，未引进新产业项目村庄的村民这一占比为13.59%，低于前者21.64个百分点。由此可得，引进新产业项目村庄的村民更看好政府吸引能人回乡的条件。

表13　　　　　　　引进新产业村庄村民对吸引能人回乡条件的认知情况

是否引进	政府吸引能人回乡条件（%）					样本数（个）
	很好	较好	一般	不太好	很不好	
是	8.67	26.56	35.77	26.56	2.44	369
否	2.44	11.15	41.53	37.25	7.63	655
不清楚	3.74	11.96	48.55	29.35	6.40	828

注：有效样本为1852个、缺失值为345个。

14. 具有村民自治组织村庄的村民更认可政府吸引能人回乡的条件

考察村民自治组织对村民关于政府吸引能人回乡条件的认可度的影响，如表14所示。研究发现，具有自治组织村庄的村民中对政府吸引能人回乡持否定态度（"不太好"与"很不好"之和）的占比为36.76%；未成立自治组织村庄的村民这一占比为42.71%，高于前者5.95个百分点。可见，具有村民自治组织村庄的村民对政府吸引能人回乡条件认可程度更高。

表14　　　　　具有自治组织村庄村民对吸引能人回乡条件的认知情况

是否有 自治组织	政府吸引能人回乡条件（%）					样本数 （个）
	很好	较好	一般	不太好	很不好	
是	6.48	12.76	44.00	28.57	8.19	525
否	4.86	13.24	39.19	36.49	6.22	370
不清楚	2.71	16.29	45.06	31.05	4.89	921

注：有效样本为1816个、缺失值为381个。

（二）能人回乡的农民意愿

1. 近九成村民认为乡村建设缺乏人才

分析湖南省各村庄在乡村建设中的人才缺乏情况，如表15所示。村民中认为"非常缺乏""比较缺乏"乡村建设人才的占比分别为27.95%、59.66%，其累积占比为87.61%，近九成。由此可见，村民普遍认为乡村建设缺乏人才。

表15　　　　　　　　乡村建设中的人才缺乏情况

人才缺乏程度	占比（%）	样本数（个）
非常缺乏	27.95	537
比较缺乏	59.66	1146
不太缺乏	10.62	204
不缺乏	1.77	34
合计	100	1921

注：有效样本为1921个、缺失值为276个。

2. 引进新产业项目村庄的村民更倾向认为乡村建设缺乏人才

分析村庄引进新产业项目对村民关于乡村建设人才缺乏程度认知的影响，如表16所示。引进新产业项目村庄的村民中认为乡村建设"非常缺乏""比较缺乏"人才的占比分别为29.97%、61.04%，其累积占比为91.01%，未引进新产业项目村庄的村民这一累积占比为88.70%，低于前者2.31个百分点。不难看出，引进新产业项目村庄的村民更倾向认为乡村建设缺乏人才。

表16　　　　　引进新产业村庄村民对建设人才缺乏程度的认知情况

是否引进	乡村建设人才缺乏程度（%）				样本数（个）
	非常缺乏	比较缺乏	不太缺乏	不缺乏	
是	29.97	61.04	7.08	1.91	367
否	33.73	54.97	10.24	1.06	664
不清楚	21.93	63.86	12.29	1.92	830

注：有效样本为1861个、缺失值为336个。

3. 经营型能人最为紧缺

考察湖南省村民对不同乡村紧需能人类型的需求差异，如表17所示。通过调查数据显示，经营型能人在最紧需、次需要中的占比分别位48.91%、22.35%，明显高于其他类型人才的需求程度；在其余各类型紧需人才中，紧需程度仅次于经营型人才的是种植、养殖能手，其在最需要、次需要、第三需要中的占比依次为17.78%、18.02%、18.97%；村级管理能人的需求程度位列第三。综上所述，村民认为乡村建设最紧需的人才分别为经营型能人、种植、养殖能手及村级管理能人。

表17　　　　　村民对乡村紧需能人类型的分布情况

分类	人才紧需类型	占比（%）	样本数（个）
最需要	种植、养殖能手	17.78	300
	经营能人	48.91	825
	制作、加工、建筑等技能型能人	7.11	120
	文体艺术类能人	3.08	52
	村级管理能人	16.89	285
	社会服务能人	5.93	100
	其他	0.30	5
	合计	100	1687

续表

分类	人才紧需类型	占比（%）	样本数（个）
次需要	种植、养殖能手	18.02	304
	经营能人	22.35	377
	制作、加工、建筑等技能型能人	20.33	343
	文体艺术类能人	9.96	168
	村级管理能人	18.79	317
	社会服务能人	10.25	173
	其他	0.30	5
	合计	100	1687
第三需要	种植、养殖能手	18.97	320
	经营能人	15.83	267
	制作、加工、建筑等技能型能人	18.08	305
	文体艺术类能人	7.77	131
	村级管理能人	18.67	315
	社会服务能人	19.21	324
	其他	1.47	25
	合计	100	1687

注：有效样本为1687个、缺失值为510个。

4. 近九成的村民家中没有能人外出的情况

考察村民家中外出能人的分布情况发现，如表18所示。在1839个有效农户样本中，有1585位村民家中没有能人外出的情况，占比为86.19%，仅有254位村民家中有能人外出的情况，占比为13.81%，前者高出后者72.38个百分点。由此可见，近九成的村民家中没有外出能人的情况。

表18　　　　　村民家中外出能人的情况

村民家中外出能人情况	占比（%）	样本数（个）
是	13.81	254
否	86.19	1585
合计	100	1839

注：有效样本为1839个、缺失值为358个。

5. 近六成的村民愿意动员家中能人返乡

调查村民动员家中能人返乡的意愿,如表19所示。在212个样本中,有119位村民愿意动员家中能人返乡,占比为56.13%;有93位农民不愿意动员家中能人返乡,占比为43.87%;前者比后者高出12.26个百分点。综上所述,近六成的村民愿意动员家中能人返乡。

表19　　　　　　　　　村民动员家中能人返乡的意愿

动员家中能人返乡意愿	占比（%）	样本数（个）
是	56.13	119
否	43.87	93
合计	100	212

注：有效样本为212个、缺失值为42个。

6. 有优惠政策时,近六成本不愿动员家中能人返乡的农户转变态度

通过分析有优惠政策时村民动员家中能人返乡的意愿,如表20所示。在83个有效样本中,有51位村民愿意动员家中能人返乡,占比为61.45%;有32位村民不愿意动员家中能人返乡,占比为38.55%,两者相差22.9个百分点。由此可知,优惠政策下村民动员家中能人返乡的意愿更高。

表20　　　　　　　　有优惠政策时村民动员家中能人返乡的意愿

动员家中能人返乡意愿	占比（%）	样本数（个）
是	61.45	51
否	38.55	32
合计	100	83

注：有效样本为83个、缺失值为10个。

7. 引进新产业项目的村庄中村民动员家中能人返乡的意愿更高

具体分析引进新产业项目与否对有优惠政策时村民动员家中能人返乡意愿的影响,如表21所示。在引进新产业项目和优惠政策相结合时,村民动员家中能人返乡的意愿

比例为88.46%；没有引进新产业发展项目时，在优惠政策条件下村民愿意动员家中能人返乡的意愿仅占44%，两者相差44.46%。综上所述，引进新产业项目和优惠政策相结合时，村民动员家中能人返乡的意愿更高。

表21　　　　　　　引进新产业对优惠政策下村民动员能人返乡意愿的影响

是否引进	动员家中能人返乡意愿（%）		样本数（个）
	是	否	
是	88.46	11.54	26
否	44.00	56.00	25
不清楚	46.43	53.57	28

注：有效样本为79个、缺失值为14个。

8. 优惠政策下，开展道德宣传的村庄村民动员家中能人返乡的意愿更高

考察开展道德教育与否对优惠政策条件下村民动员家中能人返乡意愿的影响，如表22所示。在有优惠政策的村庄中进行开展道德教育宣传，村民愿意动员家中能人返乡的意愿的比例为74.47%；不开展道德教育，村民愿意动员家中能人返乡的意愿的比例为56.25%，两者相差18.22个百分点。由此可知，开展道德教育宣传的村庄中，在享有优惠政策村民动员家中能人返乡的意愿更高。

表22　　　　　　　开展道德教育对优惠政策下村民动员能人返乡意愿的影响

是否道德宣传	动员家中能人返乡意愿（%）		样本数（个）
	是	否	
是	74.47	25.53	47
否	56.25	43.75	16
不清楚	41.18	58.82	17

注：有效样本为80个、缺失值为13个。

9. 家乡缺乏发展机会和收入低是村民不愿动员家中能人回乡的主要原因

调查优惠政策下村民不愿动员家中能人返乡的原因，如表23所示。村民不愿意动员家中能人返乡，出于"家乡经济落后、缺乏发展机会"的原因占比为40.74%；出于

"外面收入高，回乡收入低"的原因占比为25.93%；两者占比之和为66.67%。出于"回乡找不到合适的工作""外面教育、医疗等资源多，对后代发展有利""其他"的原因占比分别为14.81%、14.81%、3.70%。综上所述，村民不愿动员家中能人回乡主要是考虑到家乡缺乏发展机会和收入低的原因。

表23　　　　　　有优惠政策时村民不愿动员家中能人返乡的原因

不愿动员家中能人返乡原因	占比（%）	样本数（个）
家乡经济落后，缺乏发展机会	40.74	11
回乡收入低	25.93	7
回乡不到合适的工作	14.81	4
外面教育、医疗等资源多，对后代发展有利	14.81	4
其他	3.70	1
合计	100	27

注：有效样本为27个、缺失值为5个。

二、农村能人回乡的现实作用

（一）回乡能人在生产方面的作用

1. 近三年内不足二成的能人返乡

从近三年能人返乡情况来看，如表24所示。在1898个有效样本中，在近三年内能人返乡的占比为19.65%；近三年没有能人返乡的占比为39.57%，两者相差19.92个百分点。由此可见，近三年内能人返乡的比例只有不足二成。

表24　　　　　　　　　近三年能人返乡情况

近三年能人返乡情况	占比（%）	样本数（个）
有	19.65	373
没有	39.57	751

续表

近三年能人返乡情况	占比（%）	样本数（个）
不清楚	40.78	774
合计	100	1898

注：有效样本为1898个、缺失值为299个。

2. 引进新产业项目的村庄，近三年村庄能人返乡的比例更高

考察引进新产业项目的村庄与否对近三年村庄能人返乡比例的影响，如表25所示。引进新产业发展项目的村庄，在近三年能人返乡的占比为37.05%；没有引进发展项目的村庄中，在近三年能人返乡的比例为14.46%；两者相差22.59个百分点。综上所述，引进新产业项目村庄，能人返乡的比例更高。

表25　　　　引进新产业项目与否对近三年能人返乡比例的影响

是否引进	近三年村庄能人返乡情况（%）			样本数（个）
	有	没有	不清楚	
是	37.05	41.42	21.53	367
否	14.46	58.77	26.77	650
不清楚	16.39	24.88	58.73	836

注：有效样本为1853个、缺失值为344个。

3. 村民自治组织对近三年内能人返乡的比例略有影响

分析成立村民自治组织与否对近三年能人返乡比例的影响，如表26所示。成立理事会等村民自治组织的村庄，在近三年内能人返乡的比例为25.95%；没有成立理事会等村民自治组织的村庄，在近三年内能人返乡的比例为24.18%，两者相差1.77个百分点。整体看来，成立村民自治组织的村庄对近三年内能人返乡的比例略有影响。

表26　　　　成立村民自治组织对近三年内能人返乡比例的影响

是否有自治组织	近三年能人返乡情况（%）			样本数（个）
	有	没有	不清楚	
是	25.95	38.17	35.88	524

续表

是否有自治组织	近三年能人返乡情况（%）			样本数（个）
	有	没有	不清楚	
否	24.18	52.75	23.07	364
不清楚	14.32	36.49	49.19	929

注：有效样本为1817个、缺失值为380个。

4. 开展普法教育的村庄，在近三年内能人返乡的比例更高

考察开展普法教育与否对近三年内能人返乡比例的影响，如表27所示。在开展普法教育宣传的村庄中，近三年能人返乡的比例为22.89%；没有开展普法教育宣传的村庄，能人返乡的比例为17.41%；前者比后者高出5.48个百分点。由此可见，开展普法教育的村庄，近三年内能人返乡的比例更高。

表27　　　　开展普法教育对近三年内村庄能人返乡比例的影响

是否普法宣传	近三年外出能人返乡情况（%）			样本数（个）
	有	没有	不清楚	
是	22.89	39.62	37.49	843
否	17.41	56.65	25.94	316
不清楚	17.53	31.77	50.70	639

注：有效样本为1798个、缺失值为399个。

5. 回乡能人只租种一成农民家的土地

分析回乡能人租种土地的情况，如表28所示。在321个有效样本中，只有47位农民家的土地被回乡能人租种，占比为14.64%；有274位农民家的土地没有被租种，占比为85.36%，两者相差70.72个百分点。综上所述，回乡能人只租种极少数农民家的土地。

表28　　　　　　　　　　　　回乡能人租种土地情况

租种土地	占比（%）	样本数（个）
是	14.64	47
否	85.36	274
合计	100	321

注：有效样本为321个、缺失值为52个。

6. 引进新产业项目村庄中回乡能人租种农民土地的比例更高

通过考察引进新产业发展项目与否对回乡能人租种土地的影响发现，如表29所示。引进新产业项目的村庄中，回乡能人租种农民土地的比例为15.70%；没有引进新产业项目的村庄中，回乡能人租种农民土地的比例为9.89%，前者比后者高出5.81个百分点。由此可得，引进新产业项目的村庄中，回乡能人租种农民土地的比例更高。

表29　　　　　　引进新产业发展项目与否对回乡能人租种土地的影响

是否引进	回乡能人租种土地情况（%）		样本数（个）
	是	否	
是	15.70	84.30	367
否	9.89	90.11	650
不清楚	18.10	81.90	836

注：有效样本为1853个、缺失值为56个。

7. 入股回乡能人发展项目的村民比例很小

从村民入股回乡能人的发展项目情况来看，如表30所示。在253个有效样本中，仅有10位村民入股了回乡能人的发展项目，占比为4%；有243位村民没有入股回乡能人的发展项目，占比为96%，两者相差92个百分点。由上可知，仅有极少数村民入股回乡能人的发展项目。

表 30　　　　　　　　　　村民入股回乡能人的发展项目情况

是否入股	占比（%）	样本数（个）
是	4.00	10
否	96.00	243
合计	100	253

注：有效样本为 253 个、缺失值为 27 个。

8. 近二成的村民在回乡能人影响下掌握了新的生产技能

回乡能人影响下村民掌握新生产技能的情况，如表 31 所示。通过研究发现，在 288 个有效样本中，在回乡能人影响下，仅有 51 位村民掌握了新的生产技能，占比为 17.71%；有 237 位村民没有掌握新的生产技能，占比为 82.29%；后者比者高出 64.58 个百分点。综上所述，在回乡能人的影响下，掌握新生产技能的村民占少数。

表 31　　　　　　　　　回乡能人影响下村民掌握新生产技能的情况

掌握新生产技能	占比（%）	样本数（个）
是	17.71	51
否	82.29	237
合计	100	288

注：有效样本为 288 个、缺失值为 11 个。

（二）回乡能人在就业方面的作用

1. 能人回乡被吸纳就业的村民占一成左右

分析能人回乡吸纳就业的情况，如表 32 所示。在 294 个有效样本中，仅有 23 位村民被吸纳就业，占比为 7.82%；有 271 位村民未被吸纳就业，占比为 92.18%，两者相差 84.36 个百分点。对比发现，能人回乡吸纳就业的村民不足一成，还有九成以上的村民没有被吸纳。

表32　　　　　　　　　能人回乡吸纳就业的情况

吸纳就业情况	占比（%）	样本数（个）
是	7.82	23
否	92.18	271
合计	100	294

注：有效样本为294个、缺失值为19个。

2. 能人回乡吸纳就业的村民主要集中在30~49岁

通过调查能人回乡吸纳不同年龄段村民的就业情况发现，如表33所示。能人回乡吸纳就业的村民，在30~39岁的村民比例为15.79%，在40~49岁的村民比例为12.64%，两者相加的比例为28.43%。而在30岁以下、50~59岁、60岁以上的村民所占比例分别为3.13%、2.99%、6.82%，三者和为12.94%。总体而言，能人回乡吸纳就业的村民主要集中在30~49岁。

表33　　　　　　　　能人回乡吸纳不同年龄段村民的就业情况

年龄分组	能人回乡吸纳就业情况（%） 是	能人回乡吸纳就业情况（%） 否	样本数（个）
30岁以下	3.13	96.87	32
30至39岁	15.79	84.21	19
40至49岁	12.64	87.36	87
50至59岁	2.99	97.01	67
60岁及以上	6.82	93.18	88

注：有效样本为293个、缺失值为20个。

（三）回乡能人在引导创业方面的作用

1. 近三成村民受回乡能人影响进行创业

考察村民受回乡能人影响进行创业的情况，如表34所示。在335个有效样本中，有91个村民在回乡能人的影响下进行过创业活动，所占百分比为27.16%，约占有效样本三成左右。由此可见，回乡能人影响村民的创业行为，近三成村民在回乡能人的影响下进行创业。

表34　　　　　　　　　　　受回乡能人影响而进行创业情况

是否进行创业	占比（%）	样本数（个）
是	27.16	91
否	72.84	244
合计	100	335

注：有效样本为335个、缺失值为38个。

2. 开展普法宣传有助于回乡能人影响村民进行创业

从村庄是否开展普法宣传对回乡能人影响村民创业来看，如表35所示。开展普法宣传的村庄有30.94%的村民受回乡能人影响进行创业，比重超过三成，未开展普法宣传村庄的村民受回乡能人影响进行创业所占比重为27.03%，较开展普法宣传的村庄低近4个百分点。综上所述，开展普法宣传的村庄超过三成的村民受回乡能人影响进行了创业活动。

表35　　　　　　　开展普法教育对村民受回乡能人影响进行创业情况

是否普法宣传	受回乡能人影响进行创业情况（%）		样本数（个）
	是	否	
是	30.94	69.06	181
否	27.03	72.97	37
不清楚	23.58	76.42	106

注：有效样本为324个、缺失值为49个。

（四）回乡能人在生活救助方面的作用

1. 超过两成的村民认为回乡能人帮助过其解决生活困难

对回乡能人是否帮助村民解决生活困难进行考察，如表36所示。在333个有效样本中，有 74 个调查样本认为回乡能人帮助过其解决家庭生活困难，占样本总量的 22.22%，所占比重超过两成。由此可得，超过两成的村民认为回乡能人帮助解决过生活困难。

表 36　　　　　　　　　　回乡能人解决生活上困难情况

是否解决困难	占比（%）	样本数（个）
是	22.22	74
否	77.78	259
合计	100	333

注：有效样本为 333 个、缺失值为 40 个。

2. 外出频率高的村民更易受到回乡能人帮助解决生活困难

考察村民外出频率对回乡能人帮助解决生活困难的影响，如表 37 所示。经常外出和外出较多的村民中分别有 25.00% 和 42.11% 受到过回乡能人帮助解决生活困难，将经常和较多视为外出频率高，则其占比之和为 67.11%；很少外出和不外出的村民，回乡能人帮助其解决生活困难的比重分别为 18.18% 和 5.26%，将很少和没有视为外出频率低，则其占比和为 23.44%，较外出频率高的比重低 43.67 个百分点。整体来看，外出频率高的村民更易受到回乡能人帮助解决生活困难。

表 37　　　　　不同外出频率对回乡能人解决生活困难的认识情况

外出频率分组	回乡能人解决生活困难情况（%） 是	回乡能人解决生活困难情况（%） 否	样本数（个）
经常	25.00	75.00	20
较多	42.11	57.89	57
一般	18.42	81.58	114
很少	18.18	81.82	99
没有	5.26	94.74	19

注：有效样本为 309 个、缺失值为 64 个。

三、回乡能人的整体评价

(一)回乡能人促进村庄建设和发展

1. 超过两成的村民认为回乡能人在促进村庄建设和发展中作用很大

考察回乡能人对促进村庄建设和发展的作用,如表 38 所示。在 332 个有效样本中,有 84 个调查样本认为回乡能人在促进村庄建设和发展中作用很大,占比为 25.30%,有 166 个调查样本认为作用一般,将作用很大和作用一般视为发挥作用,占比之和达 75.30%。综上所述,回乡能人在促进村庄建设和发展过程中发挥作用,且超过两成的村民认为其发挥的作用很大。

表 38 回乡能人促进村庄建设和发展的作用情况

作用情况	占比(%)	样本数(个)
作用很大	25.30	84
作用一般	50.00	166
作用很小	21.69	72
没有作用	3.01	10
有消极作用	0	0
合计	100	332

注:有效样本为 332 个、缺失值为 41 个。

2. 村民认为回乡能人在提供就业和增收以及带动村庄产业和经济发展方面作用较大

对回乡能人在促进村庄建设和发展过程中发挥的作用,如表 39 所示。在 365 个有效样本中,有 97 个村民认为回乡能人为村民提供了就业和增收机会,所占比重最高,为 26.58%;认为回乡能人带动村庄产业和经济发展、促进村庄基础设施建设的占比分别为 24.38% 和 20.55%,均在两成以上;超过一成的村民认为回乡能人促进了村庄公益事业建设,所占比重为 11.78%;认为回乡能人使村庄管理更加有序、丰富村民精神文化生活及其他功能的占比分别为8.22%、7.12%和1.37%,占比均不足一成。总体来看,村民认为回乡能人在为村民提供就业和增收以及带动村庄产业和经济发展方面的作用更大,在促进村庄公益事业和村庄秩序方面的作用较小。

表39　　　　　　　　回乡能人促进村庄建设和发展的作用情况

作用类型	占比(%)	样本数(个)
带动村庄产业和经济发展	24.38	89
为村民提供就业和增收机会	26.58	97
促进村庄基础设施建设	20.55	75
促进村庄公益事业的建设	11.78	43
使村庄管理更加有序	8.22	30
丰富了村民的精神文化生活	7.12	26
其他	1.37	5
合计	100	365

注:有效样本为365个、缺失值为41个。

3. 中年人更倾向于认为回乡能人在促进村庄建设和发展发挥作用

进一步考察不同年龄段的村民对回乡能人促进村庄建设和发展作用的评价,如表40所示。认为回乡能人在促进村庄建设和发展作用很大中,30岁以下的村民占比最低,为16.22%;60岁及以上所占比重次低,为21.78%;30~39岁、40~49岁和50~59岁占比分别为26.09%、27.84%和32.39%,均高于30岁以下和60岁及以上村民所占比重。由此可见,30岁以上、60以下的村民对回乡能人在促进村庄建设和发展中发挥作用评价更高。

表40　　　　　　不同年龄段对回乡能人促进村庄建设和发展的作用情况

年龄分组	回乡能人在促进村庄建设和发展中的作用(%)					样本数(个)
	作用很大	作用一般	作用很小	没有作用	有消极作用	
30岁以下	16.22	64.86	13.51	5.41	0	37
30~39岁	26.09	52.17	17.39	4.35	0	23
40~49岁	27.84	44.33	21.65	6.18	0	97
50~59岁	32.39	45.07	22.54	0	0	71
60岁及以上	21.78	53.47	23.76	0.99	0	101

注:有效样本为329个、缺失值为44个。

4. 大专及以上村民更倾向于认为回乡能人在村庄建设发展中发挥作用

考察不同教育水平的村民对回乡能人促进村庄建设和发展作用的评价，如表41所示。将作用很大、作用一般视为发挥作用，则教育水平为文盲的村民认为回乡能人促进村庄建设和发展中发挥作用的占比最低，为66.67%，教育水平为小学、初中、高中的占比为80.21%、73.11%和73.91%，教育水平为大专及以上的占比最高，为83.87%。总体来看，教育水平为大专及以上的村民更倾向于认为回乡能人在促进村庄建设和发展发挥作用。

表41　　　　　　　　　教育水平对回乡能人促进村庄建设和发展的作用情况

教育水平分组	回乡能人在促进村庄建设和发展中的作用（%）					样本数（个）
	作用很大	作用一般	作用很小	没有作用	有消极作用	
文盲	0	66.67	33.33	0	0	6
小学	25.00	55.21	15.63	4.16	0	96
初中	33.61	39.50	24.37	2.52	0	119
高中	23.91	50.00	21.74	4.35	0	46
大专及以上	16.13	67.74	12.90	3.23	0	31

注：有效样本为298个、缺失值为75个。

5. 党员对回乡能人在促进村庄建设和发展中发挥作用很大认可度更高

考察不同政治面貌的村民对回乡能人促进村庄建设和发展作用的评价，如表42所示。认为回乡能人在促进村庄建设和发展中作用很大的情况下，党员所占比例为30.77%，非党员所占比例为24.31%，较党员所占比重低6.46个百分点。由此可见，党员对回乡能人在促进村庄建设和发展中发挥作用很大认可度更高。

表42　　　　　　　　　不同政治面貌对回乡能人促进村庄建设的作用情况

政治面貌	回乡能人在促进村庄建设和发展中的作用（%）					样本数（个）
	作用很大	作用一般	作用很小	没有作用	有消极作用	
党员	30.77	57.69	11.54	0	0	26
非党员	24.31	49.65	22.57	3.47	0	288

注：有效样本为314个、缺失值为59个。

6. 开展普法教育的村庄近三成村民认为回乡能人在促进村庄建设和发展中发挥的作用很大

考察村庄是否进行普法宣传对回乡能人促进村庄建设和发展作用的影响，如表43所示。开展普法宣传的村庄中有28.89%的村民认为回乡能人在促进村庄建设和发展中作用很大，所占比重接近三成，未开展普法宣传的村庄其占比为25.64%，较开展普法村庄低3.25个百分点。总体来看，开展普法宣传的村庄中，近三成村民认为回乡能人在促进村庄建设和发展中发挥的作用很大。

表43　　　　普法教育与否对回乡能人促进村庄发展作用情况

是否普法宣传	回乡能人在促进您村建设和发展中的作用（%）					样本数（个）
	作用很大	作用一般	作用很小	没有作用	有消极作用	
是	28.89	51.11	17.22	2.78	0	180
否	25.64	53.85	17.95	2.56	0	39
不清楚	18.63	47.06	31.37	2.94	0	102

注：有效样本为321个、缺失值为52个。

7. 开展土地流转村庄的回乡能人在村庄建设发展发挥作用的认可度更高

对村庄是否进行土地流转影响回乡能人在村庄建设和发展的作用进行考察，如表44所示。在进行土地流转的村庄中，认为回乡能人在促进村庄建设和发展中作用很大的比重为25.00%，作用一般的比重为61.84%，将作用很大和作用一般定义为发挥较大作用，其占比为86.84%；在未进行土地流转的村庄中，认为回乡能人作用很大和作用一般的比重分别为25.00%和46.23%，则其发挥较大作用占比为71.23%，较进行过土地流转的村庄低15.61%。综上所述，开展土地流转的村庄对回乡能人促进村庄建设和发展发挥较大作用的认可度更高。

表44　　　　土地流转与否对回乡能人促进村庄发展作用情况

是否土地"确权登记"	回乡能人在促进村庄建设和发展中的作用（%）					样本数（个）
	作用很大	作用一般	作用很小	没有作用	有消极作用	
是	25.00	61.84	9.21	3.95	0	76
否	25.00	46.23	26.89	1.88	0	212

注：有效样本为288个、缺失值为85个。

（二）回乡能人参与村庄公共事务积极性

1. 超过五成村民认为回乡能人参与村庄公共事务更加积极

对回乡能人相较于普通村民其参与村庄公共事务的积极性进行分析，如表 45 所示。在 317 个有效样本中，有 179 个调查样本认为回乡能人参与村庄公共事务更加积极，占比为 56.47%，所占比重超过五成。由此得出，超过五成村民认为回乡能人参与村庄公共事务更加积极。

表 45　　　　　回乡能人参与村庄公共事务积极性情况

积极性	占比（%）	样本数（个）
更加积极	56.47	179
两者差不多	40.69	129
更加消极	2.84	9
合计	100	317

注：有效样本为 317 个、缺失值为 56 个。

2. 50 至 59 岁的村民评价回乡能人参与村庄公共事务更加积极占比最高

分析不同年龄段的村民对回乡能人参与村庄公共事务积极性差异，如表 46 所示。30 岁以下的村民中有 47.22% 认为回乡能人参与村庄公共事务更加积极，在各年龄段中占比最低，低于五成，50~59 岁认为更加积极的占比最高，为 65.67%，此外，30~39 岁、40~49 岁和 60 岁及以上的占比分别 54.55%、54.35% 和 55.67%，占比均超过五成。总体来看，50 至 59 岁的村民认为回乡能人参与村庄公共事务表现更加积极的占比最高。

表46　　　　　　不同年龄对回乡能人参与村庄公共事务积极性认识情况

年龄分组	回乡能人参与村庄公共事务积极性（%）			样本数（个）
	更加积极	两者差不多	更加消极	
30岁以下	47.22	47.22	5.56	36
30~39岁	54.55	45.45	0	22
40~49岁	54.35	40.22	5.43	92
50~59岁	65.67	31.34	2.99	67
60岁及以上	55.67	44.33	0	97

注：有效样本为314个、缺失值为59个。

3. 超过七成干部认为回乡能人参与村庄公共事务较普通村民更加积极

分析是否为干部对回乡能人参与村庄公共事务积极性的认识影响，如表47所示。作为干部的村民中，有73.33%的村民认为回乡能人参与村庄公共事务比普通村民更加积极，所占比重超过七成；此外不是干部的村民中有55.75%认为回乡能人参与更加积极，较前者所占比重低17.58个百分点。由此得出，超过七成的干部认为回乡能人参与村庄公共事务较普通村民更加积极。

表47　　　　　　干部与否对回乡能人参与村庄公共事务积极性认识

是否干部	回乡能人参与村庄公共事务积极性（%）			样本数（个）
	更加积极	两者差不多	更加消极	
是	73.33	26.67	0	15
否	55.75	41.11	3.14	287

注：有效样本为302个、缺失值为71个。

4. 党员身份的村民对回乡能人参与村庄公共事务积极性评价更高

进一步分析村民的政治面貌对回乡能人参与村庄公共事务积极性的影响，如表48所示。在300个有效样本中，有26个调查样本为党员身份，其中61.54%认为回乡能人参与村庄公共事务较普通村民更加积极，占比逾六成；274个非党员调查样本中，有55.47%的村民认为回乡能人作用更加积极，占比不足六成。综上，具有党员身份的村民认为回乡能人较普通村民参与村庄公共事务更加积极。

表48　党员与否对回乡能人参与村庄公共事务积极性认识

政治面貌	回乡能人参与村庄公共事务积极性（%）			样本数（个）
	更加积极	两者差不多	更加消极	
党员	61.54	38.46	0	26
非党员	55.47	41.24	3.29	274

注：有效样本为300个、缺失值为73个。

5. 建立村民委员会提升了回乡能人参与村庄公共事务积极性的评价

是否建立村民理事会影响村民对回乡能人参与村庄公共事务的评价，如表49所示。通过对122个建立村民理事会的村庄进行调查，认为回乡能人参与村庄公共事务较普通村民更加积极的比率为70.49%，逾七成；在66个未建立村民理事会的村庄中，65.15%的村民认为回乡能人参与更加积极，所占比重不足七成。总体来看，建立村民委员会的村庄其村民对回乡能人参与村庄公共事务积极性的评价更高。

表49　村民自治组织建立与否对回乡能人参与村庄事务积极性认识

是否有自治组织	回乡能人参与村庄公共事务积极性（%）			样本数（个）
	更加积极	两者差不多	更加消极	
是	70.49	28.69	0.82	122
否	65.15	31.82	3.03	66
不清楚	36.44	58.47	5.09	118

注：有效样本为306个、缺失值为67个。

（三）回乡能人在村民中的威望

1. 逾四成村民认为回乡能人较村干部在村民中的威望更高

对回乡能人相较于村干部在村民中的威望进行分析，如表50所示。在305个有效样本中，132个调查样本认为回乡能人在村民中的威望比村干部更高，所占比重为

43.28%，认为回乡能人与村干部威望差不多占比为48.20%，认为威望更低的占比为8.52%。总体来看，有逾四成村民认可回乡能人在村民中的威望比村干部更高。

表50　　　　　　　　回乡能人较村干部在村民中的威望情况

积极性	占比（%）	样本数（个）
威望更高	43.28	132
两者差不多	48.20	147
威望更低	8.52	26
合计	100	305

注：有效样本为305个、缺失值为68个。

2. 近四成干部认为回乡能人在村民中的威望比村干部更高

分析村民是否为干部对回乡能人威望评价的影响，如表51所示。干部中认为回乡能人在村民中的威望比村干部更高的占比为38.46%，比重接近四成，非干部中认为回乡能人威望更高的占比为44.96%，高出6.5个百分点。分析可得，干部相较于非干部对回乡能人威望的评价相对更低。

表51　　　　　　　　干部与否对回乡能人在村民中威望的认识情况

是否干部	回乡能人在村民中的威望（%）			样本数（个）
	威望更高	两者差不多	威望更低	
是	38.46	38.46	23.08	13
否	44.96	47.12	7.92	278

注：有效样本为291个、缺失值为82个。

3. 建立村民理事会的村庄其村民对回乡能人的威望评价更高

分析建立村民理事会是否对回乡能人威望产生影响，如表52所示。在建立村民理事会村庄的115个调查样本中，认为回乡能人在村民中的威望比村干部更高占比59.13%，在未建立村民理事会村庄的64个调查样本中，认为回乡能人在村民中的威望比村干部更高占比46.88%，较前者低12.25个百分点。分析得出，建立自治组织影响回乡能人在村民中的威望，近六成认为回乡能人在村中的威望较高。

表52　　　　　　村民自治组织建立与否对回乡能人在村民中威望的认识情况

是否有 自治组织	回乡能人在村民中的威望（%）			样本数 （个）
	威望更高	两者差不多	威望更低	
是	59.13	35.65	5.22	115
否	46.88	40.62	12.50	64
不清楚	28.45	62.07	9.48	116

注：有效样本为295个、缺失值为78个。

4. 开展普法教育活动有助于提升村民对回乡能人威望的评价

分析开展普法宣传活动是否影响回乡能人在村民中的威望，如表53所示。在调查的开展过普法宣传村庄的166个村民中，认为回乡能人在村民中的威望比村干部更高占比49.40%，在调查的未开展普法宣传村庄的34个村民中，认为回乡能人在村民中的威望比村干部更高占比38.24%，较前者低11.16个百分点。可见，开展普法宣传活动影响村民对回乡能人威望的评价，认为回乡能人威望更高的占比近五成。

表53　　　　　　普法教育与否对回乡能人在村民中威望的认识情况

是否普法 宣传	回乡能人在村民中的威望（%）			样本数 （个）
	威望更高	两者差不多	威望更低	
是	49.40	44.58	6.02	166
否	38.24	52.94	8.82	34
不清楚	33.33	53.13	13.54	96

注：有效样本为296个、缺失值为77个。

5. 开展道德教育活动村庄的村民对回乡能人威望的评价相对较高

分析开展道德教育活动是否影响回乡能人在村民中的威望，如表54所示。在调查的开展过道德教育活动村庄的165个村民中，认为回乡能人在村民中的威望比村干部更高占比50.30%，在调查的未开展道德教育活动村庄的55个村民中，认为回乡能人在村民中的威望比村干部更高占比49.09%，较前者低1.21个百分点。经分析得出，开展道德教育活动影响回乡能人在村民中的威望，开展过的村庄其村民对回乡能人威望的评价相对较高。

表 54　　　　道德教育与否对回乡能人在村民中威望的认识情况

是否道德宣传	回乡能人在村民中的威望（%）			样本数（个）
	威望更高	两者差不多	威望更低	
是	50.30	43.03	6.67	165
否	49.09	47.27	3.64	55
不清楚	25.33	57.34	17.33	75

注：有效样本为 295 个，缺失值为 78 个。

四、有效推动能人回乡的对策建议

乡村振兴呼唤"能人回乡"，如何破解养人育人不聚人、求才引才不来才，且回乡能人作用发挥不足的困境。为此，课题组从政府、乡村和能人三个维度，以政策落实为推手，以服务落地为抓手，以发挥能人效用为核心，蹚出一条将能人引回来、留下来、定下来的有效路径。

（一）打好政策"组合拳"，将外出能人引回来

1. 增强政策宣传，扩大知晓度

由于乡村信息闭塞，很多政策并没有真正达到"进村、入户"的效果，仅停留在纸面上。对此，扩大政策知晓度迫在眉睫。

（1）丰富"能人回乡"宣传内容，深入宣传能人模范、身边能人的典型事迹。汇集能人专班，让身边能人讲自己的故事，并建立健全回乡能人发挥作用的长效机制，引导村民深入了解能人回乡政策。

（2）创新宣传形式，成立能人宣传队，逐户宣传能人回乡相关政策和生动实践，并借助丰收节、庙会等渠道，充分利用微信群、公众号等新兴手段，依靠"线上媒介+线下活动"的双重宣传手段进一步提升能人回乡宣传成效，使人人知晓。

2. 丰富政策内容，提高吸引度

在亲情和乡亲的感召下，村民们虽愿动员家中能人回乡，但在政策方面并未做到口

惠实至。因此切实提高政策吸引度势在必行。

（1）社会保障方面，扩大保障范畴。一是制定住房优惠政策，让能人回有所居。基层政府稳步推进能人回乡住房建设，以住房为切入点为能人提供更多的生活空间。二是执行医疗保障措施，使能人医有所保。基层政府保证回乡能人在基本医疗保险关系转移顺畅，方便回乡能人享受应有医疗救助。三是落实就业优先政策，让能人业有所成，基层政府制定能人优先就业战略和就业扶持政策，提高就业稳定性和村民收入水平，实现更高质量和更充分就业。

（2）经济发展方面，加大帮扶程度。把更多金融资源配置到回乡能人发展的领域，满足能人发展乡村产业的金融需求。加大乡村能人信贷支持，稳妥有序推进乡村能人抵押贷款试点，继续通过奖励、补贴、税收优惠等政策工具支持回乡能人发展。

（3）文化教育方面，提供培训机会。加强回乡能人培训，将能人培训制度化。推动建立贯穿回乡能人学习工作终身、适应就业和人才成长需要的职业技能培训制度，增强能人创业培训的针对性和有效性。

3. 推进政策落实，加强认可度

在政策落实的过程中政府应发挥主导作用，通过建立机制落实优惠政策，精准识别能人，为其回乡创造机会。

（1）建立信息平台，让能人回乡有渠道。县、乡应该成立专门的外出能人信息平台，对其进行建档立卡，建立人才信息库，明晰当地外出能人的工作状况，精准、动态招引。整合当地人才政策、资金、服务的资源，为当地能人回乡创业提供更多的信息来源。采取领导与能人一一结合的方式，实现政府与能人间的有效沟通，让在外能人感受到政府的重视程度。

（2）搭建激励平台，让能人回乡有地位。政府需要鼓励、支持外出能人投身乡村建设，并以乡情乡愁为纽带，引导和支持能人服务乡村振兴事业，增强村庄能人的存在感；同时对已经在村庄中发挥作用的能人进行表彰、奖励，增加其成就感，并通过激励平台，带动更多的外出能人返乡，为乡村振兴做贡献。

（二）锻造村庄"服务链"，让返乡能人留下来

1. 要素优配，回乡能人可筑村

乡村基本设施滞后与公共服务缺位是制约乡村发展、限制回乡能人作为的首要因素。

(1) 扎实基础建设"硬件"设施。合理配置乡村现有资源，改造废、旧村部设施，以便为能人提供"福利房""议事厅"，解决回乡能人居住及办公场所问题；此外，夯实村庄水、电、网、路、医疗等基础建设，并结合农村集体资产股份权能改革，有效整合乡村资源，留好"能人专用地"，供回乡能人申请领用。

(2) 充盈基础建设"软件"储备。放宽经营范围，简化回乡能人项目申请、贷款的程序，推动"一址多照"、集群注册等登记制度改革；同时开设"回乡能人大讲堂"，鼓励回乡能人分享其在外工作的经验与成果，出好"回乡能人先进大字报"，供村内、村间传阅，并改变乡村固有宣传模式，引介网络自媒体，打造乡村文化"热词""热搜榜"，将文化活动玩出花样，营造乡村特色文化。

2. 脉络厘清，回乡能人巧筑村

回乡能人如何发挥效用是成功贯彻能人回乡政策的重中之重，其中村庄配套服务体系的优劣在一定程度上决定了回乡能人作用发挥范围的宽窄与力度的高低。

(1) 为能人建设乡村"把方向"。引导回乡能人往乡村亟待发展的方向创新。做好"乡村发展三年战略规划"，以回乡能人的优势差异引导能人参与乡村建设的不同领域。

(2) 为能人建设乡村"找帮手"。成立村镇级"产学研"共享合作圈，加强科研机构、高校、企业、返乡下乡人员等主体协同，推动农村创新创业群体更加多元，从人、财、物三方面帮扶回乡能人精确有效地带动乡村发展。

(3) 为能人建设乡村"注源泉"。以人力资本、社会资本的提升、扩散、共享为纽带，加快建立多层次多样化的返乡创业格局。并设立村、镇、县三级专项资金，以"阳光投资"形式，对项目进行前期测评、中期评估与后期考核，奖补结合，多元梯级式导入资金流。

3. 工程部署，回乡能人好筑村

回乡能人在参与村庄建设、带动乡村经济发展的过程中，可能会走弯路、迈叉步，而如何有效地保障回乡能人的自身利益、规避建设过程中的风险则显得尤为重要。

(1) 推广"风险"规避工程。总结各乡村多年来创新改革成功与失败的经验，收集现有回乡能人创业创新的成功案例，结合各乡村特色进行试点推广，形成"试点—推广—全面收效"的试验路径，助力回乡能人在促进村庄建设和发展过程中少走弯路、走好路。

(2) 执行"保障"兜底工程。建立回乡能人发展"纠错容错"机制，追踪回乡能人创业项目进程，动态防范项目中断、中止，并做好将创业失败、创新失能的消极作用降到最低的准备，转业失败为二次创业、化废弃产能为待开发资源，实行政府、社会双兜底，让回乡能人终有所得。

（三）擘画发展"鸟瞰图"，使回乡能人定下来

1. 业定乡村，回乡能人有所作为

（1）以人为本，展现能人本色。其一，尊重能人意愿，让回乡能人为所愿为。基层政府及村庄不强制性规定回乡能人履行返乡创业、带动就业和义务帮扶等义务，尊重其选择愿意且擅长之事。其二，不设既定目标，使回乡能人为而无虑。基层政府不采取直接命令、行政干预的方式干涉回乡能人的选择即目标设定，使回乡能人在轻松的环境中放开手脚而作为。

（2）因能定位，注入能人活力。第一，入村级班子，配强干部队伍。对于有治理能力的能人，鼓励他们进入村干部队伍，优选配强村两委班子，承担村庄公共事务，从而激发其他村干部的工作积极性。第二，成立自治组织，拓宽作用空间。对于有威望的能人，各村根据村情成立村民理事会、监事会、红白理事会等自治组织，让回乡能人各司其职、人尽其用。第三，成立合作社，助力创业升级。对于创业能力强的能人，村庄成立股份合作社，由基层政府指派专业人员挂钩联系，为创业能人牵线搭桥，增加能人创业机会，提升能人创业影响力。

（3）人尽其才，释放能人潜力。首先，提供能人晋升空间。对参与村庄治理、回乡创业、热心村庄公益事业的能人，基层政府给以政治上关心，优先推荐为人大代表、政协委员候选人等，让他们更好地为家乡发展出谋划策、贡献才智。其次，营造能人发展空间。基层政府积极营造村庄发展事业氛围，不定期选派回乡能人向先进经验学习，并为其提供操作场地和办公场所，让回乡能人学有所用、学有所成。最后，做好能人培训指导。基层政府可联合人社、农业等部门，为回乡能人提供"菜单式"点题培训、"送学式"普及推广、"联络式"实践跟踪、"交流式"观摩互比等培训指导，让回乡能人在自我提升的同时实现人尽其才。

2. 情定乡村，回乡能人奋发有为

（1）打好感情牌，能人在乡受关注。一方面，激发能人建设乡村动力。各村通过

创建微信群、QQ群让回乡能人在感情交流和分享生活的同时，了解村庄各项事宜，激发在乡能人积极参与家乡建设的内在情谊。利用中秋节、春节等乡村传统节日，组织回乡能人茶话会，由村两委统筹安排，让回乡能人在村庄找到除家人外的组织群体。另一方面，挖掘能人建设乡村潜力。基层政府强化宣传意识，积极倡导宣传乡村能人先进事例、重大贡献，打响能人项目品牌，让能人安心在乡做贡献。

（2）打好荣誉牌，能人作为有奔头。其一，对回乡贡献突出的能人，优先安排其参加劳动模范、优秀企业家等各类荣誉的评选；其二，对回乡促进村庄建设发展、增加村集体和农民财产性收入的能人，可授予其优秀村民、村贤和乡贤等荣誉称号，以授予荣誉认可的方式提高回乡能人发挥作用的热情。

3. 心定乡村，回乡能人甘愿作为

（1）缓解回乡能人现实顾虑。政府部门应保持农村土地和户籍等制度的弹性空间，如回乡能人可享受村庄土地承包权分配，在有限范围内可变更户籍所在地，从而让能人有乡可回、有乡能回和有乡愿回。

（2）开阔回乡能人发展前景。一方面，对回乡能人自身发展而言，基层组织着力做好农村产业升级工作，引进新型产业，根据村庄特色发展旅游业，使得能人在带动村庄发展的同时还能实现自我价值的提升。另一方面，对回乡能人家属发展而言，基层政府可优先考虑回乡能人家属优先推荐就业，为回乡能人提供良好的干事氛围。

（3）解决回乡能人后顾之忧。基层政府应提高乡镇卫生院、村卫生所的医疗水平，引进高水平医师和专业设备，减轻回乡能人对未来隐患的顾虑，同时加强农村的基础设施建设，完善乡村道路、公园、广场等公共设施建设，使回乡能人享受与城市相当的服务水平。

参考文献

[1] 钟林. 能人回乡：怎么"看"与怎么"干"[EB/OL]. 人民论坛，http://www.rmlt.com.cn/2018/0413/516597.shtml? from = message，2018-04-13.

[2] 张庆旭. 乡村振兴呼唤能人返乡[N]. 洛阳日报，2018-02-28（006）.

[3] 陈瑾. 正确认识乡贤文化[N]. 甘肃日报，2019-04-17（010）.

教育扶贫篇

靶向治疗：助农村教育扶贫行之有效
——基于全国 31 个省份 240 个村庄 454 个建档立卡贫困户的调查

湖南文理学院"湖南农村基层治理研究中心"
教育部人文社会科学重点研究基地——华中师范大学中国农村研究院调查咨询中心

摘　要：习近平总书记指出：教育是阻断贫困代际传递的治本之策。教育扶贫是提高农民素质、提升农村文明程度、增加农民就业的必要途径，被赋予"阻断贫困代际传递"的时代使命。但在实际推进过程中，教育扶贫工作仍存在受益主体认知不足、参与不深，政策供需错位等问题。基于此，调研组建议：治贫先治愚，让贫困户"富脑袋"；把脉需精准，让政策"对胃口"；配方制全套，让帮扶"见真章"，提升贫困群众自我"造血能力"，从而让教育扶贫政策真正"落地有声"。

关键词：代际贫困；教育扶贫；治愚

习近平总书记指出："教育是阻断贫困代际传递的治本之策。贫困地区教育事业是管长远的，必须下大力气抓好。扶贫既要富口袋，也要富脑袋。"教育扶贫的推进程度、实施力度、帮扶精度关乎脱贫攻坚的整体进程。基于此，湖南文理学院于 2018 年 7 月依托华中师范大学政治科学高等研究院/中国农村研究院"百村观察"调研平台，对全国 31 个省区市 240 个村庄 3437 个农户（不含港澳台地区）进行了走访调查，并就其中 454 个建档立卡贫困户进行了有关教育扶贫的专项调查。研究发现：目前，教育扶贫工作在取得一定效果的同时，仍存在受益主体认知不足、参与不深，政策供需错位等问题。基于此，在教育扶贫工作开展过程中需要治贫先治愚，让贫困户"富脑袋"；把脉需精准，让政策"对胃口"；配方制全套，让帮扶"见真章"，切实拿出"绣花功夫"，以精准施策推动贫困地区人口持续脱贫。

一、教育扶贫总体现状

（一）教育扶贫需求现状

1. 仅一成贫困户在精准脱贫中需要教育扶贫措施

在考察贫困户对各类精准扶贫措施的需求情况时，如表1所示。在调查的454户贫困户中，有53户贫困户在精准脱贫中需要"教育扶贫"措施，占调查贫困户总量的11.67%。由此可见，仅一成贫困户在精准脱贫中需要教育扶贫措施。

表1　　　　　　　　　　　贫困户对精准扶贫措施的需求情况

需要措施	占比（%）	样本数（个）
发展生产扶持	40.31	183
劳务输出扶持	6.61	30
教育扶贫	11.67	53
医疗救助	21.59	98
异地搬迁脱贫	1.76	8
政策兜底保障	15.86	72
生态脱贫	0.22	1
电商扶贫	0.22	1
其他	1.76	8
合计	100	454

注：有效样本为454个、缺失值为0个。

2. 相对于中、东部地区，西部地区贫困户更加需要教育扶贫措施

分析不同地区的贫困户对精准扶贫措施的需求情况时，如表2所示。在调查的454位的贫困户中，西部地区贫困户需要"教育扶贫"措施占比为13.14%，高于东部地区和中部地区的7.50%和11.30%，同等条件下，西部地区占比最高，中、东部地区次

之。由此可知，相对于中、东部地区，西部地区贫困户更加需要教育扶贫措施。

表2　　　　　　　　　不同地区贫困户对精准扶贫措施的需求情况

地区分组	发展生产扶持	劳务输出支持	教育扶贫	医疗救助	异地搬迁	政府兜底保障	生态脱贫	电商脱贫	其他	样本数（个）
东部地区	25.00	2.50	7.50	35.00	0	30.00	0	0	0	40
中部地区	42.67	10.04	11.30	16.32	2.93	15.48	0	0.42	0.84	239
西部地区	40.58	2.86	13.14	25.71	0.57	13.14	0.57	0	3.43	175

注：有效样本为454个、缺失值为0个。

3. 初中文化水平的贫困户更加需要教育扶贫措施

考察不同文化水平的贫困户对各类精准扶贫措施的需求情况，如表3所示。在442个有效样本中，初中文化水平的贫困户需要教育扶贫措施的占比最高，达17.80%，"文盲""小学""高中文化水平"的贫困户需要教育扶贫措施的占比分别为12.12%、8.72%以及8.33%。由此可见，初中文化水平的贫困户更加需要教育扶贫措施。

表3　　　　　　　　不同文化水平的贫困户对精准扶贫措施的需求情况

文化水平	发展生产扶持	劳务输出支持	教育扶贫	医疗救助	异地搬迁扶贫	政府兜底保障	生态脱贫	电商脱贫	其他	样本数（个）
文盲	28.79	4.55	12.12	22.73	0	31.81	0	0	0	66
小学	45.41	4.59	8.72	19.72	2.29	15.60	0	0.46	3.21	218
初中	36.44	10.17	17.80	22.03	0.85	11.86	0	0	0.85	118
高中	41.66	11.11	8.33	30.56	0	5.56	2.78	0	0	36
大专及以上	25.00	0	0	25.00	50	0	0	0	0	4

注：有效样本为442个、缺失值为12个。

4. 仅有两成左右的贫困户希望政府提供教育扶贫支持

基础教育扶持和技术教育扶持都是教育扶贫政策的重要内容。如表4所示，在453

个有效农户样本中,希望政府"提供技术支持"的贫困户有55位,占比为12.14%,希望政府"提供学生教育扶持"的贫困户有47位,所占比重为10.38%,两者的合计比重达22.52%。由此可见,仅有两成左右的贫困户希望政府提供教育扶贫支持。

表4　　　　　　　　　　　贫困户对政府扶贫支持诉求情况

政府扶贫支持	占比(%)	样本数(个)
提供资金支持	51.66	234
提供技术支持	12.14	55
提供学生教育扶持	10.38	47
提供就业机会	6.18	28
解决生活困难	17.44	79
其他	2.20	10
合计	100	453

注:有效样本为453个、缺失值为1个。

5. 西部地区的贫困户更加倾向于政府提供技术和学生教育等教育扶贫政策

分析不同地区贫困户对政府扶贫支持的诉求情况,如表5所示。在接受调查的453位贫困户中,东部地区贫困户希望政府"提供技术帮扶"和"提供学生教育扶持"的占比分别为5.13%、5.13%,合计占比为10.26%,中部地区和西部地区的贫困户希望政府"提供技术帮扶"和"提供学生教育扶持"的合计占比分别为23.01%和24.57%。可见,西部地区的贫困户更加倾向于政府提供技术和学生教育等教育扶贫政策。

表5　　　　　　　　　不同地区贫困户对政府扶贫支持的诉求情况

地区分组	提供资金扶持	提供技术帮扶	提供学生教育扶持	提供就业机会	解决生活困难	其他	样本数(个)
东部地区	61.54	5.13	5.13	2.56	23.08	2.56	39
中部地区	50.21	12.97	10.04	6.69	18.41	1.68	239
西部地区	51.43	12.57	12.00	6.29	14.86	2.86	175

注:有效样本为453个、缺失值为1个。

6. 初中文化的贫困户更加希望政府提供技术和学生教育等教育扶贫政策

考察不同文化水平贫困户对政府扶贫支持的诉求时，如表6所示。在441个有效样本中，文化程度为"文盲"的贫困户希望政府"提供技术帮扶"和"提供学生教育扶持"等教育扶贫政策的占比分别为4.55%、15.15%，合计比重为19.7%。文化程度为"小学""初中""高中"的贫困户希望政府"提供技术帮扶"和"提供学生教育扶持"等教育扶贫政策的占比分别为18.43%、31.36%、22.23%，其中"初中"文化水平的贫困户占比最高。由此可见，初中文化水平的贫困户更加希望政府提供技术和学生教育等教育扶贫政策。

表6　　　　　不同文化水平贫困户对政府扶贫支持的诉求情况

文化水平	提供资金扶持	提供技术帮扶	提供学生教育	提供就业机会	解决生活困难	其他	样本数（个）
文盲	45.45	4.55	15.15	4.55	27.27	3.03	66
小学	54.38	12.44	5.99	5.53	18.43	3.23	217
初中	47.46	13.56	17.80	6.78	13.56	0.84	118
高中	58.33	16.67	5.56	11.11	8.33	0	36
大专及以上	75.00	0	0	0	25.00	0	4

注：有效样本为441个、缺失值为13个。

7. 仅有一成左右的贫困户参加过教育扶贫类项目

考察贫困户参加精准扶贫项目的情况，如表7所示。在接受调查的268位贫困户中，参加过"教育脱贫项目"的贫困户样本数为73个，占项目总数的13.08%，参加过"技能培训"的贫困户有45位，占比仅为8.06%，两类"教育扶贫"项目合计占比在两成左右。由此可见，仅有两成左右的贫困户参加过教育扶贫类项目。

表7　　　　　贫困户参加精准扶贫项目情况

精准扶贫项目	占比（%）	样本数（个）
生态补偿脱贫项目	5.73	32
产业脱贫项目	17.56	98

续表

精准扶贫项目	占比（%）	样本数（个）
转移就业	6.63	37
教育脱贫项目	13.08	73
技能培训	8.06	45
异地搬迁或房屋改造	15.23	85
社会保障兜底扶贫项目	19.35	108
小额信贷等金融项目	7.71	43
基础设施建设	4.12	23
旅游扶贫	0.37	2
其他	2.16	12
合计	100	558

注：有效样本为558个、缺失值为0个。

（二）教育扶贫评价

1. 超过九成的贫困户对当地的精准脱贫政策较为满意

考察贫困户对当地精准脱贫政策的满意度，如表8所示。在453个有效样本中，对当地精准脱贫项目持"非常满意"态度的贫困户有96位，占比为21.19%，持"比较满意"和"一般满意"态度的贫困户占比分别为48.57%、25.17%，三者的合计占比为94.93%。由此可知，超过九成的贫困户对当地的精准脱贫政策较为满意。

表8　　　　　　　　贫困户对当地精准脱贫政策满意度

满意度	占比（%）	样本数（个）
非常满意	21.19	96
比较满意	48.57	220
一般满意	25.17	114
较不满意	4.42	20
很不满意	0.65	3
合计	100	453

注：有效样本为453个、缺失值为1个。

2. 政府精准扶贫需要精准识别扶贫对象

分析贫困户对当地精准脱贫政策不满意的原因,如表9所示。认为当地政府扶贫政策"扶贫对象不精准"的占比为44.12%,认为政府扶贫"政策不符合要求"和"资金投入不够"的贫困户占比分别为26.47%和29.41%。由此可见,政府精准扶贫需推进扶贫对象精准识别。

表9　　　　　　　　　贫困户对当地精准脱贫政策不满意原因

不满意原因	占比(%)	样本数(个)
政策不符合要求	26.47	9
资金投入不够	29.41	10
扶贫对象不精准	44.12	15
合计	100	34

注:有效样本为34个、缺失值为420个。

二、基础教育扶贫现状

(一)基础扶贫开展现状

1. 仍有少数贫困户子女会因为经济困难而辍学

考察贫困户家庭中子女因为经济困难而辍学的情况,如表10所示。在438个有效样本中,存在子女因为经济困难而辍学的贫困户有23户,占比为5.25%,不存在此种情况的贫困户有415户,所占比例为94.75%。由此可知,仍有半成左右的贫困户子女会因为经济困难而辍学。

表10　　　　　　　贫困户子女因为经济困难辍学现象情况

有没有该情况	占比（%）	样本数（个）
有	5.25	23
没有	94.75	415
合计	100	438

注：有效样本为438个、缺失值为16个。

2. 西部地区贫困户子女因为经济困难辍学的占比相对较高

分析不同地区贫困户子女因为经济困难辍学的情况，如表11所示。在全国438位接受调查的贫困户中，西部地区存在子女因为经济困难辍学的贫困户占比为7.69%，东部地区和中部地区存在子女因为经济困难辍学的贫困户所占比重分别为5.56%和3.43%，同等条件下，西部占比最高。由此可见，西部地区贫困户子女因为经济困难辍学的占比相较于东、中部地区更高。

表11　　　　　　　不同地区贫困户子女因为经济困难辍学情况

地区分组	贫困户子女因为经济困难辍学情况（%）		样本数（个）
	有	没有	
东部地区	5.56	94.44	36
中部地区	3.43	96.57	233
西部地区	7.69	92.31	169

注：有效样本为438个、缺失值为16个。

3. 少数民族贫困户子女因家庭经济困难而辍学的比重相对较高

考察不同民族贫困户子女因家庭经济困难而辍学或未上学的情况，如表12所示。汉族贫困户子女因经济困难而辍学或未上学的占为3.60%，少数民族贫困户存在此种情况的人数占比为12.99%，两者相差9.39个百分比。综上，少数民族贫困户子女因家庭经济困难而辍学的比重相对较高。

表 12　　　　　　　不同民族子女因家庭经济困难而辍学或未上学的情况

民族分组	贫困户子女因为经济困难辍学情况（%）		样本数（个）
	有	没有	
汉族	3.60	96.40	361
少数民族	12.99	87.01	77

注：有效样本为 438 个、缺失值为 16 个。

4. 超过七成的贫困户没有接受过基础教育扶贫政策

考察贫困户接受基础教育扶贫政策情况，如表 13 所示。在 436 个有效样本中，接受过基础教育扶贫的贫困户人数为 122 个，占比为 27.98%，没有接受过基础教育扶贫的贫困户人数为 314 个，占比达 72.02%。由此可知，超过七成的贫困户没有接受过基础教育扶贫政策。

表 13　　　　　　　贫困户接受基础教育扶贫政策情况

是否接受教育扶贫	占比（%）	样本数（个）
是	27.98	122
否	72.02	314
合计	100	436

注：有效样本为 436 个、缺失值为 18 个。

5. 西部地区接受过基础教育扶贫政策的贫困户比重最大

分析不同地区贫困户接受基础教育扶贫政策情况，如表 14 所示。在 436 个有效样本中，东部地区贫困户接受过基础教育扶贫政策的人数占比为 25.71%，中部地区和西部地区接受过基础教育扶贫的贫困户人数占比分别为 25.86% 和 31.36%。由此可见，西部地区接受过基础教育扶贫政策的贫困户比重最大。

表 14　　　　　　　不同地区贫困户接受基础教育扶贫政策情况

地区分组	贫困户接受基础教育扶贫政策（%）		样本数（个）
	是	否	
东部地区	25.71	74.29	35

续表

地区分组	贫困户接受基础教育扶贫政策（%）		样本数（个）
	是	否	
中部地区	25.86	74.14	232
西部地区	31.36	68.64	169

注：有效样本为436个、缺失值为18个。

6. 生活压力很大的贫困户接受基础教育扶贫政策的占比最高

分析不同生活压力的贫困户接受基础教育扶贫政策的情况，如表15所示。在436个有效样本中，生活压力很大的贫困户接受基础教育扶贫政策的人数占比为51.85%，占比最高。生活压力较大、一般、压力很小的贫困户接受基础教育扶贫政策的人数占比分别为31.03%、15.82%、36.59%。由此可知，生活压力很大的贫困户会比较主动接受基础教育扶贫政策。

表15 不同生活压力的贫困户接受基础教育扶贫政策情况

生活压力	贫困户接受基础教育扶贫政策情况（%）		样本数（个）
	是	否	
压力很大	51.85	48.15	54
压力较大	31.03	68.97	174
一般	15.82	84.18	158
压力很小	36.59	63.41	41
没有压力	0	100	9

注：有效样本为436个、缺失值为18个。

7. 贫困户享受费用减免和资助类基础教育扶贫政策的占比相对较高

分析贫困户享受过的基础教育扶贫政策类别，如表16所示。在194位接受过基础教育扶贫政策的贫困户中，享受过"学费减免"的贫困户有76位，占比达39.18%。享受过"生活费减免及资助"和"贫困奖助学金"的贫困户人数占比均为28.35%，三者合计占比达95.88%。由此可见，在各类基础教育扶贫政策中，贫困户更多选择费用减免和资助政策。

表 16　　　　　　　贫困户享受过的基础教育扶贫政策情况

基础教育扶贫政策	占比（%）	样本数（个）
学费减免	39.18	76
生活费减免及资助	28.35	55
贫困奖助学金	28.35	55
升学优惠政策	1.55	3
高校等社会组织结对帮扶	2.06	4
其他	0.51	1
合计	100	194

注：有效样本为194个、缺失值为0个。

8. 西部地区学费减免的扶持力度有待提高

分析不同地区的贫困户享受过的教育扶贫政策情况时，如表17所示。东部地区贫困户享受过学费减免教育扶持的占比最高，为45.45%，高于中部地区4.83个百分点，高于西部地区8.68个百分点。由此可见，对于西部地区贫困户子女学费减免的扶持力度有待提高。

表 17　　　　　　不同地区的贫困户享受过的教育扶贫政策情况

地区分组	学费减免	生活费减免及资助	贫困奖助学金	升学优惠政策	高校等社会组织结对帮扶	其他	样本数（个）
东部地区	45.45	18.18	36.37	0	0	0	11
中部地区	40.62	28.13	29.17	0	1.04	1.04	96
西部地区	36.77	29.89	26.44	3.45	3.45	0	87

注：有效样本，194个、缺失值为0个。

（二）基础扶贫评价

1. 超过八成的贫困户认为孩子教育对家庭脱贫作用较大

考察贫困户对孩子教育在家庭脱贫中作用的看法，如表18所示。认为孩子教育对家庭脱贫"作用很大"的贫困户占比为29.27%，认为"作用较大"的贫困户人数占比为54.47%，两者的合计占比为83.74%。由此可见，超过八成的贫困户认为孩子教育对家庭脱贫作用较大。

表18　　　　　贫困户对孩子教育在家庭脱贫中作用的看法

作用	占比（%）	样本数（个）
作用很大	29.27	36
作用较大	54.47	67
一般	12.20	15
作用较小	3.25	4
没有作用	0.81	1
合计	100	123

注：有效样本为123个、缺失值为0个。

2. 东部地区贫困户更加倾向于认为孩子教育在家庭脱贫中作用较大

分析不同地区贫困户对孩子教育在家庭脱贫中发挥作用的看法，如表19所示。东部地区贫困户认为孩子教育在家庭脱贫中"作用很大"和"作用较大"的人数占比分别为44.44%和44.45%，合计占比达88.89%。中部地区和西部地区认为孩子教育在家庭脱贫中"作用很大"和"作用较大"的人数合计占比分别为83.61%和83.12%。由此可见，东部地区贫困户更加倾向于认为孩子教育在家庭脱贫中作用较大。

表19　　　　　不同地区贫困户对孩子教育在家庭脱贫中作用的看法

地区分组	孩子教育在家庭脱贫中作用（%）					样本数（个）
	作用很大	作用较大	一般	作用较小	没有作用	
东部地区	44.44	44.45	11.11	0	0	9
中部地区	24.59	59.02	14.75	1.64	0	61
西部地区	32.08	50.94	9.43	5.66	1.89	53

注：有效样本为123个、缺失值为0个。

3. 对生活不太满意的贫困户更加倾向于认为孩子教育对家庭脱贫作用较大

考察不同生活满意度的贫困户对孩子教育在家庭脱贫中作用的看法，如表20所示。

对生活"不太满意"的贫困户认为孩子教育在家庭脱贫中"作用很大"和"作用较大"的人数占比分别为25%、70.83%,合计占比为95.83%,占比最高。由此可见,对生活不太满意的贫困户更加倾向于认为孩子教育对家庭脱贫作用较大。

表20　　　　不同生活满意程度贫困户对孩子教育在家庭脱贫中作用的看法

满意程度	孩子教育在家庭脱贫中作用(%)					样本数(个)
	作用很大	作用较大	一般	作用较小	没有作用	
非常满意	45.46	27.27	0	18.18	9.09	11
比较满意	21.43	64.28	14.29	0	0	42
一般	35.00	45.00	17.50	2.50	0	40
不太满意	25.00	70.83	4.17	0	0	24
很不满意	40.00	40.00	20.00	0	0	5

注:有效样本为122个、缺失值为1个。

4. 生活压力很小的贫困户更倾向于认为孩子教育对家庭脱贫作用较大

考察不同生活压力的贫困户对孩子教育在家庭脱贫中作用的看法,如表21所示。生活"压力很小"的贫困户认为孩子教育在家庭脱贫中"作用很大"和"作用较大"的人数占比分别为20%和73.33%,合计占比达93.33%。生活"压力很大""压力较大""一般"的贫困户部认为孩子教育在家庭脱贫中"作用很大"和"作用较大"的合计占比分别为89.29%、83.34%、73.08%。由此可见,生活压力很小的贫困户更倾向于认为孩子教育对家庭脱贫作用较大。

表21　　　　不同生活压力的贫困户对孩子教育在家庭脱贫中作用的看法

生活压力	孩子教育在家庭脱贫中作用(%)					样本数(个)
	作用很大	作用较大	一般	作用较小	没有作用	
压力很大	39.29	50	10.71	0	0	28
压力较大	29.64	53.70	14.81	1.85	0	54
一般	23.08	50	15.38	7.69	3.85	26
压力很小	20.00	73.33	0	6.67	0	15

注:有效样本为122个、缺失值为1个。

5. 超过三成贫困户认为基础教育扶贫政策在实际帮助中较大作用

分析贫困户对基础教育扶贫政策在脱贫中实际帮助作用的看法,如表22所示。在434个有效样本中,认为基础教育扶贫政策"作用很大""作用较大"的样本占比分别为8.06%、23.50%,所占比重合计为31.56%。由此可见,超过三成贫困户认为基础教育扶贫政策在脱贫中有作用。

表22 贫困户对基础教育扶贫政策在脱贫中实际帮助作用的看法

教育扶贫政策实际作用	占比（%）	样本数（个）
作用很大	8.06	35
作用较大	23.50	102
一般	47.01	204
作用较小	9.45	41
没有作用	11.98	52
合计	100	434

注：有效样本为434个，缺失值为2个。

6. 生活非常满意的贫困户更倾向于认为基础教育扶贫政策作用大

分析不同生活满意度贫困户对教育扶贫政策实际作用的看法可知,对生活表示"非常满意"的贫困户认为教育扶贫政策"作用很大""作用较大"的样本占比均19.23%,占比合计为38.46%；对生活表示"比较满意""一般""不太满意""非常不满意"的贫困户认为教育扶贫政策"作用很大""作用较大"的样本合计占比分别为35.29%、26.08%、31.34%、23.08%,其中对生活表示"非常满意"的贫困户占比最高,如表23所示。总体上来看,生活非常满意的贫困户更倾向于认为基础教育扶贫政策作用大。

表23 不同生活满意程度贫困户对基础教育扶贫政策实际作用的看法

满意程度	教育扶贫政策实际作用（%）					样本数（个）
	作用很大	作用较大	一般	作用较小	没有作用	
非常满意	19.23	19.23	26.92	0	34.62	26
比较满意	3.74	31.55	47.06	8.02	9.63	187

续表

满意程度	教育扶贫政策实际作用（%）					样本数（个）
	作用很大	作用较大	一般	作用较小	没有作用	
一般	10.14	15.94	48.56	14.49	10.87	138
不太满意	13.43	17.91	50.74	8.96	8.96	67
很不满意	0	23.08	53.84	0	23.08	13

注：有效样本为431个、缺失值为5个。

7. 生活压力很小的贫困户更倾向于认为基础教育扶贫政策实际作用较大

考察不同生活压力贫困户对基础教育扶贫政策实际作用的看法，如表24所示。在434个有效样本中，生活"压力很大"的贫困户认为基础教育扶贫政策实际"作用很大""作用较大"的样本占比分别为16.98%、22.64%，比重合计为39.62%；生活"压力较大""一般""压力很小""没有压力"的贫困户中认为"作用很大""作用较大"的合计样本占比分别为31.82%、26.11%、43.59%、22.22%。其中，生活"压力很小"的贫困户占比最高，超过四成。综上，生活压力很小的贫困户更倾向于认为基础教育扶贫政策实际作用较大。

表24　不同生活压力的贫困户对基础教育扶贫政策实际作用的看法

生活压力	教育扶贫政策实际作用（%）					样本数（个）
	作用很大	作用较大	一般	作用较小	没有作用	
压力很大	16.98	22.64	45.28	1.89	13.21	53
压力较大	9.09	22.73	47.15	10.23	10.80	176
一般	3.82	22.29	50.33	12.10	11.46	157
压力很小	10.26	33.33	33.33	5.13	17.95	39
没有压力	0	22.22	55.56	11.11	11.11	9

注：有效样本为434个、缺失值为2个。

8. 中部地区贫困户更倾向于认为教育扶贫政策有较大的实际作用

分析不同地区的贫困户对教育扶贫政策实际作用的看法，如表25所示。在434个有效样本中，东部地区贫困户认为教育扶贫政策实际"作用很大""作用较大"的样本合计占比为16.67%；中、西部认为"作用很大""作用较大"的合计占比分别为35.22%和29.76%。其中，中部地区的贫困户认为教育扶贫政策"作用很大""作用较大"的样本占比最高。由此可见，中部地区的贫困户更加倾向于认为教育扶贫政策具有较大的实际作用。

表25　不同地区贫困户对教育扶贫政策实际作用的看法

地区分组	作用很大	作用较大	一般	作用较小	没有作用	样本数（个）
东部地区	11.11	5.56	63.89	8.33	11.11	36
中部地区	6.09	29.13	43.04	9.13	12.61	230
西部地区	10.12	19.64	48.81	10.12	11.31	168

注：有效样本为434个、缺失值为2个。

9. 超过四成贫困户对基础教育扶贫工作表示比较满意

考察贫困户对基础教育扶贫工作的满意度，如表26所示。可知，在432个有效样本中，对基础教育扶贫工作表示"非常满意""比较满意"的样本占比分别为12.73%、32.41%，占比合计为45.14%。数据表明，超过四成贫困户对教育扶贫工作表示比较满意。

表26　贫困户对基础教育扶贫工作的满意程度

对教育扶贫工作的满意程度	占比（%）	样本数（个）
非常满意	12.73	55
比较满意	32.41	140
一般	50.47	218
不太满意	3.70	16
非常不满意	0.69	3
合计	100	432

注：有效样本为432个、缺失值为4个。

10. 没有生活压力的贫困户对基础教育扶贫工作更加满意

不同生活压力的贫困户对基础教育扶贫工作的满意度情况，如表27所示。可以看出，在432个有效样本中，"压力很大"的贫困户对基础教育扶贫工作表示"非常满意""比较满意"的样本占比分别为24.07%、27.78%，占比合计为51.85%；生活"压力较大""一般""压力较小""没有压力"的贫困户表示"非常满意""比较满意"的合计样本占比分别为42.86%、35.90%、76.32%、77.78%。其中没有生活压力的贫困户中对基础教育扶贫工作表示满意的样本占比最高。由此可知，没有生活压力的贫困户对基础教育扶贫工作更加满意。

表27　　　　　不同生活压力贫困户对基础教育扶贫工作的满意程度

生活压力	教育扶贫工作的满意程度（%）					样本数（个）
	非常满意	比较满意	一般	不太满意	很不满意	
压力很大	24.07	27.78	40.75	3.70	3.70	54
压力较大	10.86	32.00	54.85	2.29	0	175
一般	7.69	28.21	57.69	5.77	0.64	156
压力很小	26.32	50	21.05	2.63	0	38
没有压力	11.11	66.67	22.22	0	0	9

注：有效样本为432个、缺失值为4个。

11. 中部地区贫困户更加满意基础教育扶贫工作

如表28所示，对比分析不同地区贫困户对教育扶贫工作的满意度。在432个有效样本中，东部地区对教育扶贫政策表示"非常满意""比较满意"的样本占比分别为13.89%、8.33%，合计占比为22.22%；中部、西部地区表示"非常满意""比较满意"的样本合计占比分别为47.16%、47.31%。可以看出，中部地区贫困户对基础教育扶贫工作更加满意。

表28　　　　　不同地区贫困户对基础教育扶贫工作的满意程度

地区分组	教育扶贫工作的满意程度（%）					样本数（个）
	非常满意	比较满意	一般	不太满意	很不满意	
东部地区	13.89	8.33	69.45	8.33	0	36
中部地区	10.92	36.24	51.09	1.75	0	229
西部地区	14.97	32.34	45.50	5.39	1.80	167

注：有效样本为432个、缺失值为4个。

三、职业教育扶贫现状

（一）职业教育扶贫开展现状

1. 近三年不足一成贫困户接受过职业教育

考察贫困户近三年职业教育接受情况，如表29所示。在440个有效农户样本中，有24个表示近三年接受过职业教育，占比为5.50%，另有94.50%的农户表示近三年未接受过职业教育。由此可知，近三年不足一成贫困户接受过职业教育，职业教育普及率相对较低。

表29　　　　　　　　　　近三年职业教育接受情况

是否接受职业教育	占比（%）	样本数（个）
是	5.50	24
否	94.50	416
合计	100	440

注：有效样本为440个、缺失值为0个。

2. 高中文化水平的贫困户近三年接受职业教育的占比最高

分析不同文化程度贫困户近三年接受职业教育的情况，如表30所示。高中文化水平的贫困户表示在近三年接受了职业教育的人数占比最高，为11.76%；小学文化水平的贫困户次之，占比为5.71%；此外，在4个大专及以上文化水平的有效贫困户样本中，均表示在近三年未参加过职业教育，占比100%。综上所述，高中文化水平的贫困户近三年接受职业教育的占比最高。

表30　　　　　　　　不同教育水平贫困户近三年职业教育接受情况

文化程度	是否接受职业教育（%） 是	是否接受职业教育（%） 否	样本数（个）
文盲	3.12	96.88	64
小学	5.71	94.29	210
初中	5.17	94.83	116
高中	11.76	88.24	34
大专及以上	0	100	4

注：有效样本为428个、缺失值为12个。

3. 东部地区有更多的贫困户在近三年中接受过职业教育

不同地区贫困户在近三年接受职业教育的情况也存在不同。如表31所示。东部地区贫困户中表示在近三年接受过职业教育的贫困户占比超过一成，为11.11%，高于西部地区贫困户占比2.87个百分点，高于中部地区贫困户8.55个百分点。由此可知，在近三年中，贫困户接受职业教育情况存在明显的区域差异，东部地区贫困户接受过职业教育的人数占比最高。

表31　　　　　　　　不同地区贫困户近三年职业教育接受情况

地区分组	是否接受职业教育（%） 是	是否接受职业教育（%） 否	样本数（个）
东部地区	11.11	88.89	36
中部地区	2.56	97.44	234
西部地区	8.24	91.76	170

注：有效样本为440个、缺失值为0个。

4. 逾六成接受职业教育的贫困户享受了教育扶贫优惠政策

考察贫困户在职业教育中接受教育扶贫政策的情况，如表32所示。65.50%接受职业教育的贫困户享受了教育扶贫政策，占比超六成；另有三成以上接受职业教育的贫困户表示未享受教育扶贫优惠政策。由此可知，教育扶贫政策已覆盖过半接受职业教育的贫困户，但其普及率仍待进一步提高。

表 32　　　　　　　　职业教育中教育扶贫政策受惠情况

是否接受	占比（%）	样本数（个）
是	65.50	15
否	33.30	8
不清楚	4.20	1
合计	100	24

注：有效样本为24个、缺失值为0个。

5. 学费减免与贫困奖助学金是接受职业教育贫困户享受的主要教育资助

分析贫困户在职业教育中接受教育资助的类别，如表33所示。学费减免所占的比重最高，为34.62%；其次为贫困奖助学金，占比30.76%；生活费减免及资助所占的比例也达到23.08%。由此可知，学费减免与贫困奖助学金是接受职业教育贫困户享受的主要教育资助项目，教育资助类别可适当多元化设置，以更好地满足贫困户需求。

表 33　　　　　　　　　职业教育中教育资助类别分布

教育资助类型	占比（%）	样本数（个）
学费减免	34.62	9
生活费减免及资助	23.08	6
贫困奖助学金	30.76	8
升学优惠政策	0	0
高校等社会组织结对帮扶学生	11.54	3
其他	0	0
合计	100	26

注：有效样本，26个、缺失值为0个。

（二）职业教育扶贫评价

分析职业教育扶贫政策对贫困户的实际作用，由表34可知，认为职业教育扶贫政策"作用很大"或者"作用较大"的贫困户人数占比分别为31.25%和56.25%，合计占比为87.50%。认为职业教育扶贫政策"一般""作用较小""没有作用"的合计占比仅为12.50%。由此可知,近九成的贫困户认为职业教育在精准脱贫中的实际作用较大。

表34　　　　　　　　　职业教育扶贫政策实际作用情况

作用大小	占比(%)	样本数(个)
作用很大	31.25	5
作用较大	56.25	9
一般	12.50	2
作用较小	0	0
没有作用	0	0
合计	100	16

注:有效样本为16个、缺失值为8个。

四、农民技能教育扶贫现状

(一)技能培训需求

1. 超七成农户没有参加过农业技能培训

分析农户参加农业培训的整体情况,如表35所示。72.84%的农户没有参加过农业培训;而参加过农业培训的农户占比仅为22.68%,不足三成。由此可知,大部分的农户没有参加过农业技能培训。

表35　　　　　　　　　　参加过农业培训情况

是否参加	占比(%)	样本数(个)
是	22.68	537
否	72.84	1725
不清楚	4.48	106
合计	100	2368

注:有效样本为2368个、缺失值为1069个。

2. 自学是贫困户获得种植技术的主要途径

通过分析贫困户获取种植技术途径发现，如表36所示。68.86%从事农业生产的贫困户过自学获得种植技术，占比最大；其次是向村庄技术能手学习，占比20.82%。通过政府组织培训、农业合作社或农业企业培训获得种植技术的贫困户仅占8.14%、1.06%。可知，自学是贫困户获得种植技术的主要途径，而政府组织农民培训和农业合作社或农业企业对农民进行培训有待加强。

表36　　　　　　　　　种植技术获取途径

获取途径	占比（%）	样本数（个）
自学	68.86	2200
向村庄技术能手学习	20.82	665
政府组织培训	8.14	260
自费专业技术培训	0.56	18
农业合作社或农业企业培训	1.06	34
其他	0.56	18
合计	100	3195

注：有效样本为3195个、缺失值为0个。

3. 参加农业实用技能培训的贫困户占比最高

分析贫困户参加农业培训类别的情况，如表37所示。在参加过农业培训的贫困户里，66.57%的人参加了农业实用技能培训，占比最高；其次是参加生产理论知识培训，占比17.75%；参加了经营管理培训的贫困户仅占14.98%。由此可知，贫困户更愿意参加农业实用技能培训，而参与经营管理和生产理论知识培训较少。

表37　　　　　　　　　参加农业培训类别

农业培训类别	占比（%）	样本数（个）
农业实用技能	66.57	480
经营管理	14.98	108
生产理论知识	17.75	128

续表

农业培训类别	占比（%）	样本数（个）
其他	0.70	5
合计	100	721

注：有效样本为721个、缺失值为0个。

4. 缺乏技术和资金是贫困户在农业生产中面临的重要问题

分析贫困户在农业生产中面临的困难情况，如表38所示。缺乏资金的贫困户所占比重最高，为32.92%；缺乏技术的贫困户则次之，占23.09%，两者占比合计超过一半。另外，缺乏销售渠道的贫困户仅占8.00%。由此可知，贫困户在农业生产中面临的最大两个问题是缺乏技术和资金。

表38　　　　　　　　　贫困户在农业生产中面临的困难情况

困难类型	占比（%）	样本数（个）
缺乏技术	23.09	759
缺乏资金	32.92	1082
缺乏土地或场地	14.15	465
市场信息不畅通	11.13	366
缺乏销售渠道	8.00	263
其他	10.71	352
合计	100	3287

注：有效样本为3287个、缺失值为0个。

（二）技能培训扶贫开展现状

1. 近八成贫困户表示未参与过技能培训教育

考察贫困户参与技能培训教育情况，如表39所示。在441个贫困户样本中，95个表示参与过技能培训教育，占比为21.54%；346个表示没有参与过技能培训教育，占比为78.46%，比前者高出56.92个百分点。可以看出，近八成贫困户没有参与过技能培训教育。

表39　　　　　　　　　　贫困户参与技能培训教育情况

是否参加过技能培训教育	占比（%）	样本数（个）
是	21.54	95
否	78.46	346
合计	100	441

注：有效样本为441个、缺失值为13个。

2. 东部地区参加过技能培训教育的贫困户占比最低

考察不同地区贫困户参加技能培训教育的情况，如表40所示。在441个有效样本中，西部地区贫困户表示参加过技能培训教育的农户占比最高，为32.56%；东部地区占比最低，仅为13.89%，比西部地区低出18.67个百分比；中部地区居中，占比为14.59%。由此可见，东部地区参加过技能教育培训的贫困户占比最低。

表40　　　　　　　　不同地域贫困户参与技能培训教育的情况

地区分组	是否参加过技能培训教育（%）		样本数（个）
	是	否	
东部地区	13.89	86.11	36
中部地区	14.59	85.41	233
西部地区	32.56	67.44	172

注：有效样本为441个、缺失值为13个。

3. 高中文化水平的贫困户参加过技能教育培训的人数最多

对比分析不同文化水平贫困户参与技能培训教育的情况，如表41所示。在429个贫困户样本中，文化水平为高中的贫困户参加过技能培训的样本占比最高，为32.35%；17.19%文化水平为文盲的贫困户参加过技能培训教育，前者比后者高出15.16个百分点。为综上可知，高中文化水平的贫困户参加过技能教育培训的人数最多。

表41　　　　　　　　不同文化水平贫困户参与技能培训教育的情况

文化水平	是否参加过技能培训教育（%）		样本数（个）
	是	否	
文盲	17.19	82.81	64
小学	23.81	76.19	210
初中	17.95	82.05	117
高中	32.35	67.65	34
大专及以上	25.00	75.00	4

注：有效样本为429个、缺失值为25个。

4. 贫困户参加农业生产实用技能培训的占比最高

分析贫困户参与各类技能培训教育的情况，如表42所示。55.46%的贫困户参加过农业生产实用技能培训，占比最高；其次是参加劳动力转移就业培训贫困户占比，为24.37%；而参加经营管理培训的贫困户样本占比最低，仅为1.68%。可知，贫困户参加农业生产实用技能培训的占比最高。

表42　　　　　　　　贫困户在各类技能培训教育中的参与情况

参加的技能培训教育类型	占比（%）	样本数（个）
劳动力转移就业技能	24.37	29
农业生产实用技能	55.46	66
经营管理	1.68	2
文化知识综合培训	10.08	12
其他	8.41	10
合计	100	119

注：有效样本为119个、缺失值为0个。

5. 中部地区贫困户参加过农业生产实用技能培训的占比最高

考察不同地区贫困户在各类技能培训教育的参与情况，如表43所示。在94个贫困户样本中，中部地区参与过"农业生产实用技能培训"的贫困户占比最高，为65.00%；其次是东部地区，占比为60.00%；50.10%的西部贫困户参与过"农业生产实用技能"，占比最低。可知，中部地区贫困户参加过农业生产实用技能培训的占比最高。

表43　　　　　不同地区贫困户参与不同技能培训教育类型的情况

地区分组	劳动力转移就业技能	农业生产实用技能	经营管理	文化知识综合培训	其他	样本数（个）
东部地区	0	60.00	20.00	20.00	0	5
中部地区	22.50	65.00	2.50	5.00	5.00	34
西部地区	27.03	50.10	0	12.06	10.81	55

注：有效样本为94个、缺失值为25个。

6. 有生活压力的贫困户参加农业生产实用技能培训的占比更高

从生活压力对贫困户参加技能培训教育类型的影响来看，如表44所示。在94个贫困户样本中，"压力很大""压力较大""一般""压力很小"的贫困户中选择"参加农业生产实用技能培训"的在各类技能培训教育中的占比最高，分别为50.00%、61.70%、54.55%、60.00%；"没有压力"的贫困户中有66.67%参加其他技能培训教育，在各类培训中占比最高。由此可见，有生活压力的贫困户参加农业生产实用技能培训的占比更高。

表44　　　　　不同生活压力贫困户参与技能培训教育类型的情况

生活压力	劳动力转移就业技能	农业生产实用技能	经营管理	文化知识综合培训	其他	样本数（个）
压力很大	25.00	50.00	0	15.00	10.00	20
压力较大	21.28	61.70	2.13	8.51	6.38	47
一般	29.55	54.55	2.27	9.08	4.55	44
压力很小	20.00	60.00	0	0	20.00	5
没有压力	0	0	0	33.33	66.67	3

注：有效样本为119个、缺失值为0个。

7. 超过六成贫困户在村内参与技能培训教育

考察贫困户参与技能培训教育的途径，如表45所示。62.86%的农户在"村内"参与技能培训教育，占比最高；其次是在"政府培训中心"参加技能培训教育，占比为

28.57%；在"技校等专业学校"参与技能培训的农户占比最低，仅为1.90%。可知，超过六成贫困户在村内参与技能培训教育，技能培训的供给主体相对比较单一。

表45　　　　　　　　　　贫困户参与技能培训教育的途径

参与技能培训教育的途径	占比（%）	样本数（个）
职业高中	0.96	1
政府培训中心	28.57	30
村内	62.86	66
技校等专业学校	1.90	2
其他	5.71	6
合计	100	105

注：有效样本为105个、缺失值为14个。

8. 东部地区贫困户在政府培训中心参与技能培训教育的概率较大

不同地区贫困户参与技能培训教育的途径存在差异，如表46所示。在93个贫困户样本中，东部地区表示在"政府培训中心"参与技能培训教育的农户占比最高，为66.67%；中、西部地区则是在"村内"参与技能培训的农户占比最高，分比为75.68%、59.68%。可知，东部地区贫困户在"政府培训中心"参与技能培训教育的概率较大。

表46　　　　　　　　不同地区贫困户参与技能培训教育途径的情况

地区分组	参与技能培训教育的途径（%）					样本数（个）
	职业高中	政府培训中心	村内	技校等专业学校	其他	
东部地区	0	66.67	16.67	16.66	0	6
中部地区	0	18.92	75.68	2.70	2.70	37
西部地区	1.61	30.65	59.68	0	8.06	62

注：有效样本为105个、缺失值为14个。

9. 超过九成接受技能培训教育的贫困户未被推荐工作

考察贫困户接受技能培训后被推荐工作的情况，如表47所示。在95个有效样本中，接受技能培训教育后被推荐工作的农户样本数为8个，占比仅为8.42%；接受技能培训教育后未被推荐工作的农户样本数为87个，占比为91.58%，超过九成。可以看出，当前的教育扶贫帮扶链仍不完善，超过九成接受技能培训教育的贫困户未被推荐工作。

表47　　　　　　　贫困户接受技能培训教育后被推荐工作的情况

接受技能培训教育后是否被推荐工作	占比（%）	样本数（个）
是	8.42	8
否	91.58	87
合计	100	95

注：有效样本为95个、缺失值为0个。

10. 西部地区贫困户接受技能培训后被推荐工作的情况最差

通过对比不同地区贫困户接受技能培训教育被推荐工作的情况，如表48所示。可知，在95个贫困户样本中，东部地区接受技能培训教育后被推荐了工作的农户占比最高，为20.00%；西部地区被推荐工作的农户占比最低，仅为5.36%，比东部地区低出14.64个百分比。综上可知，西部地区贫困户接受技能培训后被推荐工作的情况最差，不足一成。

表48　　　　　　　不同地区贫困户接受技能培训后被推荐工作的情况

地区分组	接受技能培训教育后是否被推荐工作（%）		样本数（个）
	是	否	
东部地区	20.00	80.00	5
中部地区	11.76	88.24	34
西部地区	5.36	94.64	56

注：有效样本为95个、缺失值为0个。

（三）技能培训扶贫评价

1. 逾六成贫困户对当地组织的技能培训教育表示满意

考察贫困户对当地组织的技能培训教育的满意度，如表49所示。在95个贫困户样本中，对当地组织的技能培训教育表示"非常满意""比较满意"的农户占比分别为15.79%、47.40%，合计占比为63.19%。表示"不太满意"的样本占比为4.21%，不足一成。数据表明，逾六成贫困户对当地组织的技能培训教育表示满意。

表49　　　　　　　　贫困户对当地组织的技能培训教育的满意度

对当地组织的技能培训教育的满意度	占比（%）	样本数（个）
非常满意	15.79	15
比较满意	47.4	45
一般	32.6	31
不太满意	4.21	4
非常不满意	0	0
合计	100	95

注：有效样本为95个、缺失值为0个。

2. 东部地区贫困户对当地组织的技能培训教育满意度最高

如表50所示，对比不同地区贫困户对当地组织的技能培训教育的满意度可知，在95个贫困户样本中，东部地区对当地组织的技能培训教育表示"非常满意""比较满意"的样本占比均为40.00%，合计占比80%；中部地区表示"非常满意""比较满意"的样本占比分别为17.65%、50.00%，合计占比67.65%；西部地区表示"非常满意""比较满意"的样本占比分别为12.50%、46.43%，合计占比58.93%。其中东部地区对当地组织的技能培训教育表示满意的农户占比最高，西部最低。综上，东部地区贫困户对当地组织的技能培训教育满意度最高。

表50　　　　　　　不同地区贫困户对当地组织的技能培训教育的满意度

地区分组	对当地组织的技能培训教育的满意度（%）				样本数（个）
	非常满意	比较满意	一般	不太满意	
东部地区	40.00	40.00	20.00	0	5
中部地区	17.65	50.00	26.47	5.88	34
西部地区	12.50	46.43	37.50	3.57	56

注：有效样本为95个、缺失值为0个。

3. 生活压力很小的贫困户对当地组织的技能培训教育满意度最高

考察不同生活压力的建档立卡贫困户对当地组织的技能培训教育的满意度，如表51所示。在95个有效样本中，"压力很大"的贫困户中对当地组织的技能培训教育表示"非常满意""比较满意"的样本占比分别为18.75%、31.25%，占比合计为50%；"压力较大""一般""压力很小""没有压力"的贫困户中表示"非常满意""很满意"的样本占比分别为53.84%、75.00%、100.00%、66.67%。其中"压力很小"的贫困户对当地组织的技能培训教育表示满意的样本占比最高。综上所述，生活压力很小的贫困户对当地组织的技能培训教育满意度最高。

表51　　　　不同生活压力贫困户对组织的技能培训教育的满意度

生活压力	非常满意	比较满意	一般	不太满意	样本数（个）
压力很大	18.75	31.25	37.50	12.50	16
压力较大	7.69	46.15	43.59	2.56	39
一般	18.75	56.25	25.00	0	32
压力很小	60.00	40.00	0	0	5
没有压力	0	66.67	0	33.33	3

注：有效样本为95个、缺失值为0个。

4. 超过三成贫困户更需要农业实用技术方面的技能培训

了解贫困户对技能培训教育的需求情况，如表52所示。在93个贫困户样本中，选择"农业实用技术"农户样本占比最多，为33.33%；其次是选择"职业技能培训"的农户样本占比，为22.22%；选择"文化娱乐"的农户样本占比最少，为2.47%。可知，超过三成贫困户更需要农业实用技术方面的技能培训。

表52　　　　贫困户对技能培训教育的需求情况

所需技能培训教育类型	占比（%）	样本数（个）
农业实用技术	33.33	54
农产品市场信息	18.52	30

续表

所需技能培训教育类型	占比（%）	样本数（个）
职业技能培训	22.22	36
医疗卫生知识	11.11	18
文化娱乐	2.47	4
农经管理	3.09	5
法律法规	6.79	11
其他	2.47	4
合计	100	162

注：有效样本为162个、缺失值为0个。

5. 东部地区贫困户对农业实用技术方面的培训需求最高

分析不同地区贫困户对技能培训教育的需求，如表53所示。在93个贫困户样本中，东、中、西部地区选择农业实用技术的样本占比分别为44.44%、31.58%、33.33%。其中东部地区占比最高，中部地区占比最低，两者相差12.86个百分点。可知，东部地区贫困户对农业实用技术方面的培训需求最高。

表53　　　　　　　不同地区贫困户对技能培训教育的需求情况

地区分组	农业实用技术	农产品市场信息	职业技能培训	医疗卫生知识	文化娱乐	农经管理	法律法规	其他	样本数（个）
东部地区	44.44	22.22	1.11	11.11	0	0	11.11	0	9
中部地区	31.58	26.32	22.81	14.04	1.75	1.75	0	1.75	57
西部地区	33.33	13.54	22.92	9.38	3.13	4.17	10.43	3.13	96

注：有效样本为162个、缺失值为0个。

6. 30岁以下贫困户更需要职业技能培训

如表54所示，考察不同年龄贫困户对技能培训教育的需求情况可知，"30岁以下"贫困户在各类技能培训教育中选择"职业技能培训"的样本占比最高，为40.00%；"30～39岁""40～49岁""50～59岁""60岁及以上"的贫困户在各类技能培训教育选择"农业实用技术"的样本占比最高。对比发现，30岁以下贫困户更需要职业技能培训。

表54　　　　　　　不同年龄贫困户对技能培训教育的需求情况

年龄分组	农业实用技术	农产品市场信息	职业技能培训	医疗卫生知识	文化娱乐	农经管理	法律法规	其他	样本数（个）
30岁以下	20.00	20.00	40.00	20.00	0	0	0	0	5
30~39岁	27.78	22.22	27.77	5.56	0	11.11	5.56	0	18
40~49岁	38.60	12.28	19.30	14.04	1.75	3.51	10.53	0	57
50~59岁	31.43	17.14	25.71	11.43	5.71	2.86	0	5.71	35
60岁以上	31.91	25.53	19.15	8.51	2.13	0	8.51	4.26	47

注：有效样本为162个、缺失值为0个。

7. 超过四成贫困户建议结合农民自身意愿和需求进行培训

了解贫困户对改善技能培训教育的建议，如表55所示。在91个有效样本中，建议"结合农民自身意愿和需求"的贫困户占比最高，为43.24%；其次是建议"对贫困户进行分类培训"，占比为28.38%；再者是建议"加强实用性知识讲解"，占比为21.62%。可以看出，超过四成贫困户建议结合农民自身意愿和需求进行培训。

表55　　　　　　　贫困户对改善技能培训教育的建议

培训教育改进路径	占比（%）	样本数（个）
对贫困户进行分类培训	28.38	42
结合农民自身意愿和需求	43.24	64
加强实用性知识讲解	21.62	32
加强课堂交流互通	2.03	3
丰富培训主体	2.03	3
其他	2.70	4
合计	100	148

注：有效样本为148个、缺失值为4个。

五、精准施策：解农村教育扶贫"力弱"症结

（一）治贫先治愚，让贫困户"富脑袋"

1. 多元参与，优化宣传队伍

（1）整合扶贫力量，为宣传"蓄力"。一是壮大干部宣传队伍，可以抽调县宣传干事，组织镇村干部、包保干部、第一书记等扶贫干部组成宣传团队。二是政策培训学习。教育扶贫政策涉及学前教育、义务教育、普通高中、中职教育、普通高校等多层级、多领域，需要对宣传干部集中培训，学习教育扶贫政策。三是集体入户走访。宣传团队以集体入户走访的形式，面对面、一对一宣讲解读教育扶贫政策，并为贫困户现场答疑解惑。在宣传政策时，了解群众需求，集中分类，对组织扶贫问题大致相同的群众进行个别宣讲，将群众扶贫问题实现集中化和个别化处理。

（2）引入社会力量，为宣传"助力"。首先，发挥教师教书育人、扶智治愚作用，组织教师以家访的形式入户宣传政策；其次，鼓励享受过教育扶贫政策的高中生、大学生在假期开展教育扶贫政策宣传实践，以自身享受政策经历向贫困户宣传教育扶贫政策；最后，引导企业、慈善组织在村内设立宣传点和服务点，宣传教育奖助学政策，并现场提供助学服务。

2. 舆论造势，营造宣传氛围

（1）巧用宣传点，让标语"说话"。为营造在各村重要的公共场所、道路和人流集中地带张贴教育扶贫宣传标语、悬挂横幅，还可以通过在村部公开栏内制作"教育扶贫政策栏"或者设立"教育扶贫政策学习小屋"等方式营造氛围，提高群众对教育扶贫政策的知晓度和重视度。

（2）活用新媒介，让广播"发声"。一方面，发挥新媒体的传播优势，与县电视台合作，开辟教育扶贫政策新闻板块还可以围绕"教育扶贫"工作内容录制播出专题节目，形成立体攻坚的宣传声势，充分发挥出主流媒介的宣传作用。另一方面，根据各村情况不同"因村施策"，把各项教育扶贫政策信息汇总整合，制成录音资料，利用广播

早晚向全村宣传,把扶贫政策信息传至村民的耳朵。

(3)妙用新平台,让信息"发言"。新媒体平台集信息发布、对外宣传、网络问政、便民服务于一体,可以利用新媒体平台进行线上政策宣传。通过建立教育扶贫微信公众号、微信群、QQ群,及时推送精准扶贫政策宣传内容,促成包保干部与贫困户线上沟通。

3. 示范引领,开展宣传活动

(1)以"文化下乡"送政策下村。一方面,组织教育扶贫专题的文艺汇演活动下村入户,编创一批反映教育扶贫政策的小品小戏、说唱段子,组织开展村内巡展巡演,把鲜活的扶贫政策演绎出来;另一方面,组织群众集中观看教育扶贫专项政策宣传视频,以群众喜闻乐见的方式宣传教育扶贫政策。

(2)以"活动宣讲"送政策入户。教育部门可以组织贫困户参加"教育扶贫"专题座谈会、宣讲会、政策培训会。在宣传活动会议上,要将书面的国家扶贫政策转化为通俗易懂的内容呈献给普通的基层群众。

(3)以"先进个人"送政策入心。组织开展教育脱贫先进个人评选活动,挖掘教育脱贫工作中涌现的先进个人、家庭故事,并通过媒体报道、大会表彰、颁发证书的方式宣传,同时给予一定的奖励,让教育脱贫故事走进千家万户,教育引导贫困户积极参与教育扶贫政策。

(二)把脉需精准,让政策"对胃口"

1. 甄别需求,精准识别

利用互联网和信息技术,建立动态化的致贫原因以及脱贫需求分析机制。

(1)推进管理系统化。建立教育扶贫数据库管理软件系统,对所有贫困户实行动态管理。借助全国学籍系统,分学段、分类别、分部门与部门数据库进行数据匹配。

(2)实现识别信息化。建立贫困户信息数据库,纳入教育扶贫数据库管理软件系统进行管理。政府层面可采用建档立卡的方式,对贫困人口的受教育程度、受教育能力和教育意愿进行有效摸底。同时,贫困人口也可主动申报,经评议核实,确认无误后将其纳入教育精准扶贫的目标对象群体。

(3)促成走访常态化。乡镇及村组织工作队需要实现走访常态化,通过走访核实其贫困情况及需求情况，做到甄别精准，既能减少因信息筛查的遗漏而造成"应扶而未扶"情况的发生，也可为调动贫困人口的脱贫积极性开辟一条新通道。

2. 准确分类，按需施策

（1）科学分类，突出针对性。利用教育扶贫数据库管理软件系统和贫困户信息数据库，按照不同需求情况，对贫困户进行分类，例如，教育扶贫需求可分为基础教育需求类、职业教育需求类、农民技能教育需求类等三大类。

（2）按需施策，强化有效性。一方面，基础教育需求类和职业教育需求类主要是针对贫困家庭的在校学生，减免学费、发放助学金等是重要手段；另一方面，农民技能教育需求类则需要根据对象需求进行分类培训，由县或乡镇针对特定技能需求的农民进行培训，可制定一套完整的分类培训计划，扭转以往政府举办什么培训、贫困户就参与什么培训的盲目扶贫状态。

（3）横向结合，保障系统性。全面性扶贫是一项综合性系统性工程，教育扶贫应和产业扶贫、就业扶贫等相互结合。一方面，各地应制定脱贫规划表，特别是根据产业发展需求，开设针对性强、实用的培训项目，为贫困户送技术和知识，帮助他们更好地参与到产业发展中；另一方面，面向农民朋友的职业教育"培训包"，采取"群众点菜、专家主厨"的方式，组织"科技小分队"，深入田头地间，使农民朋友一看就懂、一学就会、一干就有效益。

3. 监测跟踪，适时调整

（1）包片到人，助推政策跟踪精准。建立监测跟踪管理责任制，监测跟踪责任由县到乡镇，再到村到人，划定包保片区，采取定员跟踪、包干负责的工作机制，及时了解贫困户的情况。

（2）动态管理，促进扶贫目标精准。建立监测跟踪管理台账。县级部门定期重新搜集贫困户需求信息，乡镇部门及时督导村级干部对贫困户进行入户走访，考察教育扶贫过程中的动态以及需求变化。每次的动态及需求变化及时更新至贫困户信息数据库，根据跟踪反馈情况，进行取消或调整教育扶贫措施。

（3）全程服务，确保扶贫成效精准。一方面，利用大数据平台，对贫困家庭学生从幼儿园到上大学全程跟踪管理，实行资助政策、操作程序与贫困学生的"精准对接"。另一方面，对扶贫成效进行反馈调查，确保贫困学生在扶贫政策上"应享尽享"。

(三) 配方制全套，让帮扶"见真章"

1. 构建教育资助体系，实现教育扶贫政策全覆盖

（1）筑实扶贫资金"蓄水池"。建立多元化的教育扶贫资金融资渠道，政府在加大资金政策扶持的基础上，引导企业、慈善组织等社会组织致力于教育扶贫工作，汇集社会资金保障基层教育扶贫政策"有钱可为"。

（2）筑牢扶贫资金"高压线"。一方面，构建资金专款专用制度，保证专款专用，杜绝挪用教育扶贫专项资金的行为，保障教育扶贫政策到户到人。另一方面，严格教育扶贫资金审计过程。对教育部门审核确认的低收入农户子女的相关信息资料进一步分析比对，重点关注是否存在资金审核把关不严、资金拨付不到位、非建档立卡户等违规情况，同时根据数据分析结果，筛选查找疑点，并进行跟踪调查，确保教育扶贫资金规范、高效利用。

2. 创新教育扶贫形式，推进教育扶贫信息化

（1）县级建立服务平台。在农村教育扶贫中，县级可以构建教育网上服务平台，实现贫困户和政府扶贫部门、社会扶贫力量横向联通。并依托平台汇聚覆盖学前教育、义务教育、高中教育和中职教育的优质微课等数字教育资源，让经济薄弱镇村中小学师生共享优质数字教育资源。

（2）镇级建设培训中心。乡镇级政府可以建立镇级培训中心，利用多媒体播放教育专家讲座，对贫困户进行集中同步培训。

（3）村级推广扶贫客户端。村委会也可以教会有条件的贫困户使用扶贫手机端App，同时利用网络教育平台对贫困户进行家庭视频教育。

3. 完善教育帮扶链条，推动教育政策帮扶到位

（1）可以建立政府扶贫部门牵头、职教中心负责、社会力量协同的就业培训机制，采取"村企合作、工学结合、定岗实习"培训模式，围绕务工技能、作物种植、牲畜养殖等脱贫技术，大力开展定向、定岗、订单式转移就业培训和实用技术培训。

（2）与本区域有招工需求的企业、农业公司及专业合作社进行沟通和对接，推荐贫困户就业，为受培训贫困户提供职业咨询、就业指导和举办招聘会等多种形式的就业服务，保障贫困户就业脱贫。

参考文献

[1] 中共中央、国务院. 中共中央 国务院关于实施乡村振兴战略的意见（2018－2022）［EB/OL］. http：//www. gov. cn/zhengce/2018－09/26/content_5325534. htm？trs＝1，2018－09－26.

[2] 朱之文. 扎实推进教育脱贫着力阻断贫困代际传递［EB/OL］. http：//theory. people. com. cn/n1/2016/0901/c40531－28682134. html，2016－09－01.

[3] 史志乐. 教育扶贫与社会分层：兼论阻断贫困代际传递的可能性［J］. 教育理论与实践，2019（4）：16－19.

[4] 谢治菊. 大数据驱动下的教育精准扶贫［J］. 湖南师范大学教育科学学报，2018（1）：43－52.

[5] 陆颖. 职业教育精准扶贫：作用机理、实践效果与问题反思［J］. 中国职业技术教育，2019（1）：40－44.

教育扶贫：进展如何、成效怎样？
——基于全国 31 个省份 240 个村庄 454 个建档立卡贫困户的调查

湖南文理学院"湖南农村基层治理研究中心"
教育部人文社会科学重点研究基地——华中师范大学中国农村研究院调查咨询中心

摘　要： 中共十九大报告指出："要注重扶贫同扶志、扶智相结合"。"智"和"志"是内因，只有真正激发贫困人口脱贫的内因，形成脱贫致富的可持续发展能力，才能阻断贫困的代际传递。近年来，教育扶贫取得重大突破，但从根本上脱贫还需精益求精。调查显示，当前教育扶贫政策整体推进力度大、内容覆盖广、受众评价高，但仍然存在发挥实效薄弱、供给主体单一、考核权重不足等问题。因此，需要多元供给，答"谁来扶"之题；资源聚力，解"如何扶"之难；考评助力，排"高效扶"之忧，才能从本质上实现脱贫。

关键词： 教育扶贫；多元供给；资源聚力

习近平总书记指出："教育是阻断贫困代际传递的治本之策"，因此要以教育扶贫为突破口，提高贫困地区村民的综合素质，激发和培育贫困地区村民的内生发展动力，从而实现真正脱贫。近几年教育扶贫政策在全国各地广泛开展，但是当前贫困地区村庄的教育扶贫现状如何，贫困地区村民对教育扶贫政策的评价如何，这些问题都值得研究。为此，湖南文理学院经济与管理学院于 2018 年 7 月依托华中师范大学政治科学高等研究院/中国农村研究院"百村观察"调研平台，对全国 31 个省区市 240 个村庄 3437 个农户（不含港澳台地区）进行了走访调查，并就其中 454 个建档立卡贫困户进行了有关教育扶贫的专项调查。结果显示：当前教育扶贫政策整体推进力度大、内容覆盖广、受众评价高，但仍然存在发挥实效薄弱、供给主体单一、考核权重不足等问题。因此，需要多元供给，答"谁来扶"之题；资源聚力，解"如何扶"之难；考评助力，排"高效扶"之忧,才能从本质上实现脱贫。从而,补齐教育扶贫的短板,为实现乡村振兴注入活力。

一、村庄视角下教育扶贫现状评估

(一) 基础教育扶贫发展情况

1. 基础教育基本情况

(1) 超五成的村庄没有幼儿园。具体考察村庄幼儿园拥有的状况,如表1所示。在187个有效样本中,103个村庄表示本村没有幼儿园,占比最高为55.08%;其次65个村庄表示本村有1所幼儿园,占比为34.76%。与此同时19个村庄表示拥有2所及以上的幼儿园,占比为10.16%。由此可以得出,五成以上的村庄没有幼儿园。

表1　　　　　　　　　　村庄幼儿园存在情况

幼儿园数量	占比(%)	样本数(个)
没有	55.08	103
1所	34.76	65
2所及以上	10.16	19
合计	100	187

注:有效样本为187个、缺失值为0个。

(2) 收入越高的村庄,幼儿园存在的占比越高。进一步考察不同收入水平村庄幼儿园存在的情况,如表2所示。在158个有效样本中,低收入、中低收入、中等收入、中高收入以及高收入村庄没有幼儿园的占比为65.79%、48.57%、62.07%、53.12%以及41.66%,整体上呈递减趋势。可见,收入越高的村庄,幼儿园存在的占比越高。

表2　　　　　　　　　不同收入水平村庄幼儿园存在情况

收入水平分组	幼儿园数量（%） 没有	幼儿园数量（%） 1所	幼儿园数量（%） 2所及以上	样本数（个）
低收入	65.79	23.68	10.53	38
中低收入	48.57	34.29	17.14	35
中等收入	62.07	31.03	6.90	29
中高收入	53.12	34.38	12.50	32
高收入	41.66	54.17	4.17	24

注：有效样本为158个、缺失值为29个。

（3）东部地区村庄没有幼儿园的占比最低。考察不同地区村庄幼儿园存在的情况，如表3所示。在187个有效样本中，东部地区村庄没有幼儿园的比重最低，占比为45.65%；其次是中部地区，占比为56.32%，高于东部地区10.67个百分点；西部地区村庄没有幼儿园的比重最高，为61.11%，高于东部地区15.46个百分点。综上所述，东部地区村庄没有幼儿园的占比最低。

表3　　　　　　　　　不同地区村庄幼儿园存在情况

地区分组	幼儿园数量（%） 没有	幼儿园数量（%） 1所	幼儿园数量（%） 2所及以上	样本数（个）
东部地区	45.65	36.96	17.39	46
中部地区	56.32	34.48	9.20	87
西部地区	61.11	33.33	5.56	54

注：有效样本为187个、缺失值为0个。

（4）四成以上的村庄没有小学。考察村庄小学存在的情况，如表4所示。在187个有效样本中，90个村庄表示本村没有小学，占比最高为48.13%；89个村庄表示本村有1所小学，占比为47.59%。与此同时8个村庄表示拥有2所及以上的小学，占比为4.28%。由此可以得出，四成以上的村庄没有小学。

表4　　　　　　　　　　　村庄小学存在情况

小学数量	占比（%）	样本数（个）
没有	48.13	90
1所	47.59	89
2所及以上	4.28	8
合计	100	187

注：有效样本为187个、缺失值为0个。

（5）收入越高的村庄，小学存在的占比越高。进一步考察不同收入水平村庄小学存在的情况，如表5所示。在158个受访村庄中，低收入、中低收入、中等收入、中高收入以及高收入村庄没有小学的占比为55.26%、54.29%、51.72%、40.63%以及37.50%，整体上呈递减趋势。通过分析可见，收入越高的村庄，小学存在的占比越高。

表5　　　　　　　　　不同收入水平村庄小学数量情况

收入水平分组	小学数量（%） 没有	1所	2所及以上	样本数（个）
低收入	55.26	44.74	0	38
中低收入	54.29	37.14	8.57	35
中等收入	51.72	41.38	6.90	29
中高收入	40.63	50.00	9.37	32
高收入	37.50	62.50	0	24

注：有效样本为158个、缺失值为29个。

（6）东部地区村庄没有小学的占比较高。具体分析不同地区村庄小学数量的情况，如表6所示。东部地区村庄没有小学的占比最高，为56.52%；其次是西部地区村庄，占比为46.30%，低于前者10.22个百分点。中部地区没有小学的占比最低，为44.83%，低于东部地区11.69个百分点。可知，东部地区村庄没有小学的占比较高。

表6　　　　　　　　　　不同地区村庄小学数量情况

地区分组	小学数量（%） 没有	小学数量（%） 1所	小学数量（%） 2所以上	样本数（个）
东部地区	56.52	39.13	4.35	46
中部地区	44.83	49.43	5.74	87
西部地区	46.30	51.85	1.85	54

注：有效样本为187个、缺失值为0个。

（7）超五成的村庄没有幼儿园教师。具体来分析村庄幼儿园教师人数的情况，如表7所示，在171个有效样本中，91个村庄表示没有幼儿园教师，占比最高为53.22%；其次48个村庄表示本村有1~5人的幼儿园教师，占比为28.07%；而只有9.94%的村庄表示拥有11人及以上的幼儿园教师。综合以上可知，超五成的村庄没有幼儿园教师，学前教育师资贫乏。

表7　　　　　　　　　　村庄幼儿园教师人数

幼儿园教师数量	占比（%）	样本数（个）
没有	53.22	91
1~5人	28.07	48
6~10人	8.77	15
11人及以上	9.94	17
合计	100	171

注：有效样本为171个、缺失值为16个。

（8）收入越高的村庄，幼儿园教师存在的占比越高。通过考察不同收入水平村庄幼儿园教师人数的情况，如表8所示，在145个受访村庄中，低收入、中低收入、中等收入、中高收入以及高收入村庄没有幼儿园教师的占比为66.67%、40.63%、59.26%、54.84%以及36.36%，整体上呈递减趋势。由此可见，收入越高的村庄，幼儿园教师存在的占比越高。

表 8　　　　　　　　　不同收入水平村庄幼儿园教师人数

收入水平分组	幼儿园教师数量（%）				样本数（个）
	没有	1~5 人	6~10 人	11 人及以上	
低收入	66.67	18.18	3.03	12.12	33
中低收入	40.63	34.38	15.61	9.38	32
中等收入	59.26	33.33	3.70	3.70	27
中高收入	54.84	29.03	6.45	9.68	31
高收入	36.36	40.91	13.64	9.09	22

注：有效样本为 145 个、缺失值为 42 个。

（9）东部地区村庄幼儿园教师存在的占比较高。具体分析不同地区村庄幼儿园教师人数的情况，如表 9 所示，在 171 个受访村庄中，东部地区村庄没有幼儿园教师的占比为 43.18%，为最低；其次是中部地区村庄，占比为 51.28%，高于前者 8.1 个百分点。此外，西部地区没有幼儿园教师的占比最高，为 65.31%，高于东部地区村庄 22.13 个百分点。通过分析可得，东部地区村庄幼儿园教师存在的占比较高。

表 9　　　　　　　　　不同地区村庄幼儿园教师人数

地区分组	幼儿园教师数量（%）				样本数（个）
	没有	1~5 人	6~10 人	11 人及以上	
东部地区	43.18	25.00	13.64	18.18	44
中部地区	51.28	30.77	8.97	8.98	78
西部地区	65.31	26.53	4.08	4.08	49

注：有效样本为 171 个、缺失值为 16 个。

（10）四成以上的村庄没有小学教师。教师的数量可以作为是否能满足学生需求的一个衡量依据。根据表 10 显示，在 179 个有效样本中，41.34% 的村庄表示没有小学教师；教师数量在 1~5 人的村庄占比为 12.29%；教师数量在 6~10 人的村庄占比为 17.32%；教师数量在 11 人及以上的村庄占比为 29.05%。综合以上可知，四成以上的村庄没有小学教师，难以满足学生的需求，师资力量不足。

表10　　　　　　　　　　　村庄小学教师人数

小学教师数量	占比（%）	样本数（个）
没有	41.34	74
1~5人	12.29	22
6~10人	17.32	31
11人及以上	29.05	52
合计	100	179

注：有效样本为179个、缺失值为8个。

（11）收入越高的村庄，拥有小学教师的比例越高。通过分析不同收入水平村庄小学教师人数的情况，如表11所示，在151个受访村庄中，低收入、中低收入、中等收入、中高收入以及高收入村庄没有小学教师的占比为47.06%、47.06%、35.71%、38.71%以及33.33%，整体上呈递减趋势。可知，收入越高的村庄，拥有小学教师的比例越高。

表11　　　　　　　　不同收入水平村庄小学教师人数

收入水平分组	小学教师数量（%）				样本数（个）
	没有	1~5人	6~10人	11人及以上	
低收入	47.06	17.65	11.76	23.53	34
中低收入	47.06	2.94	20.59	29.41	34
中等收入	35.71	14.29	17.86	32.14	28
中高收入	38.71	16.13	6.45	38.71	31
高收入	33.33	16.67	25.00	25.00	24

注：有效样本为151个、缺失值为36个。

（12）东部地区村庄小学教师存在的占比较低。通过考察不同地区村庄小学教师人数的情况，如表12所示，在179个有效样本中，东部地区村庄没有小学教师的占比为46.67%，为最高；其次是西部地区村庄，占比为46.15%，低于前者0.52个百分点。此外，中部地区没有小学教师的占比最低，为35.37%，低于东部地区村庄11.3个百分点。综合可知，东部地区村庄小学教师存在的占比较低。

表12　　　　　　　　　　　不同地区村庄小学教师人数

地区分组	小学教师数量（%）				样本数（个）
	没有	1~5人	6~10人	11人及以上	
东部地区	46.67	2.22	20.00	31.11	45
中部地区	35.37	20.73	14.63	29.27	82
西部地区	46.15	7.69	19.23	26.93	52

注：有效样本为179个、缺失值为8个。

（13）村庄幼儿园的入学率较低。具体考察村庄幼儿园的入学率情况，如表13所示，在107个有效样本中，77个村庄表示本村幼儿园的入学率在5%以下，占比最高为71.96%；19个村庄表示本村幼儿园的入学率在5%~10%，占比为17.76%；与此同时只有11个村庄表示本村幼儿园的入学率在10%以上，占比为10.28%。分析可知，村庄幼儿园的入学率较低，其并不能满足家长对孩子入园的期望。

表13　　　　　　　　　　　村庄幼儿园入学率

幼儿园入学率	占比（%）	样本数（个）
5%以下	71.96	77
5%~10%	17.76	19
10%以上	10.28	11
合计	100	107

注：有效样本为107个、缺失值为4个。

（14）村庄小学的入学率较低。分析村庄小学的入学率情况，如表14所示，在119个有效样本中，58个村庄表示本村小学的入学率在5%以下，占比最高为48.74%；40个村庄表示本村小学的入学率在5%~10%，占比为33.61%；与此同时只有21个村庄表示本村幼儿园的入学率在10%以上，占比为17.65%。由此可知，村庄小学的入学率较低，其并不能满足学生入学的期望。

表14　　　　　　　　　　　　　村庄小学入学率

小学入学率	占比（%）	样本数（个）
5%以下	48.74	58
5%~10%	33.61	40
10%以上	17.65	21
合计	100	119

注：有效样本为119个、缺失值为4个。

2. 基础教育帮扶情况

（1）六成以上的幼儿园、小学老师没有享受扶贫补助政策。具体考察幼儿园、小学老师享受扶贫补助政策的情况，如表15所示，在110个有效样本中，69个村庄的幼儿园、小学老师没有享受到扶贫补助政策，占比最高为62.73%；其次34个村庄的幼儿园、小学老师享受到扶贫补助政策，占比为30.91%；此外还有7个村庄表示不清楚幼儿园、小学老师是否享受到扶贫补助政策，占比为6.36%。可知，六成以上的幼儿园、小学老师没有享受扶贫补助政策。

表15　　　　　　　幼儿园、小学老师享受扶贫补助政策情况

享受扶贫补助政策情况	占比（%）	样本数（个）
是	30.91	34
否	62.73	69
不清楚	6.36	7
合计	100	110

注：有效样本为110个、缺失值为2个。

（2）西部地区的幼儿园、小学老师享受扶贫补助政策的占比较高。具体考察不同地区村庄幼儿园、小学老师享受扶贫补助政策情况，如表16所示，西部地区村庄幼儿园、小学老师享受扶贫补助政策的占比最高，为39.39%；其次是中部地区村庄，占比为33.33%，低于前者6.06个百分点；东部地区幼儿园、小学老师享受扶贫补助政策的占比最低，为15.38%，低于西部地区24.01个百分点。通过分析可知，东、中、西部地区村庄幼儿园、小学老师享受扶贫补助政策的占比呈递增趋势，西部地区的幼儿园、小学老师享受扶贫补助政策的占比最高。

表16　　　　　不同地区村庄幼儿园、小学老师享受扶贫补助政策情况

地区分组	享受扶贫补助政策情况（%）			样本数（个）
	是	否	不清楚	
东部地区	15.38	84.62	0	26
中部地区	33.33	58.82	7.85	51
西部地区	39.39	51.52	9.09	33

注：有效样本为110个、缺失值为2个。

（3）收入水平越低的村庄，师资越需要享受扶贫补助政策。考察不同收入水平村庄幼儿园、小学老师享受扶贫补助政策情况，如表17所示，低收入、中低收入、中等收入、中高收入以及高收入村庄幼儿园、小学老师享受扶贫补助政策占比为38.89%、28.57%、21.43%、14.29%以及37.50%，整体上呈递减趋势。由此可见，收入水平越低的村庄，幼儿园、小学老师越需要享受扶贫补助政策。

表17　　　　　不同收入水平村庄幼儿园、小学老师享受扶贫补助政策情况

收入水平分组	享受扶贫补助政策情况（%）			样本数（个）
	是	否	不清楚	
低收入	38.89	55.56	5.55	18
中低收入	28.57	61.90	9.53	21
中等收入	21.43	78.57	0	14
中高收入	14.29	80.95	4.76	21
高收入	37.50	62.50	0	16

注：有效样本为90个、缺失值为22个。

（4）生活津贴等财政奖补是扶贫补助政策的主要方式。考察村庄幼儿园、小学老师享受扶贫补助政策内容情况，如表18所示，对村庄幼儿园、小学老师的扶贫补助政策主要是生活津贴等财政奖补，占比为50.00%；其次是统一城乡教职工编制，占比为20.69%，比前者低29.31个百分点；职称评聘向乡村教师倾斜以及学习深造的占比分别为18.97%和5.17%。综合以上可知，生活津贴等财政奖补是扶贫补助政策的主要内容。

表18　幼儿园、小学老师享受扶贫补助政策内容情况

补助政策内容	占比（%）	样本数（个）
生活津贴等财政奖补	50.00	29
统一城乡教职工编制	20.69	12
职称评聘向乡村教师倾斜	18.97	11
学习深造	5.17	3
其他	5.17	3
合计	100	58

注：有效样本为39个、缺失值为2个。该题为多选题，故选项样本合计不等于有效样本数。

（5）收入水平低的村庄，生活津贴等财政奖补的占比较高。具体分析不同收入水平村庄幼儿园、小学老师享受扶贫补助政策的内容情况，如表19所示，低收入、中低收入、中等收入、中高收入、高收入的村庄几乎都把对幼儿园、小学老师的生活津贴等财政奖补作为扶贫补助政策重要的内容，占比分别为50.00%、80.00%、50.00%、20.00%和66.67%，其中低收入、中低收入水平村庄的占比较高。由此可见，收入水平低的村庄对生活津贴等财政奖补投入较大，占比较高。

表19　不同收入村庄幼儿园、小学老师享受扶贫补助政策内容情况

收入水平分组	生活津贴等财政奖补	统一城乡教职工编制	职称评聘向乡村教师倾斜	学习深造	其他	样本数（个）
低收入	50.00	10.00	20.00	10.00	10.00	10
中低收入	80.00	10.00	10.00	0	0	10
中等收入	50.00	16.67	33.33	0	0	6
中高收入	20.00	40.00	20.00	0	20.00	5
高收入	66.67	11.11	22.22	0	0	9

注：有效样本为28个、缺失值为13个。该题为多选题，故选项样本合计不等于有效样本数。

（6）东部地区以生活津贴等财政奖补作为补助方式比重较高。进一步调查不同地区村庄幼儿园、小学老师享受扶贫补助政策的内容情况，如表20所示，生活津贴等财政奖补均是东、中、西部地区村庄幼儿园、小学老师享受扶贫补助政策的主要内容，其

中西部地区占比最低，为40.00%，其次是中部地区，所占比重为53.13%，占比最高的东部地区，为66.67%。综上说明，不同地区均以生活津贴等财政奖补作为补助政策主要内容，东部地区比重最高。

表20　　　　　　不同区域村庄幼儿园、小学老师享受扶贫补助政策内容情况

地区分组	补助政策内容（%）					样本数（个）
	生活津贴等财政奖补	统一城乡教职工编制	职称评聘向乡村教师倾斜	学习深造	其他	
东部地区	66.67	0	33.33	0	0	6
中部地区	53.13	25.00	15.63	3.13	3.11	32
西部地区	40.00	20.00	20.00	10.00	10.00	20

注：有效样本为39个、缺失值为2个。该题为多选题，故选项样本合计不等于有效样本数。

（7）五成以上的村庄资助子女读书占帮扶资金的比例较低。具体考察村庄资助子女读书占帮扶资金投入比例情况，如表21所示，在83个有效样本中，28个村庄表示村庄资助子女读书占帮扶资金投入比例为0，占比为33.74%；17个村庄表示资助子女读书占帮扶资金投入比例在0～10%，占比为20.48%，两者合计占比为54.22%；36.14%的村庄表示资助子女读书占帮扶资金投入比例在10%～50%；此外只有8个村庄表示资助子女读书占帮扶资金投入比例在50%以上。分析可知，五成以上的村庄资助子女读书占帮扶资金的比例较低。

表21　　　　　　村庄资助子女读书占帮扶资金投入比例

子女读书占帮扶资金比例	占比（%）	样本数（个）
0	33.74	28
0～10%	20.48	17
10%～50%	36.14	30
50%以上	9.64	8
合计	100	83

注：有效样本为83个、缺失值为29个。

(二) 技能教育扶贫开展情况

1. 劳动技能培训开展情况

(1) 超七成村庄组织过劳动技能培训活动。考察村庄组织劳动技能培训情况,如表22所示,七成以上村庄开展了劳动技能培训活动。在187个有效样本中,有139个村庄开展了劳动技能培训活动,占比为74.33%;有48个村庄没有向村民开展劳动技能培训活动,占比是25.67%。可见,超七成村庄组织过劳动技能培训活动。

表22 村庄是否组织过劳动技能培训

是否开展	占比(%)	样本数(个)
是	74.33	139
否	25.67	48
合计	100	187

注:有效样本为187个、缺失值为53个。

(2) 低收入村庄组织劳动技能培训活动的情况差于高收入村庄。分析不同收入村庄组织劳动技能培训的情况,如表23所示,在158个有效样本中,低收入、中低收入、中等收入村庄组织劳动技能培训的比例均在七成左右,分别为73.68%、68.57%、68.97%;中高收入和高收入村庄开展劳动技能培训的比例在八成左右,比例为81.25%、79.17%。可知,高收入村庄组织劳动技能培训活动情况好于低收入村庄。

表23 不同收入村庄组织劳动技能培训情况

收入水平分组	劳动技能培训情况(%) 有	劳动技能培训情况(%) 没有	样本数(个)
低收入	73.68	26.32	38
中低收入	68.57	31.43	35
中等收入	68.97	31.03	29
中高收入	81.25	18.75	32
高收入	79.17	20.83	24

注:有效样本为158个、缺失值为82个。

（3）自东向西村庄组织劳动技能培训活动的比例不断升高。具体分析不同地区村庄组织劳动技能培训情况，如表 24 所示，在 187 个有效样本中，东部地区村庄组织劳动技能培训的比例为 58.70%；中部地区村庄组织劳动技能培训的比例为 73.56%，较东部地区村庄高 14.86%；西部地区村庄开展劳动技能培训的比例最高，为 88.89%。具体分析可知，全国不同地区村庄组织劳动技能培训的比例，由东向西呈现递增趋势。

表 24　　　　　　　　　不同地区村庄类型组织劳动技能培训情况

地区分组	劳动技能培训情况（%）有	劳动技能培训情况（%）没有	样本数（个）
东部地区	58.70	41.30	46
中部地区	73.56	26.44	87
西部地区	88.89	11.11	54

注：有效样本为 187 个、缺失值为 53 个。

（4）在村庄开展劳动技能培训中，农业生产实用技能培训比例最高。考察不同地区村庄组织劳动技能培训的类型发现，农业生产实用技能培训的比例最高。由表 25 可知，在全国 139 个村庄样本中，进行农业生产实用技能培训的比例最高，为 46.43%；劳动力转移就业技能培训比例为 28.17%，占比第二；文化知识综合培训、经营管理培训的比例分别为 11.90%、11.52%；其他培训所占比例为 1.98%。分析可得，村庄开展劳动技能培训的种类中，农业生产实用技能培训比例最高。

表 25　　　　　　　　　　村庄开展劳动技能培训种类

培训种类	占比（%）	样本数（个）
农业生产实用技能培训	46.43	117
经营管理培训	11.52	29
文化知识综合培训	11.90	30
劳动力转移就业技能培训	28.17	71
其他	1.98	5
合计	100	252

注：有效样本为 139 个、缺失值为 0 个。该题为多选题，故选项样本合计不等于有效样本数。

(5) 村庄收入情况对劳动技能培训的选择有较强关联。通过考察不同收入水平村庄组织劳动技能培训的种类，如表26所示，可以发现无论何种收入水平村庄，农业生产实用技能培训比例均超过四成；但低收入村庄、中低收入村庄开展劳动力转移就业技能培训的比例高于收入情况较高的村庄，比例分别为33.93%、30.95%；中等收入村庄、中高收入村庄、高收入村庄对于文化知识综合培训的比例高于低收入村庄、中低收入村庄，比例分别为15.63%、15.22%、15.63%。可知，收入较高的村庄开展文化综合知识的比例相对较高，收入较低的村庄开展劳动力转移就业技能培训的比例更高。

表26　　　　　　　　　不同收入村庄劳动培训的种类

收入水平分组	农业生产实用技能培训	经营管理培训	文化知识综合培训	劳动力转移就业技能培训	其他	样本数（个）
低收入	42.86	12.50	7.14	33.93	3.57	56
中低收入	47.62	14.29	7.14	30.95	0	42
中等收入	56.24	3.13	15.63	25.00	0	32
中高收入	45.65	10.87	15.22	23.91	4.35	46
高收入	46.86	15.63	15.63	18.75	3.13	32

注：有效样本为117个、缺失值为22个。该题为多选题，故选项样本合计不等于有效样本数。

(6) 建档立卡贫困户参与劳动技能培训的比例最高。通过分析参与劳动技能培训的人群，如表27所示，建档立卡的贫困户参与培训的比例最高，为37.31%；种植业、养殖业等大户比例位居第二，为25.69%；非贫困户的比例位居第三，为21.41%；合作社、集体企业在培训人群中所占比例为9.48%、3.97%。综上所述，建档立卡贫困户在参与劳动技能培训的人群中所占比例最高。

表27　　　　　　　　　村庄参与劳动技能培训人群

劳动技能培训人群	占比（%）	样本数（个）
建档立卡的贫困户	37.31	122
种植业、养殖业等大户	25.69	84
集体企业	3.97	13
非贫困户	21.41	70

续表

劳动技能培训人群	占比（%）	样本数（个）
合作社（农民专业合作社和土地股份合作社等）	9.48	31
其他	2.14	7
合计	100	327

注：有效样本为327个、缺失值为0个。

2. 农业技术培训开展情况

（1）近七成村庄开展过相关农业培训。分析村庄开展相关农业培训的情况，如表28所示，在231个有效村庄样本中，有159个村庄开展过相关的农业培训，占比为68.83%；未开展过相关技能培训的村庄有72个，占比为31.17%。可见，近七成村庄开展过相关农业培训。

表28　　　　　　　　　　村庄开展相关农业培训的情况

是否开展相关农业培训	占比（%）	样本数（个）
是	68.83	159
否	31.17	72
合计	100	231

注：有效样本为231个、缺失值为9个。

（2）自东向西，村庄开展农业培训的比例逐渐升高。从不同区域来看，如表29所示，在231个有效样本中，发现从东部到西部，村庄开展相关技能培训的比例逐渐增高，东部地区、中部地区、西部地区开展过相关农业培训的比例分别是56.16%、69.39%和83.33%，其中东部地区比例最低，两者相差27.17个百分点。总体可见，三大区域相关农业培训的开展进度相差较大，地区与开展的技能培训有较强的相关性。

表29　　　　　　　　　三大区域与开展相关农业培训交叉表

地区分组	是否开展相关农业培训（%）		样本数（个）
	是	否	
东部地区	56.16	43.84	73

续表

地区分组	是否开展相关农业培训（%）是	是否开展相关农业培训（%）否	样本数（个）
中部地区	69.39	30.61	98
西部地区	83.33	16.67	60

注：有效样本为231个、缺失值为9个。

（3）中高收入村庄开展农业培训情况超过其他村庄。进一步从村庄收入角度考察，如表30所示，中高收入的村庄开展相关农业培训的比例最高，达到82.05%；其次为低收入的村庄，开展率达到71.43%；开展频率最低的是高收入的村庄，只有63.16%，两者之间相差18.89个百分点。可见，不同的收入阶段的村庄，开展相关农业培训的频率相差较大。

表30　　　　　　　　村庄收入与开展相关农业培训交叉表

收入水平分组	是否开展相关农业培训（%）是	是否开展相关农业培训（%）否	样本数（个）
低收入	71.43	28.57	42
中低收入	67.44	32.56	43
中等收入	66.67	33.33	36
中高收入	82.05	17.95	39
高收入	63.16	36.84	38

注：有效样本为198个、缺失值为42个。

（4）村庄对现代农业经营管理培训重视不够。考察村庄开展农业技能培训的类型，如表31所示，培训的频率由高到低分别是病虫害防治、播种技术或施肥技术、现代化农业经营管理、培育新品种和田间管理，占比分别为33.33%、28.93%、13.84%、12.58%和6.29%。除其他类的培训，最高和最低之间相差27.04个百分点，在培训技能的类别上还是存在较大的区别。综上所述，开展农业技能培训的类型上差距较大，主要聚焦于传统的病虫害防治，现代农业经营管理和田间管理比较低，需要进一步的提高现代化农业田间管理水平的提升。

表31　　　　　　　　　　开展农业技能培训类型情况

农业技能培训类型	占比（%）	样本数（个）
培育新品种	12.58	20
病虫害防治	33.33	53
播种技术或施肥技术	28.93	46
田间管理培训	6.29	10
现代化农业经营管理	13.84	22
其他	5.03	8
合计	100	159

注：有效样本为159个、缺失值为0个。

（5）高收入村庄对农业经营管理培训的情况更好。分析不同收入情况的村庄在开展农业技能培训类型的差别，如表32所示，低收入、中低收入、中等收入、中高收入以及高收入村庄对农业经营管理培训的占比分别为6.67%、6.90%、12.50%、12.50%、20.83%，整体呈现递增的趋势。总体可知，高收入村庄对农业经营管理培训的情况更好。

表32　　　　　　　　　　村庄收入与开展农业培训类型情况

收入水平	培育新品种	病虫害防治	播种或施肥	田间管理	农业经营管理	其他	样本数（个）
低收入	13.32	16.67	46.67	10.00	6.67	6.67	30
中低收入	6.90	44.83	34.48	3.45	6.90	3.44	29
中等收入	16.67	37.50	29.17	4.16	12.50	0	24
中高收入	25.00	34.38	15.63	3.12	12.50	9.37	32
高收入	4.17	45.83	12.50	12.50	20.83	4.17	24

注：有效样本为139个、缺失值为20个。

（6）经济发达地区开展农业经营管理的比例越高。进一步考察不同地区对开展农业培训类型的影响，如表33所示，中部地区和西部地区开展培训频数最高的是病虫害防治，占比分别为30.88%和42.00%；东部地区的培训类型主要是播种和施肥，占比达到29.27%。三大区域中，除了其他类培训之外，东部地区和中部地区对于田间管理的培训比例最低，分别占比为4.88%和7.35%；西部地区对于农业经营管理的培训比例最低，达到4.00%。可见，越是发达地区在农业培训的类型上更加趋于农业经营管理。

表33　东中西地区与开展农业培训类型情况

地区分组	培育新品种	病虫害防治	播种或施肥	田间管理	农业经营管理	其他	样本数（个）
东部地区	14.63	26.83	29.27	4.88	19.51	4.88	41
中部地区	10.29	30.88	27.94	7.35	17.65	5.89	68
西部地区	14.00	42.00	30.00	6.00	4.00	4.00	50

注：有效样本为159个、缺失值为0个。

（7）政府是农业培训教育的主要供给者。如图1所示，农业培训教育提供的主体存在较大的区别，依赖政府提供的比例高达70%；依赖村集体提供的比例占24%；企业、科研院校、农民合作社和其他主体提供的比例不超过6%。可见，政府是农业培训教育的主要供给者，农业培训教育的供给主体较为单一。

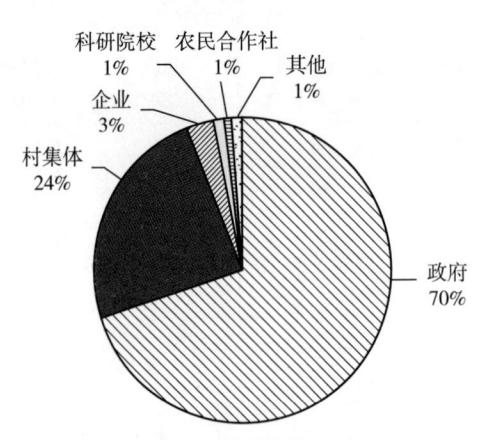

图1　农业培训教育提供的主体

注：有效样本为159个、缺失值为0个。

二、村庄教育扶贫的效果评估

（一）村庄对教育扶贫的现实需求状况

1. 基础教育发展的现实需求

（1）村庄对加强教育扶贫的观念和政策的要求比例最高。考察村庄需求层面政府在教育扶贫中的改进措施，如表34所示，对于观念和政策的倾斜需求呼声最高，占比为28.30%；吸引高端人才次之，占比为26.89%；相反重视高中和中职教育的呼声最低，占比为18.16%，与观念和政策的倾斜之间相差10.14个百分点。可见，各村在教育扶贫的过程中对于政府还应提供观念和政策的倾斜呼声最高。

表34　　　　　教育扶贫中政府还需要做的工作情况表

教育扶贫还需要做的工作	占比（%）	样本数（个）
观念和政策的倾斜	28.30	120
吸引高端人才	26.89	114
重视高中和中职教育	18.16	77
提供平等开放的教育平台	26.65	113
合计	100	424

注：有效样本为285个、缺失值为55个。该题为多选题，故选项样本合计不等于有效样本数。

（2）脱贫需求多元化，供给要因地制宜。不同条件村庄对教育扶贫工作的需求也存在不同。如表35所示，从村庄类型来看，农村地区主要是对于观念和政策倾斜需求最高，占比为28.24%；城郊村则对高端人才的需求最高，占比为28.21%；其次就是对于教育平台的需求最高，分别是26.68%和25.64%。从不同地区来看，东部地区和西部地区则倾向于观念和政策的需求，占比分别为30.15%和30.95%，都超过三成，相反中部地区对于开放的教育平台需求最为强烈，达到28.79%；除过其他需求之外，东中西三大区域对于高中和中职教育的需求都是最低，分别相差16.5个、

10.09个和11.9个百分点。从不同收入村庄来看，低收入和中高收入的村庄对于开放平等的教育平台呼声最高，分别占比为31.03%和35.19%；中低和中高收入的村庄对于观念和政策的倾斜呼声最高，分别占比为33.75%和26.25%；高收入的群体对于吸引高端人才的呼声最高，占比为30.91%。可见，脱贫需求呈多元化特征，政策供给也应因地制宜。

表35　　　　　　　　不同情况下对与教育扶贫工作的知晓情况

项目	分类	观念和政策的倾斜	吸引高端的人才投身教育	重视高中和中职教育	平等开放的教育平台	其他工作	样本数（个）
村庄类型	农村	28.24	26.42	18.13	26.68	0.53	386
	城郊村	25.64	28.21	17.95	25.64	2.56	39
	城中村	50.00	50.00	0	0	0	2
地区分组	东部地区	30.10	28.16	16.50	23.30	1.94	103
	中部地区	25.25	27.27	18.18	28.79	0.51	198
	西部地区	30.95	24.60	19.05	25.40	0	126
收入分组	低收入	27.59	27.59	13.79	31.03	0	87
	中低收入	33.75	26.25	13.75	26.25	0	80
	中等收入	25.93	20.37	16.67	35.19	1.84	54
	中高收入	26.25	23.75	23.75	23.75	2.50	80
	高收入	27.27	30.91	20.00	21.82	0	55

注："村庄类型""地区分组"有效样本为186个、缺失值为54个；"收入分组"有效样本为158个、缺失值为82个。该题为多选题，故选项样本合计不等于有效样本数。

（3）近五成村庄脱贫工作更需要资金支持。通过村庄对于政府提供扶贫帮助类型的需求状况，如表36所示，46.06%的村庄希望政府提供资金扶持，所占比重接近五成；23.64%的村庄希望政府提供就业岗位，其比重超过两成；16.97%的村庄希望获得基础设施的建设，所占比重接近两成。此外还有13.33%的村庄希望获得技术、教育、产业和其他的帮助。由此可知，近五成村庄脱贫工作更需要资金支持。

表36　　　　　希望政府为贵村脱贫工作提供帮助类型情况

希望政府提供帮助类型	占比（%）	样本数（个）
提供就业岗位	23.64	39
提供资金扶持	46.06	76
修建基础设施	16.97	28
提供技术支持	6.06	10
提供教育支持	1.21	2
提供产业支持	5.45	9
其他	0.61	1
合计	100	165

注：有效样本为165个、缺失值为75个。

2. 技能教育发展的现实需求

（1）村庄希望劳动技能培训更加符合自身意愿的比例最高。针对劳动技能培训还应该完善方面进行考察，如表37所示，34.00%的村庄想要培训内容结合农民自身意愿来开展，所占的比例最高；其次是对加强实用性知识讲解的呼声，占比为25.67%；最后为将贫困户进行分类培训，占比为25.00%。综合可见，当前在劳动技能培训过程中，培训内容要结合农民自身的意愿、加强实用性讲解和贫困户进行分类培训应该作为重点的完善对象。

表37　　　　　劳动技能培训还需要完善的情况

劳动技能培训完善	占比（%）	样本数（个）
将贫困户进行分类培训	25.00	75
培训内容结合农民自身意愿	34.00	102
加强实用性知识讲解	25.67	77
加强课堂交流、互通	4.67	14
丰富培训主题	8.00	24
其他	2.66	8
合计	100	300

注：有效样本为139个、缺失值为0个。该题为多选题，故选项样本合计不等于有效样本数。

(2) 加大培训补贴以及改善培训条件是做好劳动技术培训工作的主要需求。具体考察村庄为做好劳动技能培训工作的需求，如表38所示，在139个有效样本中，95个村庄需要政府应该加大培训补贴力度，保障扶贫对象培训条件的占比最高为26.39%；其次是改善培训条件，建设技能扶贫基地，占比为19.72%，低于前者6.67个百分点；丰富培训方式，建立机动灵活的培训机制、加强培训援助，不断提高培训质量以及整合资源，构建职业培训的多渠道、多层次、多形式的需求占比分别为18.89%、15.56%和18.06%。综上所述，加大培训补贴以及改善培训条件是村庄做好劳动技术培训工作的两大需求。

表38　　　　　　村庄为做好劳动技术培训工作对政府的需求情况

政府应该做的工作	占比（%）	样本数（个）
加大培训补贴力度，保障扶贫对象培训条件	26.39	95
改善培训条件，建设技能扶贫基地	19.72	71
丰富培训方式，建立机动灵活的培训机制	18.89	68
加强培训援助，不断提高培训质量	15.56	56
整合资源，构建职业培训的多渠道、多层次、多形式	18.06	65
其他	1.38	5
合计	100	360

注：有效样本为139个、缺失值为0个。该题为多选题，故选项样本合计不等于有效样本数。

(3) 高收入村庄对培训补贴需求大，低收入村庄对改善培训条件需求大。进一步考察不同收入水平村庄为做好劳动技能培训工作对政府的需求情况，如表39所示，低收入、中低收入、中等收入、中高收入以及高收入村庄对培训补贴的需求占比分别为25.68%、25.86%、25.93%、25.97%以及31.71%，整体呈现递增趋势。与此同时，低收入以及中低收入村庄对改善培训条件的需求占比较高，分别为24.32%和20.69%，而中等收入、中高收入以及高收入村庄对改善培训条件的需求占比分别为14.81%、19.48%和14.63%。通过分析可知，高收入村庄对培训补贴的需求大，而低收入村庄对改善培训条件的需求大。

表39　　　　　　　　不同收入水平村庄对政府工作的改善需求情况

收入水平分组	加大培训补贴力度，保障扶贫对象培训条件	改善培训条件，建设技能扶贫基地	丰富培训方式，建立机动灵活的培训机制	加强培训援助，不断提高培训质量	整合资源，构建职业培训的多渠道、多层次、多形式	其他	样本数（个）
低收入	25.68	24.32	12.16	20.27	16.22	1.35	74
中低收入	25.86	20.69	20.69	15.52	15.52	1.72	58
中等收入	25.93	14.81	24.07	12.96	20.37	1.86	54
中高收入	25.97	19.48	20.78	11.69	20.78	1.30	77
高收入	31.71	14.63	24.39	17.07	9.76	2.44	41

注：有效样本为117个、缺失值为22个。该题为多选题，故选项样本合计不等于有效样本数。

（二）村庄教育扶贫的效果评价

1. 基础教育扶贫的效果评价

（1）超过八成的村庄对村民教育扶贫的脱贫效果评价较高。通过考察不同村庄教育扶贫效果的情况，如表40所示。在186个有效样本中，认为教育扶贫效果"作用很大""作用较大"所占比例为36.56%、45.70%，总和为82.26%；认为"作用较小""没有作用"的合计占比为2.15%。由此可知，超八成村庄村民对于扶贫的效果评价较好。

表40　　　　　　　　教育扶贫对于脱贫效果情况

效果	占比（%）	样本数（个）
作用很大	36.56	68
作用较大	45.70	85
作用一般	15.59	29
作用较小	1.61	3
没有作用	0.54	1
合计	100	186

注：有效样本为186个、缺失值为54个。

（2）低收入村庄比高收入村庄对教育扶贫政策评价更好。通过考察不同收入的村庄教育扶贫政策评价的情况，如表41所示，在158个有效样本中，低收入村庄、中低收入村庄认为教育扶贫效果"作用很大""作用较大"的比例之和超过八成，为84.21%、85.71%；中等收入村庄、中高收入村庄、高收入村庄，认为教育扶贫效果"作用很大""作用较大"的比例之和为72.41%、84.38%、79.17%。可见，低收入村庄比高收入村庄对教育扶贫政策评价更好。

表41　　　　　　　　　　不同收入村庄对教育扶贫政策的评价

收入水平分组	对扶贫教育政策的评价（%）					样本数（个）
	作用很大	作用较大	作用一般	作用较小	没有作用	
低收入	28.95	55.26	15.79	0.00	0.00	38
中低收入	40.00	45.71	5.71	5.72	2.86	35
中等收入	41.38	31.03	27.59	0.00	0.00	29
中高收入	37.50	46.88	12.50	3.12	0.00	32
高收入	29.17	50.00	20.83	0.00	0.00	24

注：有效样本为186个、缺失值为54个。

（3）自东向西村庄对教育扶贫政策评价呈现上升趋势。通过考察不同地区村庄对教育扶贫政策评价的情况，如表42所示，在186个有效样本中，西部地区村庄认为教育扶贫效果"作用很大""作用较大"的比例之和最高，为90.57%，较中部地区、东部地区高7.81%、18.83%；东部地区、中部地区、西部地区认为"作用较小""没有作用"的比例中，东部地区也均为最小，均为2.17%。综合可知，西部地区较东部地区、中部地区对教育扶贫政策的评价更好。

表42　　　　　　　　　　不同地区村庄对教育扶贫政策的评价

地区分组	对扶贫教育政策的评价（%）					样本数（个）
	作用很大	作用较大	作用一般	作用较小	没有作用	
东部地区	21.74	50.00	23.92	2.17	2.17	46
中部地区	43.68	39.08	16.09	1.15	0.00	87
西部地区	37.74	52.83	7.55	1.88	0.00	53

注：有效样本为186个、缺失值为54个。

(4) 教育扶贫并非政府考察脱贫工作的主要指标。通过分析地方政府对村庄脱贫考察项目的考核,如表43所示,在160个有效样本中,考察"脱贫人口数""贫困家庭的收入""脱贫项目完成数"的比例均超过两成,为25.16%、22.17%、20.26%;考核"贫困家庭的教育"的比例仅为13.01%,明显低于前述各项。由此可知,教育扶贫非政府考察脱贫工作的主要指标。

表43 政府对村庄脱贫考察项目情况

考察项目	占比(%)	样本数(个)
脱贫人口数	25.16	118
脱贫项目完成数	20.26	95
贫困家庭的收入	22.17	104
贫困家庭的身体健康	11.09	52
贫困家庭的教育	13.01	61
贫困家庭的消费	7.89	37
其他	0.42	2
合计	100	293

注:有效样本为160个、缺失值为0个。该题为多选题,故选项样本合计不等于有效样本数。

2. 技能教育扶贫的效果评价

(1) 八成以上村庄的村民参与技能培训的积极性较高。通过考察村民参与技能培训的情况,如表44所示,在139个有效样本中,参与技能培训"非常积极"的样本数为35,比例为25.18%;参与技能培训"比较积极"的样本数为最高,比例为55.40%,参与情况"一般"的比例为15.83%;"较不积极""很不积极"的比例为2.87%、0.72%。可知,八成以上的村庄参与技能培训的积极性较高。

表44 村庄村民参与技能培训情况

参与情况	占比(%)	样本数(个)
非常积极	25.18	35
比较积极	55.40	77
一般	15.83	22

续表

参与情况	占比（%）	样本数（个）
较不积极	2.87	4
很不积极	0.72	1
合计	100	139

注：有效样本为139个、缺失值为0个。

（2）西部地区村民参与技能培训的积极性高与中部、西部地区。通过考察不同地区村民参与技能培训的情况，如表45所示，在139个有效样本中，西部地区村民参与技能培训"非常积极"的比例最高，为33.33%；中部地区村民"比较积极"的比例最高，为57.81%；东部地区参与积极性为"一般""较不积极""很不积极"的总和最高，为25.93%，较中部地区、西部地区高3.88%、13.43%。由此可知，自西向东，村民参与技能培训的积极逐渐升高。

表45　　　　　　　　　不同地区村庄参与技能培训情况

地区分组	参与情况（%）					样本数（个）
	非常积极	比较积极	一般	较不积极	很不积极	
东部地区	22.22	51.85	22.22	0	3.71	27
中部地区	20.31	57.81	18.75	3.13	0	64
西部地区	33.33	54.17	8.33	4.17	0	48

注：有效样本为139个、缺失值为0个。

（3）高收入村民参与技能培训的积极性高于低收入村庄。通过考察不同收入村庄村民参与技能培训的情况，如表46所示，在117个有效样本中，"低收入"村庄参与技能培训"非常积极"的比例最低，为17.86%、"中低收入""中等收入""中高收入""高收入"的比例分别41.70%、30.00%、19.23%、31.58%。综合可知，高收入村民参与技能培训的积极性高于低收入村庄。

表46　　　　　　　　　　不同收入村庄参与技能培训的情况

收入水平分组	参与情况（%）					样本数（个）
	非常积极	比较积极	一般	较不积极	很不积极	
低收入	17.86	57.14	25.00	0	0	28
中低收入	41.70	45.80	12.50	0	0	24
中等收入	30.00	50.00	20.00	0	0	20
中高收入	19.23	53.85	11.54	15.38	0	26
高收入	31.58	52.63	15.79	0	0	19

注：有效样本为117个、缺失值为22个。

（4）超七成村庄对劳动技能培训的评价较高。通过分析不同地区村庄对脱贫考察项目的考核，如表47所示，在139个有效样本中，认为劳动技能培训"作用很大""作用较大"的比例和为71.94；认为"作用较小""基本没作用"的比例和为5.76%。分析可知，超七成村庄对劳动技能培训的评价较高。

表47　　　　　　　　　　村庄对劳动技能培训的作用评价

作用情况	占比（%）	样本数（个）
作用很大	33.09	46
作用较大	38.85	54
作用一般	22.30	31
作用较小	5.04	7
基本没作用	0.72	1
合计	100	139

注：有效样本为139个、缺失值为0个。

（5）村庄对劳动技能脱贫作用的评价自东向西呈现递减趋势。通过分析不同地区村庄对脱贫考察项目的考核，如表48所示，在139个有效样本中，东部地区、中部地区、西部地区村庄对认为劳动技能脱贫作用的评价中，"作用很大""作用较大"比例之和分别为77.78%、71.88%、68.75%，自东向西呈现递减趋势；"东部地区""中部地区""西部地区"村庄中认为"作用一般"的比例分别为22.22%、25.00%、18.75%。可知，村庄对劳动技能脱贫作用的评价自东向西呈现递减趋势。

表48　　　　　　　　不同地区村庄对劳动技能培训脱贫作用的评价

地区分组	作用情况（%）					样本数（个）
	作用很大	作用较大	作用一般	作用较小	基本没作用	
东部地区	37.04	40.74	22.22	0	0	27
中部地区	28.13	43.75	25.00	3.12	0	64
西部地区	37.50	31.25	18.75	10.42	2.08	48

注：有效样本为139个、缺失值为0个。

三、教育扶贫持续发力对策建议

（一）多元合力，答"谁来扶"之题

加强顶层设计，做好统筹协调，集中政府、学校、企业、村庄方方面面的力量，多元参与，共同发力，取得协同攻关效果。

1. 以政府为主体

各级政府要发挥脱贫攻坚的主体作用，通过教育扶贫政策倾斜，加强政策导向作用，从而实现贫困地区村民切实脱贫。首先，加强对少数民族地区的政策倾斜，提高民族地区学生接受优质教育的机会，提升少数民族村庄教育发展的能力。其次，着力边远地区和连片特困地区的脱贫教育工作，加大"三支一扶"人才倾斜力度。最后，关注中、西部地区村庄扶贫教育差异化需求，倾斜西部地区师资帮扶政策与中部地区基础教育设施建设政策，从而提供符合各地不同特色的扶贫政策。

2. 以企业为辅助

开放农村教育市场，以市场化手段激发各类主体参与扶贫，实现农业培训就地脱贫和劳动技能就业外部就业的双向度脱贫供给。其一，鼓励企业与村庄建立对接帮扶关系，借助企业的资源和信息优势，扩展教育扶贫新去向，例如，阿里巴巴公司开展的贫困地区师资培训和奖励计划，为贫困地区学校培养师资队伍。其二，以扶贫效率为导向，相应扩展农业培训的种类，培育新型农业所需的必要技能，提高自我发展的能力。

其三，以产业化方式激活教育扶贫潜力，建立"贫困户＋企业"耦合扶贫机制，增设与本地产业相关的专业科目，高效供给当地就业所需的劳动技能，提升教育扶贫的现实效果，实现"培养一人，就业一人"，带动地方产业与教育扶贫共同发展。

3. 以村庄为基点

将村庄组织纳入教育扶贫的常规轨道，建立村庄组织高效扶贫机制，有效实现村庄组织对教育扶贫工作的帮扶。第一，依托村庄的文化站点、医疗站点、便民服务站点等基层场所，开发全域教育扶贫资源，打造一体化教育扶贫新平台。第二，发挥村民自治组织的积极作用，促使自治组织的教育扶贫新发展，实现对扶贫对象理论、实际技能双提高发展，切实发挥农业培训、劳动技能培训的实际作用。第三，发挥村庄基层党支部的先进作用，鼓励村庄党员包户负责教育扶贫困难户，实现点对点精确指导，提高脱贫质量。

4. 以学校为纽带

利用学校、职校等的教育资源，积极引导各类学校与教育贫困户的双向互动，实现教育扶贫新效果。一方面，发挥幼儿园和小学等学校的基础性教育作用，建立奖学金、生活补助等方式，扶助教育困难村民，实现兜底扶贫作用。另一方面，密切与职业技术院校的合作，瞄准生产自救的新方向，通过农业技术教育、职业技术培训双重培训，实现教育落实到就业现实的新跨越。

（二）资源聚力，解"如何扶"之难

1. 借力文化扶贫，治贫先治愚

经济扶贫是采取物质方面的资助来脱贫，观念扶贫则重在转变人们的思维观念和精神面貌，激发群众脱贫内生动力，从观念上脱贫。首先，可以加大贫困地区的基础公共文化社会的扶贫力度，将资源适度的倾斜，来完善公共文化服务基础建设，广播电视、文化站建设以及网络媒介等基础，确保公共文化服务的设施在偏远落后的贫困地区同样可以享受到同等公共文化服务。其次，文化脱贫服务要有内容，针对区域现状供给文化服务内容，重在转变妇女、儿童、老人三类群体的传统观念，引导世界观与现代社会相融合。最后，确保贫困村儿童"人人有学可上""人人确保上学""人人温饱上学"，解决儿童孩子上学的后顾之忧，确保造血功能有动力保障，孩子才能够专心上学，切断贫困代际传播的途径。

2. 拓展就业渠道，脱贫可持续

经济发展与教育发展相互促进，现代化生产分工越来越凸显，会出现很多高学历的人找不到工作，也会反向影响贫困人口提升学历的积极性，因此针对贫困村学历提升的类型要"学以致用"，让他们所学的东西能顺利匹配到可用之处。第一，对贫困村学生培养上，定向高等教育培养和定向技能培养并举，扩大贫困地区招生同时要确保毕业顺利能够找到工作，可以将这些学生尽可能引导回到本地发展，持续为贫困地区发力，注入新鲜的血液；在技能培训上，给企业优惠条件，让企业参与定向的技能培训，吸纳更多有一技之能的人更好的就业。第二，逐渐的引导务工人员树立正确的"学历观"，逐渐的促使贫困人口重视学历提升的重要性，激发内生的学历提升动力。第三，引导农民进夜校。推动贫困地区农民夜校的开展，并给予一定的学习补助，既可以激发参加的活力，在这个过程之中也会潜移默化的培养学习的兴趣，也会促进农民的学历提升。

3. 挖掘乡土资源，致富先学技

五千年的历史积淀，积累了深厚乡土资源，陶行知说"社会即学校、生活即课堂"，村庄内有传统技能的人才很多，但是出现青黄不接的现象，因此将传统的技能经验进行脱胎换股，转化成脱贫技能教育，成为一种可能。其一，传统乡土技能转换教育机制成制度化。就需要政府制订一套相应制度体系，从挖掘乡土技能、明确知识产权归属、专家提出技能改进建议、技能转化成教学资源、将教学资源形成课堂在其他村庄开展推广、生产出来的产品搭建销售渠道。其二，培育一批"土专家"和"田秀才"，让农民自己当老师。注重调动乡村技艺能人，将比较优秀独特的技艺转化成一种示范，让他们将自己的技艺转化成教学，传授给其他想学的人，给予这些技能之人一定的补助，提升他们对于自身技能的自豪感和尊严感，让农民自己当老师，从而形成一定的主动意识和社会意识，促进教育技能脱贫。其三，搭建起乡土技能和现代知识的桥梁。传统的技能不能故步自封，要学习一些先进的知识经验进行改善，以能够更好地发挥其作用，同时也可以能够进行宣传示范；同时可以将传统技能转化成职业技能教育，形成独特的技能专业，以发扬光大。

(三) 考评助力，排"高效扶"之忧

1. 创新出新招

政府的有效考评是做好教育扶贫工作的重要保障。首先，政府各部门应当集中学习有关教育扶贫工作考核的知识，了解教育扶贫工作考核的重要性，从而转变自己的观念，加强对教育扶贫工作的考核重视，将其作为整个扶贫工作的重要方面。其次，要形成有效地考核机制，根据不同乡镇的教育扶贫工作，实行"N+X"考核机制（"N"即日常工作和常规任务等；"X"即教育扶贫工作）。最后，将教育扶贫的考核效果和政府各部门的绩效相挂钩，作为政府工作人员年度考核、选拔任用的重要依据，切实用好考核"指挥棒"。

2. 细则接地气

接地气的考核细则更具有生命力。一方面，在制定教育扶贫工作考核指标时要广泛听取村民意见，可以通过开村民大会的方式来详细记录村民的诉求想法，让教育扶贫工作考核指标细则与村情民意紧密结合，力争接地气与易落实。另一方面，不同地区的教育扶贫工作考核指标要根据本地区的实际情况，不搞"一刀切"，要针对性本地区教育扶贫的开展情况制定出符合本地区的指标细则。

3. 监督有力度

有力度考核监督才能确保教育扶贫的工作绩效。其一，政府应该成立专门的监督小组，定期前往村庄去进行实际的考察，将实地考察到有关教育扶贫的效果与政府已经进行过的考核进行核实打分，根据分数高低予以奖惩并做出相应的安排调整。其二，要充分发挥村庄以及村民监督主体的作用。村委会以及村民是教育扶贫工作中直接的面对者以及受益者，对于政府是否有效考核具有发言权。因此，可以通过开通教育扶贫监控平台，通过微信公众号、电话等电子媒体等多种形式让村民直接反映问题。

参考文献

[1] 黄进丽. 少数民族地区职业教育服务精准扶贫的路径选择 [J]. 职教论坛, 2017 (23): 85-88.

[2] 邓德艾. 武陵山片区电商职业教育精准扶贫提升路径研究 [J]. 中国职业技术教育, 2017 (19): 31-37.

[3] 于洪生, 李德. 扶贫重在精准, 制胜之道也在精准——基于党员干部对精准扶贫认知的调查分析 [J]. 河南社会科学, 2017 (3): 100-106.

[4] 梁立新. 精准扶贫情境下贫困地区公共文化服务精准识别研究 [J]. 浙江学刊, 2017 (1): 164-169.

[5] 季飞, 吴水叶. 大扶贫背景下西部地区职业教育发展的政策工具选择 [J]. 贵州社会科学, 2019 (1): 92-100.

[6] 谭平, 夏海兵, 马超. 脱贫举措与技能培训精准对接问题分析——以重庆市为例 [J]. 成人教育, 2018 (6): 65-68.

养老服务篇

供需杠杆撬动农村养老服务"再上台阶"

——基于湖南省76个村庄1154位老年人的调查与研究

湖南文理学院"湖南农村基层治理研究中心"
教育部人文社会科学重点研究基地——华中师范
大学中国农村研究院调查咨询中心

摘 要：在人口老龄化趋势不断加深的大背景下，如何健全农村养老服务体系、推动村庄养老服务有效供给显得尤为迫切。当前，湖南省农村养老服务数量和质量虽有一定提升，但养老服务仍面临着供不应需、供需不均、供不适需的问题，"数量不足、结构失衡、质量不佳"三难格局导致养老服务难以真正满足老年人需求。为进一步推进农村养老服务事业的发展，课题组认为应着力从四个方面入手：完善基础供给，拓宽供给广度；甄别需求差异，提升服务精度；遵从选择意愿，增强服务效度；完善政策保障，夯实执行力度。

关键词：养老服务；供给；需求

　　中共十九大报告指出，积极应对人口老龄化，构建养老、孝老、敬老政策体系和社会环境，加快老龄事业和产业发展。在当前加快推进农村养老服务供给侧结构性改革的背景下，考察老年人的需求与意愿、提升农村老年人服务的有效供给显得尤为重要。为此，华中师范大学中国农村研究院湖南调研基地依托"百村观察"项目组在2017年暑假期间，针对相关主题，对湖南省76个村1154位老年人进行了问卷调查与深度访谈。调查研究发现：湖南省老年人服务供给总体状况良好，然而，由于老年人养老服务供给数量不足、供给质量不佳、供给结构不均衡，使农村老年人养老服务呈现出"供需不称、供需不均、供需不适"的格局。对此，课题组建议通过完善基础供给、甄别需求差异、完善政策保障等途径，拓宽供给广度，提升服务精度，增强服务效度，夯实执行力度，进而加快老龄事业和产业的发展。

一、老年人养老服务的意愿需求状况

(一) 老年人养老方式的意愿需求

1. 目前老年人以自我或家庭养老方式为主

通过调查老年人目前采取的养老方式,如表1所示。我们发现,选择"传统家庭养老"的老年人比重为55.72%,超过半数,而选择"依靠自己或老伴养老"的老年人比重为42.81%,两者总和达到98.53%,因此可以看出,当前老年人养老以依靠自己或老伴养老与家庭养老为主。这也在一定程度上说明了其他养老机构与养老方式目前不能满足老年人的养老需求。

表1　　　　　　　　目前老年人采取的养老方式分布情况

养老类型	占比(%)	样本数(个)
依靠自己或老伴养老	42.81	494
传统家庭养老	55.72	643
机构养老	0.69	8
居家养老	0.61	7
其他	0.17	2
合计	100	1154

注:有效样本为1154个、缺失值为0个。

2. 汉族老年人自我养老意识相对较强

对比不同民族老人养老方式的选择,如表2所示。我们发现,有62.31%的少数民族老年人选择"传统家庭养老",而选择"传统家庭养老"的汉族老年人比重为53.72%,低于少数民族老年人占比。同时,选择"依靠自己或老伴养老"方式的老年人中,汉族老年人比重为45.15%,少数民族老年人占比是35.07%。因此,少数民族老年人更倾向于传统家庭养老,而汉族老年人则更多依靠自己或老伴养老。

表 2　　　　　　　　　　不同民族老年人养老方式的分布状况

民族	主要养老方式（%）					样本数（个）
	依靠自己或老伴养老	传统家庭养老	机构养老	居家养老	其他	
汉族	45.15	53.72	0.23	0.68	0.22	886
少数民族	35.07	62.31	2.24	0.38	0	268

注：有效样本为 1154 个、缺失值为 0 个。

3. 相比非农业户口，农业户口与统一居民户口老年人更倾向选择家庭养老

考察户口状态与老年人养老方式选择的关系，如表 3 所示。非农业户口的老年人选择"依靠自己或老伴养老"的比重为 63.89%，明显高于农业户口的老年人的比重 42.67%，和统一居民户口老年人的比重 19.24%。此外，农业户口老年人选择"传统家庭养老"占比 56.32%，统一居民户口选择"传统家庭养老"占比达到 65.38%，而非农业户口选择"传统家庭养老"占比远低于农业户口与统一居民户口，占比仅为 30.57%。由此看出，非农业户口老年人更倾向于自我养老，农业与统一居民户口倾向于家庭养老。

表 3　　　　　　　　　　户口状态与老年人养老方式的现状

户口状态	主要养老方式（%）					样本数（个）
	依靠自己或老伴养老	传统家庭养老	机构养老	居家养老	其他	
农业	42.67	56.32	0.73	0.19	0.09	1092
非农业	63.89	30.57	0	2.78	2.76	36
统一居民户口	19.24	65.38	0	15.38	0	26

注：有效样本为 1154 个、缺失值为 0 个。

4. 健康状况越好，老年人越倾向于选择自我养老

由表 4 可知，不同健康状况的老年人选择养老方式的情况，58.92% 的健康状况很好的老年人选择"依靠自己或老伴养老"；健康状况很不好的老年人选择"依靠自己或老伴养老"占比仅为 31.93%。同时，随着健康状况的恶化，选择"依靠自己或老伴养老"的比重也越来越低，相反，随着健康状况的提升，选择"传统家庭养老"的比重

会越来越高。总体而言，老年人养老方式的选择与个人的健康状况关系密切，健康状况越好则更倾向于选择自我养老。

表4　健康状况对老年人养老方式的影响

健康状况	依靠自己或老伴养老	传统家庭养老	机构养老	居家养老	其他	样本数（个）
很好	58.92	37.84	1.62	1.62	0	185
较好	44.10	54.22	0.84	0.84	0	356
一般	40.31	58.96	0	0.23	0.50	402
不好	31.93	67.02	1.05	0	0	191
很不好	25.00	75.00	0	0	0	20

注：有效样本为1154个、缺失值为0个。

5. 子女不孝顺的老年人选择机构养老占比相对较高

分析老年人子女是否孝顺与主要养老方式之间的关系，如表5所示。我们发现，子女都孝顺的老年人选择"依靠自己或老伴养老"与"传统家庭养老"的比重分别为41.41%和57.52%，合计达到98.93%，选择"机构养老"的占比仅为0.13%；而子女都不孝顺的老年人选择"机构养老"占比33.33%，子女大都不孝顺的老年人选择"机构养老"占比9.09%，子女孝顺的老年人很少选择"机构养老"。由此可见，子女不孝顺的老年人相比选择机构养老占比更高。

表5　子女是否孝顺对养老方式的影响

子女是否孝顺	依靠自己或老伴养老	传统家庭养老	机构养老	居家养老	其他	样本数（个）
都孝顺	41.41	57.52	0.13	0.81	0.13	751
大多孝顺	46.29	53.71	0	0	0	229
总体一般	38.97	60.29	0	0.74	0	136
大都不孝顺	45.46	36.36	9.09	0	9.09	11
都不孝顺	33.33	33.33	33.34	0	0	3

注：有效样本为1130个、缺失值为24个。

6. 近八成老年人对家庭养老期望度高

如表6所示，通过考察，在1153个有效样本中，希望"传统家庭养老"的老年人比例为79.36%，希望"依靠自己或老伴养老"占比为13.79%，排在次席，两者之和高达93.15%，仅不到一成的老年人选择其他养老机构与养老方式。由此可见，传统的养老观念依然深入老年人内心，在所有养老类型中，老年人对家庭养老期望度最高。

表6　　老年人对养老方式的期望类型状况

养老类型	占比（%）	样本数（个）
依靠自己或老伴养老	13.79	159
传统家庭养老	79.36	915
机构养老	2.25	26
居家养老	1.91	22
社区养老	1.30	15
互助养老	0.78	9
其他	0.61	7
合计	100	1153

注：有效样本为1153个、缺失值为1个。

7. 农业户口的老年人更倾向于家庭养老

分析户口状态与老年人期望的养老方式之间的关系，如表7所示。在非农业户口的受访老年人中，52.77%的人更期望"依靠自己或老伴养老"，而农业户口老年人选择"传统家庭养老"的占比最高，达到81.21%，同时，统一居民户口的老年人期望以"传统家庭养老"方式的占比为57.69%。由此可见，非农业户口老年人更期望自主养老，农业户口与统一居民户口老年人更期望家庭养老。

表7　　不同户口状态老年人期望的养老方式

户口状态	依靠自己或老伴养老	传统家庭养老	机构养老	居家养老	社区养老	互助养老	其他	样本数（个）
农业户口	12.37	81.21	2.29	1.65	1.11	0.73	0.64	1091

续表

户口状态	希望的养老方式（%）							样本数（个）
	依靠自己或老伴养老	传统家庭养老	机构养老	居家养老	社区养老	互助养老	其他	
非农业户口	52.77	38.89	0	0	5.56	2.78	0	36
统一居民户口	19.23	57.69	3.85	15.38	3.85	0	0	26

注：有效样本为1153个、缺失值为1个。

8. 子女经济条件好的老年人对自主养老期望较高

考察子女经济条件与老年人养老方式期望类型之间的关系，如表8所示。在1127个有效样本中，子女经济条件"大部分好""都较好""总体一般"的老年人期望"依靠自己或老伴养老"的占比分别为22.52%、15.11%、12.03%，子女经济条件"大部分差"的老年人占比最低，仅为6.25%。总体而言，子女经济条件好的老年人对于依靠自己或老伴养老的期望更高。

表8　　子女的经济条件对老年人养老方式的影响

子女的经济条件	希望的养老方式（%）							样本数（个）
	依靠自己或老伴养老	传统家庭养老	机构养老	居家养老	社区养老	互助养老	其他	
都较好	15.11	81.29	0.72	0.72	0.72	0.72	0.72	139
大部分好	22.52	71.98	1.10	2.75	1.10	0.55	0	182
总体一般	12.03	81.40	2.23	1.68	1.12	0.84	0.70	715
大部分差	6.25	90.00	0	2.50	1.25	0	0	80
都较差	9.09	72.73	0	0	18.18	0	0	11

注：有效样本为1127个、缺失值为27个。

（二）老年人对养老机构的需求

1. 文化程度越高，前往养老机构的意愿越强

通过考察不同教育水平的老年人前往养老院等养老机构的意愿，如表9所示。我们

发现，文化程度为"文盲"和"小学"的老年人愿意前往养老机构的占比分别是7.14%和1.64%，而文化程度为"高中"和"大专及以上"的老年人愿意前往养老机构的占比则是8.96%和10.39%，整体呈现上升趋势。由此可见，老年人文化程度越高，前往养老机构的意愿越强。

表9　文化程度对老年人是否愿意去养老机构的影响

文化程度	是否愿意去养老机构（%）		样本数（个）
	愿意	不愿意	
文盲	7.14	92.86	266
小学	1.64	98.36	61
初中	11.55	88.45	537
高中	8.96	91.04	212
大专及以上	10.39	89.61	77

注：有效样本为1153个、缺失值为1个。

2. 收入水平越低的老年人越愿意前往养老机构养老

考察不同家庭收入的老年人是否愿意去养老院等机构养老，根据表10可知，中低收入的老年人愿意去养老院的占比最高，为12.26%，中高收入和高收入的老年人愿意去养老院的占比明显下降，分别为5.67%和3.54%。由此可见，老年人的收入水平越低，越愿意去养老院养老。

表10　家庭收入情况对老年人是否愿意去养老院的影响

家庭收入	是否愿意去养老院（%）		样本数（个）
	是	否	
低等收入	10.45	89.55	660
中低收入	12.26	87.74	106
中等收入	10.83	89.17	120
中高收入	5.67	94.33	141
高收入	3.54	96.46	113

注：有效样本为1140个、缺失值为14个。

3. 子女越不孝顺，老年人前往养老机构的比例越高

分析老年人子女是否孝顺与老年人是否愿意去养老院等养老机构之间的关系，如表11所示。我们发现，子女"都孝顺"或者"大都孝顺"的老年人愿意去养老院的占比分别为6.93%和10.04%，而"总体一般"或"大都不孝顺"以及"都不孝顺"的老年人愿意去养老院的占比分别为11.76%、18.18%、100%。随着子女孝顺程度降低，老人前往养老院的意愿增强。整体而言，子女越孝顺，老年人越不愿意去养老院养老；子女越不孝顺，老年人去养老院等机构养老的比例越高。

表11　　子女孝顺程度对老年人是否愿意去养老院的影响

子女孝顺程度	是否愿意去养老院（%）		样本数（个）
	是	否	
都孝顺	6.93	93.07	750
大都孝顺	10.04	89.96	229
总体一般	11.76	88.24	136
大都不孝顺	18.18	81.82	11
都不孝顺	100.00	0	3

注：有效样本为1129个、缺失值为25个。

4. 子女赡养是老人不愿意去养老院等养老机构养老的主要原因

调查老年人不愿意去养老机构养老的原因，如表12所示。1028个有效样本中，有658个老年人选择"有子女来赡养，不需要"，占比最高，达到64.01%；有108个老年人样本选择"不习惯养老院的环境"，占比次之，为10.51%；有103个老年人样本选择"经济状况不允许"，占比10.01%。通过数据可以发现，子女赡养是老人不愿意去养老院等养老机构的主要原因。

表12　　不愿意去养老院的原因

原因	占比（%）	样本数（个）
有子女来赡养，不需要	64.01	658
经济状况不允许	10.01	103

续表

原因	占比（%）	样本数（个）
丢面子，怕别人说闲话	7.30	75
不习惯养老院的环境	10.51	108
担心养老院服务不好	4.77	49
其他	3.40	35
合计	100	1028

注：有效样本为1028个、缺失值为16个。

（三）老年人对养老服务场所的需求

1. 老年活动室或服务中心是老年人最希望的服务机构或场所

考察老年人最希望得到的服务机构或者场所，对1150个有效样本进行多重响应分析，如表13所示。分析结果显示，932位老人选择了"老年活动室或服务中心"作为最希望提供的机构或场所类型，占比高达81.04%。"休闲娱乐中心"和"健康康复中心"分列第二、第三位，比重分别为59.13%和43.57%，远小于"老年活动室或服务中心"所占的比重。由此可知，老年活动室或服务中心是目前老年人最迫切需要的服务机构或场所。

表13　　　　　　老年人希望当地提供的服务机构或场所情况

提供的机构或场所类型	占比（%）	样本数（个）
老年活动室或服务中心	81.04	932
养老院、敬老院、老年公寓等机构	24.52	282
老年人日间照料中心	20.26	233
健康康复中心	43.57	501
休闲娱乐中心	59.13	680
文化学习中心	14.96	172
其他	0.78	9
合计	244.26	2809

注：有效样本为1150个、缺失值为4个。此表为多重响应。

2. 汉族农户对老年人活动场所设施与服务的评价更低

按民族分组考察养老设施和服务能否满足老年人的需要，如表14所示。汉族老年人认为当前设施与服务"基本不能"和"完全不能"满足需要的占比分别为8.63%和2.03%，而少数民族老年人中，2.78%的老人认为设施和服务"完全能"满足需要，认为"一般"和"基本能"满足需要的比重则为50.00%和47.22%，认为"基本不能"和"完全不能"的占比则为0%。由此可知，汉族农户对当前提供的老年人活动场所设施与服务的评价更低。

表14　　　　　　　　不同民族的农户对设施和服务的满足情况

民族	设施和服务是否满足需要（%）					样本数（个）
	完全能	基本能	一般	基本不能	完全不能	
汉族	2.54	35.53	51.27	8.63	2.03	197
少数民族	2.78	47.22	50.00	0	0	36

注：有效样本为233个、缺失值为2个。

3. 农业户口老年人认可老年人活动场所设施与服务的程度更低

按户口状态分组考察设施和服务能否满足老年人需要，如表15所示。农业户口老年人认为设施和服务"完全能"满足需要以及"基本能"满足需要的占为2.90%和35.75%，而非农业户口受访老人中，认为"基本能"满足需要的比重为63.16%，明显高于农业户口老年人比重。由此可知，非农业户口农户认为老年人活动场所设施与服务基本能满足需求，农业户口老年人对于设施和服务的满足程度更低。

表15　　　　　　　分户口状态的农户对设施和服务的满足情况

户口状态	设施和服务是否满足需要（%）					样本数（个）
	完全能	基本能	一般	基本不能	完全不能	
农业户口	2.90	35.75	53.14	6.28	1.93	207
非农业户口	0	63.16	26.31	10.53	0	19
统一居民户口	0	14.29	57.14	28.57	0	7

注：有效样本为233个、缺失值为2个。

（四）老年人养老服务内容的需求

1. 老年人对于体力型生活服务需求程度最高

考察老年群体对各类生活服务的需求，如表16所示，在三类日常生活服务中，非常需要和比较需要"安装、维修、搬运等体力活"服务的老年人占比为12.05%和31.63%，而"日间照料"和"家政服务"两个服务类型下，选择非常需要和比较需要的比重分别为5.72%、17.16%和4.42%、15.86%。比较可知，在各类日常生活类服务中，老年人对体力活服务的需求最为强烈。

表16 老年人对不同类型日常生活服务需求状况

服务类型	分类	非常需要	比较需要	一般	不太需要	不需要	样本数（个）
日常生活	日间照料	5.72	17.16	25.73	27.04	24.35	1154
日常生活	家政服务	4.42	15.86	26.34	29.55	23.83	1154
日常生活	安装、维修、搬运等体力活	12.05	31.63	25.90	16.12	14.30	1154

注："日间照料""家政服务""安装、维修、搬运等体力活"有效样本为1154个、缺失值为0个。

2. 老年人对医疗保健类服务需求普遍较高，对免费体检、义诊的需求更高

如表17所示，在医疗保健类服务中，将三种服务分类下老人选取非常需要和比较需要的比例累加，可以得出，"免费体检、义诊"累计占比76.25%，"护理保健"的累计占比为57.97%，"健康教育、咨询"的累计比重则是51.26%，三者均超过半数。因此可以发现，整体而言老年人对医疗保健类服务的需求较为明显，且对于"免费体检、义诊"服务的需求最为突出。

表 17　　老年人对不同类型医疗保健服务需求状况

服务类型	分类	需求程度（%）					样本数（个）
		非常需要	比较需要	一般	不太需要	不需要	
医疗保健	免费体检、义诊	38.99	37.26	16.90	4.94	1.91	1154
	护理保健	27.73	30.24	26.43	9.45	6.15	1154
	健康教育、咨询	24.46	26.80	28.36	12.83	7.55	1153

注："免费体检、义诊""护理保健"有效样本为1154个、缺失值为0个；"健康教育、咨询"有效样本为1153个、缺失值为1个。

3. 精神慰藉类服务中，老年人更偏好慰问探访和情感交流

探究老年人对于精神慰藉类服务的需求程度（如表18所示），可以看出，对于慰问探访持"非常需要"和"比较需要"态度的占比分别为11.70%和31.11%，两者合计达到42.81%，而"非常需要"和"比较需要"情感交流的比重合计为38.56%，而对于心理咨询服务，认为"非常需要"和"比较需要"的老人占比累计为24.95%，明显低于其他两项。综上所述，在精神慰藉类服务中，老年人更需要慰问探访和情感交流。

表 18　　老年人对不同类型精神慰藉服务需求状况

服务类型	分类	需求程度（%）					样本数（个）
		非常需要	比较需要	一般	不太需要	不需要	
精神慰藉	慰问探访	11.70	31.11	29.89	18.46	8.84	1154
	情感交流	8.84	29.72	31.72	19.15	10.57	1154
	心理咨询	7.19	17.76	32.67	25.91	16.47	1154

注："慰问探访""情感交流""心理咨询"有效样本为1154个、缺失值为0个。

4. 老年人对于休闲娱乐类服务的需求呈全面均衡趋势

如表19所示，在考察老年人对于不同休闲娱乐服务项目的需求时，把棋牌（麻将）室、戏曲歌舞、体育健身设施以及图书（报刊）室四个服务类型下，老人们认为"非常需要"和"比较需要"的比例累加，和分别为31.37%、31.37%、30.42%、23.66%。因此可以看出，当前老年人对于各类休闲娱乐服务的需求处于较为均衡的态势，老年人的休闲娱乐需求正在向多方面发展。

表 19　　　　　　　　　老年人对不同类型休闲娱乐服务需求状况

服务类型	分类	需求程度（%）					样本数（个）
		非常需要	比较需要	一般	不太需要	不需要	
休闲娱乐	棋牌（麻将）室	9.01	22.36	31.80	18.63	18.20	1154
	戏曲歌舞	7.97	23.40	31.37	19.41	17.85	1154
	体育健身设施	7.54	22.88	28.60	23.05	17.93	1154
	图书（报刊）室	6.33	17.33	27.38	26	22.96	1154

注："棋牌（麻将）室""戏曲歌舞""体育健身设施""图书（报刊）室"有效样本为1154个、缺失值为0个。

5. 老年人对于权益保障类服务的需求目前处于较低层次

针对政策咨询和法律咨询、援助两大权益保障类服务的需求程度进行分析，如表20所示。可以看出，认为政策咨询服务"非常需要"以及"比较需要"的占比为10.83%和24.00%，合计占比为34.83%，而认为"非常需要"或"比较需要"法律咨询、援助的老年人所占比重为10.57%和19.93%，合计比重为30.50%，两者均为三成左右。由此可见，当前老年人对于权益保障类服务的需求程度相对较低。

表 20　　　　　　　　　老年人对不同类型权益保障服务需求状况

服务类型	分类	需求程度（%）					样本数（个）
		非常需要	比较需要	一般	不太需要	不需要	
权益保障	政策咨询	10.83	24.00	36.31	16.12	12.74	1154
	法律咨询、援助	10.57	19.93	35.62	18.37	15.51	1154

注："政策咨询""法律咨询、援助"有效样本为1154个、缺失值为0个。

（五）老年人对村级组织化活动的需求

1. 五成以上老年人需要村庄组织集体活动

对老年人是否需要村庄组织集体活动进行分析，如表21所示。1150个有效样本中，有462个老年人认为"比较需要"村庄组织集体活动，占比为40.17%，有151个老年人认为"非常需要"村庄组织集体活动，占比为13.13%，两者和为53.30%；认为"偶尔需要"或者"不需要"村庄组织集体活动的占比分别为26.70%、20.00%,两者和为46.7%,低于前者6.6个百分比。由此可见,五成以上老年人需要村庄组织集体活动。

表21　　是否需要村庄组织集体活动

需要程度	占比(%)	样本数(个)
非常需要	13.13	151
比较需要	40.17	462
偶尔需要	26.70	307
不需要	20.00	230
合计	100	1150

注:有效样本为1150个、缺失值为4个。

2. 老年人文化水平越高,对集体活动的需求度越高

基于对1150个有效样本的分析,我们研究了不同文化程度老年人对村庄集体活动的需要程度。据表22可知,文盲中认为"非常需要"和"比较需要"的比例和为44.15%,小学文化程度老年人中认为"非常需要"和"比较需要"的比例和为42.62%,高中水平的老年人认为"非常需要"和"比较需要"的比例和为67.13%,大专及以上学历的老年人中认为"非常需要"和"比较需要"的比例为68.83%。由此可知,文化程度较高者中需要村庄组织集体活动的比例高于文化程度较低者。文化水平越高,对集体活动的需求度越高。

表22　　不同文化程度老年人对村庄组织集体活动的需要程度

文化程度	是否需要村庄组织集体活动(%)				样本数(个)
	非常需要	比较需要	偶尔需要	不需要	
文盲	13.21	30.94	32.83	23.02	265
小学	3.28	39.34	19.67	37.71	61
初中	14.04	37.27	28.65	20.04	534
高中	15.96	51.17	16.91	15.96	213
大专及以上	6.49	62.34	24.69	6.49	77

注:有效样本为1150个、缺失值为4个。

3. 农业户口的老年人对村庄组织集体活动的需求程度更高

从户口状态的角度来分析老年人对村庄组织集体活动的需求程度。如表23所示，在1150个有效样本中，农业户口的老年人认为"比较需要"村庄组织集体活动的占比为40.26%，"不需要"村庄组织集体活动的占比为20.40%，而非农业户口的老年人认为"比较需要"村庄组织集体活动的占比36.11%，认为"不需要"村庄组织集体活动的占比为22.22%。据此可知，相较非农业户口的老年人，农业户口的老年人对村庄组织集体活动的需求程度更高。

表23 不同户口状态老年人对村庄组织集体活动的需要程度

户口状态	非常需要	比较需要	偶尔需要	不需要	样本数（个）
农业户口	12.41	40.26	26.93	20.40	265
非农业户口	16.67	36.11	25.00	22.22	61
统一居民户口	38.46	42.31	19.23	0	77

注：有效样本为1150个、缺失值为4个。

4. 健康状况越好的老人对村庄组织集体活动的需求程度越高

针对不同健康状况的老年人进行考察，探究不同健康状况下老年人对村庄集体活动的需要程度。调查数据表明（见表24），健康状况很好或较好的老人中，不需要村庄集体活动的比重仅为11.35%和16.90%，身体状况一般的老人不需要村庄组织集体活动的占比达到22.25%，而对于身体状况不好和很不好的老人，不需要村庄集体活动的比重高达29.47%和20.00%，均高于健康状况好的老人比例。因此可以得出，健康状况好的老人对于村庄组织集体活动的需要程度更高。

表24 不同健康状况老年人对村庄组织集体活动的需要程度

健康状况	非常需要	比较需要	偶尔需要	不需要	样本数（个）
很好	9.19	52.97	26.49	11.35	185
较好	13.80	42.54	26.76	16.90	355

续表

健康状况	是否需要村庄组织集体活动（%）				样本数（个）
	非常需要	比较需要	偶尔需要	不需要	
一般	12.25	35.25	30.25	22.25	400
不好	16.84	33.16	20.53	29.47	190
很不好	20.00	45.00	15.00	20.00	20

注：有效样本为1150个、缺失值为4个。

二、农村养老服务的供给状况

（一）养老服务机构的供给

1. 村庄收入水平越高，养老机构的设置率越大

通过研究村庄收入对养老院等养老机构存在情况的影响（见表25），调查数据显示，在62个有效样本中，14个低收入村庄均无养老机构，而中低收入村庄、中等收入村庄及高收入村庄中，养老机构存在率分别是20.00%、21.43%和33.33%，整体呈上升趋势。可以看出，村庄收入水平越高，养老机构的设置率越大。

表25　村庄收入对养老机构设置的影响

村庄收入分组	是否有养老院等养老机构（%）		样本数（个）
	有	没有	
低收入村庄	0	100	14
中低收入村庄	20.00	80.00	10
中等收入村庄	21.43	78.57	14
中高收入村庄	16.67	83.33	12
高收入村庄	33.33	66.67	12

注：有效样本为62个、缺失值为14个。

2. 健康状况不佳的老年人入住养老机构的比例偏低

对养老机构入住情况和老年人健康状况之间的关系进行考察（见表26），通过排除村级没有养老机构的老年人样本发现，252个有效样本中，健康状况很好与较好的老年人入住养老机构的比例为6.52%和2.56%，合计占比9.08%，健康状况不好的老年人入住养老机构的比例较低，比重为5.56%。由此看出，健康状况不佳的老年人入住养老机构的比例偏低。

表26　　　　　　　　不同健康状况对是否入住养老机构的影响

健康状况	是否入住过养老机构（%）		样本数（个）
	是	否	
很好	6.52	93.48	46
较好	2.56	97.44	78
一般	2.25	97.75	89
不好	5.56	94.44	36
很不好	0	100	3

注：有效样本为252个、缺失值为2个。

3. 不足四成的老人认为村里有必要建设养老机构

对村里是否有必要建设村级养老机构进行考察（见表27），在1151个有效样本中，认为没有必要建设养老机构的占比7.90%，认为村庄建设养老机构非常必要和比较必要的比重分别为10.08%和27.37%，两者合计37.45%。由此可见，少数老年人认为有必要建设村级养老机构，老年人对村级养老机构认可度有待提高。

表27　　　　　　　　村级养老机构建设的必要性

村里是否有必要建设养老机构	占比（%）	样本数（个）
非常必要	10.08	116
比较必要	27.37	315
一般	29.45	339
不太必要	25.20	290

续表

村里是否有必要建设养老机构	占比（%）	样本数（个）
没有必要	7.90	91
合计	100	1151

注：有效样本为1151个、缺失值为3个。

4. 文化程度越高的老年人认为建设养老机构的必要性越高

研究不同教育水平的老年人对建设养老院必要性的情况（见表28），文盲文化程度的老年人认为村级养老机构建设非常必要的占比为6.77%，而没有必要的占比为7.14%；大专及以上文化程度的老年人认为村级养老机构建设非常必要和没有必要占比分别为11.69%和5.19%。对比可知，教育水平与老年人建设村级养老院的必要性整体呈正相关，文化程度高的老年人认为建设养老机构的必要性越高。

表28　　　　　　　　不同文化程度老年人对建设养老机构必要性的影响

文化程度	村里是否有必要建设养老机构（%）					样本数（个）
	非常必要	比较必要	一般	不太必要	没有必要	
文盲	6.77	24.44	34.96	26.69	7.14	266
小学	4.92	8.20	45.90	39.34	1.64	61
初中	11.78	26.17	25.23	27.47	9.35	535
高中	10.85	40.57	22.64	17.92	8.02	212
大专及以上	11.69	24.68	45.45	12.99	5.19	77

注：有效样本为1151个、缺失值为3个。

5. 健康状况不好的老年人认为更有必要建设村级养老机构

考察不同健康状况老年人与村级养老机构建设必要性之间的关系（见表29），调查数据表明，健康状况很好的老人认为非常必要建设村级养老机构的占比为11.35%；健康状况较好的老人认为非常必要建设村级养老机构的占比为9.55%，健康状况不好的老人认为非常必要建设村级养老机构的占比8.95%，健康状况很不好的老人认为非常必要建设村级养老机构的占比30.00%。由此可知，健康状况不好的老年人认为更有必要建设村级养老机构。

表29　　　　　　　不同健康状况老年人对建设养老机构必要性的影响

健康状况	村里是否有必要建设养老机构（%）					样本数（个）
	非常必要	比较必要	一般	不太必要	没有必要	
很好	11.35	26.49	37.84	18.37	5.95	185
较好	9.55	31.18	25.00	25.56	8.71	356
一般	9.50	21.75	32.00	27.25	9.50	400
不好	8.95	33.16	25.26	26.84	5.79	190
很不好	30.00	25.00	20.00	25.00	0	20

注：有效样本为115个、缺失值为3个。

6. 中低收入家庭老年人认为更有必要建设村级养老机构

如表30所示，不同收入家庭老年人认为村级养老机构建设的必要性存在差异，低等收入和中低收入的老年人认为非常有必要建设村级养老机构的占比分别为11.70%和8.47%，中高收入和高等收入的老年人认为非常有必要建设村级养老机构的占比分别为7.80%和5.31%。根据数据说明，家庭收入与建设养老院机构必要性有相关性，即收入越低，老年人认为建设村级养老机构的必要性更强。

表30　　　　　　　不同收入家庭对建设养老机构必要性的影响

家庭收入分组	村里是否有必要建设养老机构（%）					样本数（个）
	非常必要	比较必要	一般	不太必要	没有必要	
低等收入组	11.70	30.85	26.29	22.19	8.97	658
中低收入组	8.47	27.37	30.19	29.25	4.72	106
中等收入组	10.83	32.50	20.00	32.50	4.17	120
中高收入组	7.80	17.74	51.06	15.60	7.80	141
高等收入组	5.31	15.04	29.21	41.59	8.85	113

注：有效样本为1138个、缺失值为16个。

7. 不足五成的老年人住所与村庄活动场所距离为1公里以下

如表31所示，考察老年人家距离活动场所的情况可知，在232个有效样本中，家庭距离活动场所1公里以下的老人数量占比为44.40%，老人距离活动场所"1～2公里""2～3公里""3公里以上"的占比分别为30.60%，20.26%和4.74%。根据数据说明，五成以上的老人距离活动场所的距离都在 1 公里以上。

表31　　　　　　　　　　老年人距离村庄活动场所的距离情况

距离	占比（%）	样本数（个）
1 公里以下	44.40	103
1~2 公里	30.60	71
2~3 公里	20.26	47
3 公里以上	4.74	11
合计	100	232

注：有效样本为 232 个、缺失值为 3 个。

8. 近五成村庄卫生院都在老年人的可及范围之内

考察老年人距离村卫生院的情况，如表 32 所示，在 1088 个有效样本中，村卫生室距离老年人住所在 1 公里以下的占比为 49.91%，接近五成。而距离为"1~2 公里""2~3 公里""3 公里以上"的占比分别为 28.49%、11.95%、9.65%，可知，近五成村庄卫生院都在老年人的可及范围之内。

表32　　　　　　　　　　老年人距离村卫生院的距离情况

距离	占比（%）	样本数（个）
1 公里以下	49.91	543
1~2 公里	28.49	310
2~3 公里	11.95	130
3 公里以上	9.65	105
合计	100	1088

注：有效样本为 1088 个、缺失值为 66 个。

（二）养老服务场所的供给

1. 当前各类养老服务场所平均距离老年人住地偏远

分析不同类型养老服务场所和老年人家庭的平均距离（见表33），数据表明，老年人家庭住址与老年人活动场所的平均距离为 1.07 公里,同时与最近的村卫生室、乡卫生院、县医院平均距离分别是 1.17 公里、6.03 公里以及 17.61 公里。由此可见,当前各类养老服务场所距离老年人住地普遍偏远。

表33　　　　　　　　　不同养老服务场所离家的平均距离

养老服务场所类型	样本数(个)	与家距离均值(公里)
老年人活动场所	232	1.07
村卫生室	1088	1.17
乡卫生院	1144	6.03
县医院	1144	17.61

2. 拥有集体经济的村庄老年人活动场所设置率较高

分析村庄是否有集体经济对老年人活动场所建设的影响(见表34),可以发现,拥有集体经济的村庄中,老年人活动场所的设置率为 31.58%,而没有集体经济的村庄中,只有 25.49% 的村庄存在专门的老年人活动场所。据此可知,拥有集体经济的村庄老年人活动场所设置率较高。

表34　　　　　　　　　村庄集体经济对老年人活动场所的影响

是否有集体经济	有无专门的老年人活动场所(%)		样本数(个)
	有	没有	
是	31.58	68.42	19
否	25.49	74.51	51

注:有效样本为70个、缺失值为6个。

3. 农业户口的老年人使用老年人活动场所的频率较低

考量不同户口状态的老年人使用设施情况(见表35),由数据可知,农业户口老年人"偶尔使用"设施的占比为 40.10%,"经常使用"设施的占比最小,为 21.26%。相比较而言,非农业户口老年人"偶尔使用"设施的占比为 21.05%,"经常使用"设施的占比 73.68%。由此可见,比较于非农业户口和统一居民户口老年人,农业户口的老年人使用老年人活动场所的设施频率相对较低。

表35　　　　　　　　按户口状态分老年人活动场所使用情况

户口状态	使用老年人活动场所的设施（%） 经常使用	偶尔使用	从未使用	样本数（个）
农业户口	21.26	40.10	38.64	207
非农业户口	73.68	21.05	5.27	19
统一居民户口	57.14	14.29	28.57	7

注：有效样本为233个、缺失值为2个。

4. 近九成老年农户认为有必要建立专门的老年人活动场所

针对村里是否有必要建立专门的老年人活动场所进行调查（见表36），在1141个有效样本中，选择"比较必要"的样本占比最大，为45.14%，选择"没有必要"的样本占比最小，为2.54%，另外还有91个样本选择"不太必要"，占比为7.98%，由此可见，绝大多数老年农户认为，村里有必要设立专门的老年人活动场所。

表36　　　　　　　　村里是否有必要建设专门的老年人活动场所

是否必要	占比（%）	样本数（个）
非常必要	19.98	228
比较必要	45.14	515
一般	24.36	278
不太必要	7.98	91
没有必要	2.54	29
合计	100	1141

注：有效样本为1141个、缺失值为13个。

5. 文化程度高的老年农户认为建立老年人活动场所的必要性高

由表37可知，不同教育水平的老年人对村建老年人活动场所的态度，大专及以上的样本中多数认为"非常必要"或"比较必要"，占比分别为23.29%和58.90%，认为"没有必要"的占比为0%，而超过一成的初中文化样本认为"不太必要"或"没有必要"，占比分别为9.55%和4.31%。总体而言，文化程度较高的样本，对村里建立老年人专门活动场所的态度更积极。

表37　　　　　　　不同文化程度的农户对村建老年人活动场所的态度

文化程度	村里是否有必要建设专门活动场所（%）					样本数（个）
	非常必要	比较必要	一般	不太必要	没有必要	
文盲	16.60	41.51	32.45	7.55	1.89	265
小学	8.20	44.26	44.26	1.64	1.64	61
初中	20.97	43.26	21.91	9.55	4.31	534
高中	24.04	50.00	18.27	7.69	0.00	208
大专及以上	23.29	58.90	13.70	4.11	0.00	73

注：有效样本为1141个、缺失值为13个。

6. 少数民族对老年人活动场所的需求更迫切

考察不同民族的样本发现（见表38），少数民族老年人中认为非常必要建立专门的活动场所比重为16.92%，认为比较必要的占比为57.14%，比重合计为74.06%。认为"没有必要"的样本占比0.75%，比汉族样本低2.33个百分点，认为"不太必要"的占比为4.51%，比汉族样本低4.52个百分点，数据表明，少数民族的老年农户对村建老年人专用活动场所的需求更强一些。

表38　　　　　　　不同民族的老年农户对村建老年人专用活动场所的态度

民族	村里是否有必要建设专门活动场所（%）					样本数（个）
	非常必要	比较必要	一般	不太必要	没有必要	
汉族	20.91	41.49	25.49	9.03	3.08	875
少数民族	16.92	57.14	20.68	4.51	0.75	266

注：有效样本为1141、缺失值为13个。

（三）养老服务内容的供给

1. 日常生活服务供给普遍偏低

考察日常生活分组下各类服务的供应情况（见表39），调查数据显示，提供日间照料、家政服务以及安装、维修、搬运等体力活等服务的村庄占比分别是18.84%、17.39%、21.43%，提供率均在两成左右。由此可知，村庄对于日常生活类服务的供给处于较低水平。

表39　　　　　　　　　日常生活服务的供给情况

日常生活服务分组	是否提供（%）		样本数（个）
	是	否	
日间照料	18.84	81.16	69
家政服务	17.39	82.61	69
安装、维修、搬运等体力活	21.43	78.57	70

注："日间照料""家政服务"有效样本为69个、缺失值为7个；"安装、维修、搬运等体力活"有效样本为70个、缺失值为6个。

2. 免费体检是目前村庄所提供的最为主要的医疗保健服务

对村庄提供的医疗保健服务情况进行分析（见表40），可以看出，提供免费体检的村庄占比达到80.00%，提供健康教育、咨询的村庄比重为57.97%，而提供护理保健的村庄比例仅为34.29%。根据数据可以看出，免费体检是目前村庄所提供的最为主要的一项医疗保健服务。

表40　　　　　　　　　医疗保健服务的供给情况

医疗保健服务分组	是否提供（%）		样本数（个）
	是	否	
免费体检	80.00	20.00	70
护理保健	34.29	65.71	70
健康教育、咨询	57.97	42.03	69

注："免费体检""护理保健"有效样本为70个、缺失值为6个；"健康教育、咨询"有效样本为69个、缺失值为7个。

3. 各项精神慰藉服务中，慰问探访的供给率最高

探究不同类型的精神慰藉服务的供给状况（见表41），慰问探访服务的供给率达到68.12%，占比接近七成。而提供情感交流和心理咨询的村庄占比为47.06%和35.29%。对比发现，在各项精神慰藉服务中，慰问探访服务的供给率最高。

表 41　　　　　　　　　　　精神慰藉服务的供给情况

精神慰藉服务分组	是否提供（%） 是	是否提供（%） 否	样本数（个）
慰问探访	68.12	31.88	69
情感交流	47.06	52.94	68
心理咨询	35.29	64.71	68

注："慰问探访"有效样本为69个、缺失值为7个；"情感交流""心理咨询"有效样本为68个、缺失值为8个。

4. 休闲娱乐类服务中图书室供给率最高，比重也仅有五成左右

考察休闲娱乐服务的供给状况（见表42），可以看出，四个服务类型中，仅有图书室的供给率超过五成，占比为52.86%，而提供体育健身设施、棋牌室、戏曲歌舞的村庄占比分别为42.86%、38.57%以及28.57%。因此可知，休闲娱乐服务整体供应水平不高，供给率最高的图书室服务占比也仅有五成左右。

表 42　　　　　　　　　　　休闲娱乐服务的供给情况

休闲娱乐服务分组	是否提供（%） 是	是否提供（%） 否	样本数（个）
棋牌室	38.57	61.43	70
戏曲歌舞	28.57	71.43	70
体育健身设施	42.86	57.14	70
图书室	52.86	47.14	70

注："棋牌室""戏曲歌舞""体育健身设施""图书室"有效样本为70个、缺失值为6个。

5. 相比较法律咨询服务，政策咨询服务的供给率更高

对两项权益保障类服务的供给情况进行考察（见表43），数据表明，提供政策咨询服务的村庄比重为62.86%，而法律咨询服务的供给率则为48.57%，低于前者14.29%。因此可以看出，相比较法律咨询服务而言，村庄对于政策咨询服务的供给率更高。

表43　权益保障服务的供给情况

权益保障服务分组	是否提供（%）是	是否提供（%）否	样本数（个）
政策咨询	62.86	37.14	70
法律咨询	48.57	51.43	70

注："政策咨询""法律咨询"有效样本为70个、缺失值为6个。

6. 近六成老年农户参与过本村组织的老年人集体活动

由表44可知，在村庄组织过集体活动的182个有效样本中，共有108个样本参与过活动，占比为59.34%，74个样本没参与过，占比为40.66%，由此可见，近六成的老年农户参加了本村组织的老年人集体活动。

表44　老年农户参与本村老年人集体活动的比重

是否组织过	占比（%）	样本数（个）
参与过	59.34	108
没参与过	40.66	74
合计	100.00	182

注：有效样本为182个、缺失值为1个。

7. 汉族农户参与老年人集体活动的积极性更高

考察不同民族老年人参与集体活动的情况（见表45），发现172个汉族样本中，参与活动的样本占比较高，为60.47%；10个少数民族样本参与活动的占比较低，为40.00%。由此可见，汉族老年农户参与本村组织的集体活动的积极性更高。

表45　不同民族的老年农户对本村老年人集体活动的参与程度

民族	是否参与过村庄组织的老年人集体活动（%）参与过	是否参与过村庄组织的老年人集体活动（%）没参与过	样本数（个）
汉族	60.47	39.53	172
少数民族	40.00	60.00	10

注：有效样本为182个、缺失值为1个。

8. 家庭收入水平高的农户参与老年人集体活动更积极

通过对比不同家庭收入水平组的样本发现（见表46），中高收入组和高等收入组的样本参与集体活动的占比较高，分别为88.89%和82.35%，低等收入组的样本参与过集体活动的占比只有44.55%。总体而言，家庭收入水平越高的老年农户参与集体活动越积极。

表46　　　　　　　家庭收入对老年农户参与老年人集体活动的影响

家庭收入分组	是否参与过村庄组织的老年人集体活动（%） 参与过	是否参与过村庄组织的老年人集体活动（%） 没参与过	样本数（个）
低等收入组	44.55	55.45	101
中低收入组	58.33	41.67	12
中等收入组	42.86	57.14	7
中高收入组	88.89	11.11	27
高等收入组	82.35	17.65	34

注：有效样本为182个、缺失值为1个。

9. 近六成老年人认为有必要开展老年人集体活动

对开展老年人集体活动的必要性进行考察分析，如表47所示，在1149个有效样本中，认为"比较必要"开展老年人集体活动的占比最高，为37.60%；认为"非常必要"开展老年人集体活动的占比为18.89%；与此同时，认为"没有必要"开展老年人集体活动的占比最低，为2.52%；认为"不太必要"开展老年人集体活动的占比为10.01%。由此可知，近六成老年人认为有必要开展老年人集体活动。

表47　　　　　　　　开展老年人集体活动的必要性

是否必要	占比（%）	样本数（个）
非常必要	18.89	217
比较必要	37.60	432
一般	30.98	356

续表

是否必要	占比（%）	样本数（个）
不太必要	10.01	115
没有必要	2.52	29
合计	100	1149

注：有效样本为1149个、缺失值为5个。

10. 少数民族对老年人集体活动的需求更高

就不同民族老年人对老年人集体活动的必要性进行考察分析（见表48），在1149个有效样本中，汉族认为"非常必要"开展老年人集体活动的占比为18.12%，认为"比较必要"开展老年人集体活动的占比为35.79%，两者之和为53.91%；少数民族认为"非常必要"开展老年人集体活动的占比为21.43%，认为"比较必要"开展老年人集体活动的占比为43.61%，两者之和为65.04%，比汉族高11.13%。由此可知，少数民族对老年人集体活动的需求更高。

表48　　　　　　　　不同民族老年人对集体活动必要性的看法

民族	非常必要	比较必要	一般	不太必要	没有必要	样本数（个）
汉族	18.12	35.79	31.82	11.44	2.83	883
少数民族	21.43	43.61	28.20	5.26	1.50	266

注：有效样本为1149个、缺失值为5个。

11. 不足一成少数民族老年人享受过办理老年证

考察不同民族是否享受办理老年证的情况（见表49），可知1154个有效样本中，汉族老年人享受办理老年证的占比为23.59%，而少数民族老年人享受此类服务的占比仅为5.60%，不足一成。可见，相对汉族老年人，少数民族老年群体养老优待服务的享受率较低。

表49　　　　　　　　　　不同民族享受办理老年证情况

民族	是否享受（%）		样本数（个）
	是	否	
汉族	23.59	76.41	886
少数民族	5.60	94.40	268

注：有效样本为1154个、缺失值为0个。

（四）养老服务组织的供给

1. 少数民族村庄成立老年协会的比例较低

分析是否是少数民族对是否成立老年协会的影响（见表50），数据显示，在71个有效样本中，少数民族成立老年协会的占比最低，为5.88%，非少数民族成立老年协会的比例为31.48%，高于前者25.6个百分比；少数民族没有成立老年协会的比例最高，为94.12%，非少数民族没有成立老年协会的比例为68.52%，由此可见，少数民族成立老年协会的比例较低。

表50　　　　　　　　是否是少数民族对是否成立老年协会的影响

是否少数民族	是否成立老年协会（%）		样本数（个）
	有	没有	
是	5.88	94.12	17
否	31.48	68.52	54

注：有效样本为71个、缺失值为5个。

2. 村庄经济水平越发达，老年协会的数量越多

考察不同收入的村庄对是否成立老年协会的影响（见表51），低收入村庄与中低收入村庄有老年协会的占比分别为14.29%和10.00%，两者合计为24.29%；中高收入村庄与高收入村庄的占比分别为41.67%与33.33%，两者合计为75%，高于前者50.71个百分比。由此可见，经济水平越发达，老年协会的数量越多。

表 51　　　　　　　不同村庄收入情况对是否成立老年协会的影响

村庄收入	是否成立老年协会（%）		样本数（个）
	有	没有	
低收入村庄	14.29	85.71	14
中低收入村庄	10.00	90	10
中等收入村庄	21.43	78.57	14
中高收入村庄	41.67	58.33	12
高收入村庄	33.33	66.67	12

注：有效样本为62个、缺失值为14个。

3. 学历越高的老年人参与老年协会组织的情况越乐观

通过排除未参与老年协会组织的样本后，基于对161个有效样本的分析，我们研究了不同文化程度老年人参与老年协会组织的情况，由表52可知，文盲中从不参加老年人协会的比例接近九成，比例为81.82%；小学文化程度的老年人而从不参加老年人协会的比例次之，占比为66.67%，对于初中文化程度、高中文化程度、大专及以上文化程度的老年人从不参加老年协会组织的占比分别为52.44%、43.75%、27.27%，占比依次递减。综上可知，学历越高的老年人参与老年协会组织的情况越乐观。

表 52　　　　　　　不同文化程度老年人参与老年协会组织的情况

文化程度	老年协会组织的参与情况（%）			样本数（个）
	经常参加	偶尔参加	从不参加	
文盲	0	18.18	81.82	33
小学	0	33.33	66.67	3
初中	18.29	29.27	52.44	82
高中	25.00	31.25	43.75	32
大专及以上	18.18	54.55	27.27	11

注：有效样本为161个、缺失值为1个。

4. 汉族老年人对老年协会组织的参与度更高

就不同民族老年人对老年人集体活动的必要性进行考察分析，如表53所示，在161个有效样本中，汉族"经常参加"老年协会组织的占比为16.78%，"从不参加"老年协会组织的占比为53.15%，少数民族"经常参加"老年协会组织的占比为5.56%，低于汉族"经常参与"11.22个百分点。相比而言，汉族对老年协会组织的参与度更高。

表53　　　　　　　　　不同民族老年人参与老年协会组织的情况

民族	老年协会组织的参与情况（%）			样本数（个）
	经常参加	偶尔参加	从不参加	
汉族	16.78	30.07	53.15	143
少数民族	5.56	22.22	72.22	18

注：有效样本为161个、缺失值为1个。

5. 非农业户口的老年人参与老年协会组织的积极性更高

据对不同户口状态老年人参与老年协会组织积极性的差异的调查数据显示（见表54），在161个有效样本中，"经常参加"和"偶尔参加"老年协会组织的农业户口的老年人的占比分别为：14.81%和27.41%，累计占比为42.22%；而非农业户口的老年人的这一比例分别为：17.65%和35.29%，累计占比为52.94%，两者相距10.72个百分点。不难看出，非农业户口的老年人参与老年协会组织的积极性更高。

表54　　　　　　　　不同户口状态老年人参与老年协会组织的情况

户口状态	老年协会组织的参与情况（%）			样本数（个）
	经常参加	偶尔参加	从不参加	
农业户口	14.81	27.41	57.78	135
非农业户口	17.65	35.29	47.06	17
统一居民户口	22.22	44.44	33.34	9

注：有效样本为161个、缺失值为1个。

6. 健康状况较好的老人参与老年协会组织的情况更为乐观

考察不同健康状况的老年人对老年协会组织参与情况的影响（见表55），我们将健康状况为"很好"与健康状况"较好"的老年人合并为健康状况好，在161个有效样本中，健康状况好的老年人经常参加老年协会组织的占比为20.90%，我们将健康状况为"不好"与健康状况"很不好"的老年人合并为健康状况不好，可以看出，健康状况不好的老年人经常参加老年协会组织的占比为16.67%,低于前者4.23个百分比。由此可知,健康状况较好的老人参与老年协会组织的情况更为乐观。

表55　　　　　　　　不同健康状况老年人对集体活动必要性的看法

健康状况	老年协会组织的参与情况（%）			样本数（个）
	经常参加	偶尔参加	从不参加	
很好	0	33.33	66.67	27
较好	20.90	29.85	49.25	67
一般	17.39	30.44	52.17	46
不好	16.67	16.66	66.67	18
很不好	0	33.33	66.67	3

注：有效样本为161个、缺失值为1个。

7. 少数民族地区老年协会在服务老年群体中发挥作用较小

分析汉族和少数民族老人对于老年协会在服务老年群体作用的评价状况（见表56），可以看出,汉族和少数民族老人中,认为老年协会发挥作用一般的比重分别为53.19%和55.56%。而在汉族受访老人中,14.89%的老人认为老年协会发挥的作用较小,另有11.35%的老人认为老年协会发挥的作用很小,两者比重之和达到26.24%。而少数民族老人中认为老年协会发挥作用小的比例为38.88%,超过汉族地区老人12.64个百分点。综上所述,少数民族的老人更加不认可老年协会组织,认为其未能发挥出较为明显的作用。

表56　　　　　不同民族老人对老年协会在服务老年群体作用的评价情况

民族	老年协会组织作用效果（%）					样本数（个）
	作用很大	作用较大	一般	作用较小	作用很小	
汉族	3.55	17.02	53.19	14.89	11.35	141
少数民族	5.56	0	55.56	38.88	0	18

注：有效样本为159个、缺失值为3个。

8. 超过八成的老人对成立老年协会组织持有积极态度

考察老年人对于村庄成立老年协会组织的必要性的认识情况（见表57），可以发现，在1150个有效样本中，对成立老年协会组织持非常必要和比较必要态度的分别有172位和346位老人，占比分别为14.96%和30.09%，而对成立老年协会组织持一般态度的老人比重则为38.35%。此外，还有153位老人认为不太必要成立老年协会组织，以及38位老人认为没有必要成立老年组织，两者比例为13.30%和3.30%，合计16.60%。可见，仅有16.60%的受访老人认为不必要成立老年协会组织，还有超过八成老人对成立老年协会组织持中立或拥护态度。

表57　　　　　　　　老年人对于成立老年协会组织必要性的认识情况

类型	占比（%）	样本数（个）
非常必要	14.96	172
比较必要	30.09	346
一般	38.35	441
不太必要	13.30	153
没有必要	3.30	38
合计	100	1150

注：有效样本为1150个、缺失值为4个。

9. 文化程度越高的老人越支持成立老年协会组织

从文化程度角度分析老年人对于成立社会组织必要性的态度（见表58），可以看出，认为"不太必要"和"没有必要"成立老年协会组织的选项下，文盲学历、小学学历、初中学历、高中学历、大专及以上学历两类选项占比之和分别是21.43%、9.83%、16.88%、14.08%和10.39%，整体上呈现下降的趋势。因此可知，文化程度越高，老人越认为成立老年协会组织有必要。

表58　　　　不同文化程度老人对成立老年协会组织必要性的认识情况

文化程度	是否有必要成立老年协会组织（%）					样本数（个）
	非常必要	比较必要	一般	不太必要	没有必要	
文盲	10.90	29.32	38.35	17.67	3.76	266
小学	3.28	8.20	78.69	8.20	1.63	61
初中	16.51	30.02	36.59	12.38	4.50	533

续表

文化程度	是否有必要成立老年协会组织（%）					样本数（个）
	非常必要	比较必要	一般	不太必要	没有必要	
高中	20.66	29.58	35.68	12.67	1.41	213
大专及以上	11.69	51.95	25.97	10.39	0	77

注：有效样本为1150个、缺失值为4个。

10. 少数民族老人更加认同成立老年协会组织

针对汉族老人和少数民族老人对成立老年协会组织的必要性认识分别探究，如表59所示，14.74%的汉族老人认为"非常有必要"成立老年协会组织，另有29.14%的汉族老人认为成立老年协会组织"比较必要"。在少数民族老人的调查中，认为"非常必要"和"比较必要"成立老年协会组织的老人比重为15.67%和33.21%。汉族地区合计有43.88%的老人支持成立老年协会组织，而少数民族地区赞同成立老年协会的占比和为48.88%，高出汉族老人5%。因此可知，少数民族的老人对成立村级老年协会组织更加支持。

表59　　　　不同民族老人对于成立老年协会组织必要性的认识情况

民族	是否有必要成立老年协会组织（%）					样本数（个）
	非常必要	比较必要	一般	不太必要	没有必要	
汉族	14.74	29.14	38.66	14.40	3.06	882
少数民族	15.67	33.21	37.32	9.70	4.10	268

注：有效样本为1150个、缺失值为4个。

三、农村养老服务的供需问题

（一）养老服务机构的供需问题

1. 超过九成的老年人不愿前往养老院等养老机构

考察老年人前往养老机构的意愿情况，在1153个有效样本中，1044位老年人不愿意前往养老院等养老机构，比例达到90.55%，而愿意去养老机构的老年人占比仅为9.45%，不到一成，见表60。由此可以看出，老年人前往养老院等养老机构进行养老的意愿明显不足。

表60　　　　　　　　　老年人前往养老院等养老机构养老的意愿状况

意愿情况	占比（%）	样本数（个）
愿意	9.45	109
不愿意	90.55	1044
合计	100	1153

注：有效样本为1153个、缺失值为1个。

2. 村级养老院等养老机构数量不足

对是否有村级养老机构进行考察，在76个有效样本中，有14个村庄样本"有"养老院，样本占比为19.72%，有57个村庄样本"没有"养老院，占比为80.28%，高于前者60.56个百分点，见表61。由此可见，村级养老机构覆盖面不广，村级养老机构数量较少。

表61　　　　　　　　　　　养老院的存在情况

村里是否有养老院	占比（%）	样本数（个）
有	19.72	14
没有	80.28	57
合计	100	71

注：有效样本为71个、缺失值为5个。

3. 新型养老机构较为缺乏

通过排除村级没有养老机构的样本（见表62），得到253个有村级养老机构的有效样本，其中我们发现，194位老年人表示村里主要的养老机构是"敬老院"，占比为76.68%，表示村里主要的养老机构是"养老院"的占比为49.80%，占比近五成。村里有"老年福利院""老年公寓""老年人日间照料中心"的占比总和为15.82%，不足两成。由此可知，敬老院和养老院等传统养老机构仍是农村的主要养老机构，新型养老机构较为缺乏。

表62　　　　　　　　　　　村里主要的养老机构

村里主要的养老机构	占比（%）	样本数（个）
养老院	49.80	126
敬老院	76.68	194
老年福利院	11.86	30
老年公寓	3.56	9
老年人日间照料中心	0.40	1
合计	142.29	360

注：有效样本为253个、缺失值为1个。此表为多重响应。

4. 入住过养老机构的老年人比重偏低

通过排除村级没有养老机构的老年人样本（见表63），我们发现，在252个有村级养老机构的有效样本中，有243位老年人表示没有入住过养老机构，占比96.43%，有9位老年人表示入住过养老机构，占比为3.57%，低于没有住过养老机构的比重92.86%。可见，入住村级养老机构的老年人比重偏低。

表63　　　　　　　　　　　养老机构的居住情况

是否入住过养老机构	占比（%）	样本数（个）
有	3.57	9
没有	96.43	243
合计	100	252

注：有效样本为252个、缺失值为2个。

（二）养老服务场所的供需问题

1. 老年人活动场所设施与服务仅能满足一般需求

考察设施和服务能否满足老年人养老需求的情况（见表64），在233个有效样本中，老年人持有"一般"态度的最多，样本量为119个，占比51.07%，认为"完全能"和"完全不能"满足养老需求的样本量分别为6个和4个,占比为2.58%和1.72%。结果显示,较多人认为目前的设施和服务仅能满足一般需求,老年人活动场所设施与服务有待完善。

表64　　　　　　　　　　老年人活动场所设施与服务满足情况

设施和服务满足情况	占比（%）	样本数（个）
完全能	2.58	6
基本能	37.34	87
一般	51.07	119
基本不能	7.30	17
完全不能	1.72	4
合计	100	233

注：有效样本为233个、缺失值为2个。

2. 现有设施和服务无法满足健康状况较差的农户

按农户健康状况分组考察设施和服务能否满足需要的情况（见表65）,由数据可知,健康状况很好的农户大多认为"基本能"和"一般",占比分别为59.18%和30.62%,认为"完全不能"的最少,占比为0%。在同一认识层面,认为"基本不能"和"完全不能"的占比随着健康状况的下降而增加,健康状况很不好的农户认为"基本不能"和"完全不能"的占比为0%和33.33%。结果显示,现有设施和服务无法满足健康状况较差的农户。

表65　　　　　　　　　分健康状况的农户对设施和服务的满足情况

健康状况	设施和服务是否满足需要（%）					样本数（个）
	完全能	基本能	一般	基本不能	完全不能	
很好	2.04	59.18	30.62	8.16	0.00	49
较好	2.38	48.81	39.29	8.33	1.19	84
一般	4.55	12.11	75.76	7.58	0.00	66
不好	0.00	29.03	61.29	3.23	6.45	31
很不好	0.00	0.00	66.67	0.00	33.33	3

注：有效样本为233个、缺失值为2个。

3. 村级老年人活动场所普及率不高

对老年人活动场所的存在情况进行研究（见表66），在71个有效样本中，所在村庄"没有"老年人活动场所的样本为52个，比重为73.24%，所在村庄"有"老年人活动场所的样本为19个，比重为26.76%。可见，近八成村庄没有设立老年人活动场所，其普及率整体处于较低层次。

表66 老年人活动场所的存在情况

活动场所存在情况	占比（%）	样本数（个）
有	26.76	19
没有	73.24	52
合计	100	71

注：有效样本为71个、缺失值为5个。

4. 老年人活动场所设施的使用率偏低

对老年人活动场所设施的使用情况进行考察（见表67），在233个有效样本中，选择"偶尔使用"和"从来没有使用"的样本量分别为88个和83个，占比为37.77%和35.62%，累计73.39%，"经常使用"的样本量为62个，占比为26.61%。调查结果显示，老年人活动场所设施的使用率处于偏低状态。

表67 老年人活动场所设施使用情况

活动场所设施使用情况	占比（%）	样本数（个）
经常使用	26.61	62
偶尔使用	37.77	88
从来没有使用	35.62	83
合计	100	233

注：有效样本为233个、缺失值为2个。

（三）养老服务内容的供需问题

1. 老年人对日常生活服务的享受率普遍偏低

考察老年群体对不同分类的生活服务的享受程度（见表68），调查数据显示，在三类日常生活服务中，8.58%的老年人表示享受过日间照料服务，91.42%的老年人表示没有享受过日间照料服务；3.64%的老年人表示享受过家政服务，96.46%的老年人表示没有享受过家政服务；安装、维修、搬运等体力活服务的享受率占比为12.56%。通过三组数据可以看出，当前老年人日常生活类服务的享受率普遍偏低。

表68　　　　　　　　　　　日常生活服务的享受情况

日常生活 服务分组	是否享受（%）		样本数 （个）
	是	否	
日间照料	8.58	91.42	1154
家政服务	3.64	96.46	1154
安装、维修、搬运等体力活	12.56	87.44	1154

注："日间照料""家政服务""安装、维修、搬运等体力活"有效样本为1154个、缺失值为0个。

2. 精神慰藉类服务中，心理咨询服务的享受率最低

探究老年人对于精神慰藉类服务的享受程度（见表69），可以看出，在1154个有效样本中，慰问探访的享受率较高，占比为20.62%，没有享受过慰问探访的比例为79.38%；表示享受过情感交流服务的老年人占比为9.10%，没有享受过情感交流服务的占比为90.90%；相比之下，老年人心理咨询服务的享受率最低，为3.73%，未享受过心理咨询服务的占比为96.27%。可见，精神慰藉类服务中，心理咨询服务的享受率最低，更应关心老年人心理健康。

表69　　　　　　　　　　　精神慰藉服务的享受情况

精神慰藉服务分组	是否享受（%）是	是否享受（%）否	样本数（个）
慰问探访	20.62	79.38	1154
情感交流	9.10	90.90	1154
心理咨询	3.73	96.27	1154

注："慰问探访""情感交流""心理咨询"有效样本为1154个、缺失值为0个。

3. 休闲娱乐服务中，图书室的享受率最低

探究老年人对于休闲娱乐服务的享受程度（见表70），可以看出，在1154个有效样本中，戏曲歌舞的享受率最高，占比为15.86%，没有享受过戏曲歌舞的比例为84.14%；棋牌室、体育健身设施的享受率分别为15.08%、10.92%，图书室的享受率最低，占比为7.97%。由此可见，在休闲娱乐服务中，图书室的享受率最低。

表70　　　　　　　　　　　休闲娱乐服务的享受情况

休闲娱乐服务分组	是否享受（%）是	是否享受（%）否	样本数（个）
棋牌室	15.08	84.92	1154
戏曲歌舞	15.86	84.14	1154
体育健身设施	10.92	89.08	1154
图书室	7.97	92.03	1154

注："棋牌室""戏曲歌舞""体育健身设施""图书室"有效样本为1154个、缺失值为0个。

4. 权益保障中，法律咨询享受率最低

探究老年人对于权益保障服务的享受程度（见表71），可以看出，在1154个有效样本中，政策咨询的享受率较高，占比为17.94%，没有享受过政策咨询的比例为82.06%；法律咨询的享受率为6.41%，没有享受过法律咨询服务的占比为93.59%。由此可见，权益保障中，法律咨询享受率最低。

表 71　　　　　　　　　　权益保障服务的享受情况

权益保障服务分组	是否享受（%） 是	是否享受（%） 否	样本数（个）
政策咨询	17.94	82.06	1154
法律咨询	6.41	93.59	1154

注："政策咨询""法律咨询"有效样本为1154个、缺失值为0个。

5. 少数民族聚居村家政服务的享受率较低

考察不同的村庄提供家政服务的情况（见表72），可以看出，69个有效样本中，少数民族聚居村庄有17个，提供"家政服务"的占比为5.88%。而在汉族地区，"家政服务"的供给率为21.15%，高于前者15.27个百分点。可见，少数民族聚居村家政服务的享受率较低。

表 72　　　　　　　　少数民族聚居村提供家政服务的情况

是否是少数民族聚居村	家政服务（%） 是	家政服务（%） 否	样本数（个）
是	5.88	94.12	17
否	21.15	78.85	52

注：有效样本为69个、缺失值为0个。

（四）养老服务组织的供需问题

1. 近七成的村庄没有组织过老年人集体活动

通过调查发现（见表73），在70个有效样本中，23个样本所在的村庄组织过老年人集体活动，占比为32.86%，47个样本所在的村庄没有组织过活动，占比为67.14%。由此可知，只有不到四成的村庄组织过老年人集体活动，近七成的村庄没有组织过老年人集体活动。

表 73　　　　　　　　　　　是否组织过老年人集体活动

是否组织过	占比（%）	样本数（个）
组织过	32.86	23
没组织过	67.14	47
合计	100.00	70

注：有效样本为70个、缺失值为6个。

2. 近八成的村庄没有老年协会组织

考察村庄老年协会组织的存在情况。如表74所示，在71个有效样本中，拥有老年协会组织的村庄的占比为25.35%；而没有老年协会组织的村庄的数量为53个，其占比为74.65%，高出前者49.3个百分比。由此可见，近八成的村庄没有老年协会组织。

表 74　　　　　　　　　　　老年协会组织的存在情况

老年协会组织存在情况	占比（%）	样本数（个）
有	25.35	18
没有	74.65	53
合计	100	71

注：有效样本为71个、缺失值为5个。

3. 五成以上的老年人从不参加老年人协会组织

对村庄老年协会组织的参与情况进行分析（见表75），在村庄中有老年协会组织的161个有效样本中，89个样本表示"从不参加"老年协会组织，占比最高，为55.28%；47位老年人表示"偶尔参加"老年协会组织，占比次之，为29.19%；25位老年人表示"经常参加"老年协会组织，占比最低，为15.53%。由此可见，五成以上的老年人从不参加老年人协会组织。

表 75　　　　　　　　　　　老年协会组织的参与情况

类型	占比（%）	样本数（个）
经常参加	15.53	25
偶尔参加	29.19	47
从不参加	55.28	89
合计	100	161

注：有效样本为161个、缺失值为1个。

4. 不足两成老人认为老年协会在服务老年群体中能够发挥明显作用

通过研究老年人对于老年协会服务老年群体作用的评价状况（见表76），可以发现，在159个有效样本中，认为老年协会在服务老年群体中发挥"作用很大"和"作用较大"的样本量分别为6个和24个，分别占比为3.77%、15.09%，两者相加比重为18.86%。而认为老年协会发挥作用"一般"的样本量达到85个，比重为53.46%。与此同时，还有17.61%和10.06%的老人认为村庄的老年协会在服务老年群体中发挥的"作用较小"或"作用很小"。由此可见，仅有不到两成的老人认为村庄老年协会能够对服务老年群体发挥明显作用，更多的老人认为老年协会对于服务老年群体没有发挥显著作用。

表76 老年人对于老年协会服务老年群体作用的评价情况

类型	占比（%）	样本数（个）
作用很大	3.77	6
作用较大	15.09	24
一般	53.46	85
作用较小	17.61	28
作用很小	10.06	16
合计	100	159

注：有效样本为159个、缺失值为3个。

四、问需于民，实现养老服务事业提质增效

（一）甄别需求差异，提升服务"精度"

（1）提供多元化的养老服务，满足多样养老需求。数据显示，近八成（76.68%）的养老机构以传统的敬老院为主；近八成（79.62%）的农村没有专门的养老活动场所。因此，一方面，大力宣传新型养老方式，加快新型养老机构的建设；另一方面，根据不同需求，建设养老活动场所，推进新型农村社区建设，为农村社区养老服务提供物质

基础。

（2）甄别养老需求差异，提供精准养老服务。首先，通过大数据和农户建档数据，加强居家养老服务信息汇集，建设居家社区养老服务智慧平台，引导根据不同老年人需求，为老年人提供精准化个性化专业化服务；其次，对经济困难的老年人，各级政府逐步给予养老服务补贴；最后，完善农村计划生育家庭奖励扶助和特别扶助制度。

（3）瞄准特殊人群需求，优化养老服务内容。一是完善日常生活服务。以美丽乡村建设为契机，进行无障碍设施改造，营造安全便利的生活环境；针对家庭养老的痛点问题，提供定期巡访、按需上门等个性化服务。二是健全健康支持服务。既要完善老年人医疗健康服务，提高基层医疗服务质量，建立转诊绿色通道；也要加强健身服务建设，建设老年人健身的场地设施，普及老年人养身知识，推广适合老年人的体育活动；还要重视老年人的心理健康服务，督促家庭成员加强与老年人的心理沟通，招募志愿者对空巢老人实施心理关怀和精神关爱，依托专业人士进行老年人心理疏导和危机干预。三是加强文化娱乐服务。实现老有所乐，建设老年人文化娱乐场所、创造老年人休闲娱乐产品；提倡老有所学，建设村老年学习点、引导老年人学习利用信息技术；鼓励老有所为，鼓励老年人参与社会发展、传承传统文化。

（二）遵从选择意愿，增强服务"效度"

（1）引导自主服务，推动老年人养老理念转型。调研发现，不愿前往养老院等养老机构的老年人超过九成，愿意去养老机构的老年人占比为9.45%。可见，自我养老与传统的家庭养老方式是目前最基本的养老方式。一方面应当着手于提高老年人参与社会养老、新型养老的意识，突破文化与价值意识的阻滞，招募社会青年志愿者组织与老年人的沟通活动，将传统文化与现代文化相融合，满足老年人心理需求的同时宣扬现代社会价值观。另一方面，地方政府也应全方位拓深老年人参与社会养老的宣传力度，使得老年人意识到，新的社会养老方式不会损害参与者的利益，通过激发老年人参与新型社会养老方式的积极性，使更多的老年人主动选择机构养老、社区养老、互助养老等养老方式。

（2）引导自助服务，推进基层养老组织发展。调研发现，近九成（85.96%）的村庄没有老年协会组织，不足两成（18.86%）的老人认为老年协会具有明显的服务作用，这意味着农村基层养老组织发展还很薄弱。课题组建议通过加大投入，加强领导，完善制度，扩大宣传，优化服务来促进老年人协会组织又快又好的发展。一是完善基础设施,建设活动场所。以乡村振兴为契机,在城镇化建设和改造过程中,把老年人协作组织的活动场所纳入规划,改善老年人协作组织的活动设施和条件。二是拓宽经费来源,广泛筹集资金。通过政府拨款、社会募捐、自愿缴费等多种渠道,筹集老年人协会组织所需的资金。三是发动社会贤达,繁荣组织文化。充分发挥退休回乡的老干部、老党员、老军人、老劳模、老专家、老教师的作用,以这些社会威望高、号召力强的老人为协会组织者和核心成员,经常举办老年人喜闻乐见的文娱活动,形成具有地方特色的组织文化,带动其他村民积极参与老年人协作组织。

(3) 转变养老方式,推动养老服务社会化。随着社会结构的改变,传统的养老方面也面临这巨大的考验,针对这一情况,建立专业化、家庭化的社区居家养老机构,既能够让老年人逐渐接收新型的社会养老方式,又能减轻传统家庭养老模式中子女的负担,适应社会的变革与发展。一方面,应全方位建设专业化的社区居家养老机构,对提供社区居家养老的服务人员进行专业化培训,提高其素质文化水平,整体上提升社区居家养老机构的专业化服务水平;另一方面,政府部门应出增加对社区居家养老机构的政策扶持与规范措施,制定详细的社区居家养老机构市场准入准则,对从事社区居家养老的服务人员设立资格考试,并定期组织培训,定期检查与监督社区居家养老机构服务工作的开展,通过财政拨款为社区居家养老的工作服务人员以购买商业保险、轮休假期等形式增加福利。

(三) 完善基础供给,拓宽供给"广度"

(1) 提高承接能力,扩大养老服务供给总量。调研发现,近八成 (77.99%) 农村没有养老机构,入住过养老机构的老人仅占比 3.57%,但是,有近四成 (37.45%) 老年人认为非常有必要建设村级养老机构。对此,一方面,政府应该加强对机构养老行业的支持力度,鼓励和调动社会力量参与兴办农村养老服务机构,适当提升民办养老机构的比例;另一方面,变政府主导为政府鼓励、引导,可通过资金奖补的方式,丰富农村以敬老院为主的单一养老机构供给形态。

(2) 建立评价体系,提升养老机构供给质量。数据显示,只有 3.57% 的老年人入住养老机构,六成 (60.09%) 老人认为养老设施和服务不能满足养老需求,特别是针对身体状况较差的老人认为养老设施和服务完全不能满足需要。为此,首先,针对现有的养老机构和养老设施,可引入第三方评估,建立统一的服务质量标准和评价体系,完善安全、服务、管理、设施等标准,加强养老机构服务质量监管。其次,建立健全养老机构分类管理和养老服务评估制度，实行评估结果报告和社会公示。最后，加强养老服务行业自律和信用体系建设。

（四）完善政策保障，夯实执行"力度"

习近平总书记在第十九次全国代表大会上已明确指出，为解决群众在养老方面所遇到的难题，应加快老龄事业和产业的发展，构建养老、孝老、敬老政策体系和社会环境。

（1）贯彻发展农户养老新理念。首先，加大宣传力度。逐步转变现有老年群体传统家庭养老理念，积极建设和宣传新的养老观，鼓励培育和发展机构养老、社区养老、互助养老等新方式，争取在"十三五"期间将其比例提高5~10个百分点。其次，细分老年群体，使宣传精准化与有效化。深入挖掘少数民族老年人群体的养老意识潜力，针对户口类型制定多样化的宣传方案，依据其健康状况对症下药，按照农户个人特征，有针对性的宣传养老新理念。最后，多渠道、多形式开展宣传。表彰孝顺子女典型实例，增强农村"孝道"文化宣传，传递中华民族优良传统美德，开展村民思想道德宣传，使赡养和孝敬老人成为一种社会责任。

（2）转型升级村庄养老新设施。首先，加大村庄养老设施的财政支持和投融资扶持力度。多措并举增加养老设施的投入与建设，提高养老服务设施的建设补贴及运营水平，对于养老设施缺失的村庄及时增补应有的设施，增加设施在村庄的普及率及覆盖率。其次，统筹规划发展养老服务设施。确保养老服务设施的使用率，应根据经济社会发展总规划、城市总体规划，根据老年群体的总体数量及行为习惯，实现均衡配置、有序建设。最后，提升养老机构服务质量。注重养老服务组织村民参与程度，在现有服务功能基础之上，增加文化服务、卫生医疗、知识宣讲、修养健身等综合服务，为留守、孤寡、独居、残疾老人提供关爱护理服务，并依托村庄老年群体的自身特征，建设一批嵌入式中小微养老机构。

（3）积极迎合市场养老新需求。一是探索多方合作的养老合作模式。以"政府支持、企业出资、村级主办、机构监督"为模式，医养结合为未来服务发展方向，解决社会养老难为终极目的，尝试多方协同合作共筑未来养老合作模式。二是生产适应市场需求的养老服务产品。充分发挥市场的力量，用看不见的手调节养老市场的供需平衡，淘汰一部分落后、低效、功能缺失的产品，开发一批市场需求大、群众反映好、品质质量好、解决问题多的适应市场需求的养老服务产品，为不同文化程度、不同民族、不同健康状况的老年群体解决实际问题。

（4）加快构建政府养老新体系。首先，出台扶持养老产业发展的税收优惠政策。对于为养老服务做出突出贡献的机构，设置专项资金对其进行补贴。其次，完善低保养老群体生活保障体系。政府应积极纳入低保养老群体，结合分散供养和集中供养的方式，初步形成老年人社会救助、老年人福利补贴和农村特困人员供养等相衔接、广覆盖、可持续的农村老年人生活保障体系。最后，建立养老服务关爱体系。广泛推广政府与社会组织的各项关爱行动，围绕养老群体的生活、心理、安全等三大主题，引导社会各界开展与此相关的活动，为养老群体的身心健康提供重要保障。

参考文献

［1］田鹏．新型城镇化进程中农村居家养老模式转型的实践逻辑［J］．云南民族大学学报，2019（3）：96－103．

［2］唐晓英，东波．社区文化养老方式的实施路径探析［J］．西北农林科技大学学报（社会科学版），2011（5）：63－66．

［3］童星，高钏翔．社区服务：社会化养老的末梢神经［J］．中共浙江省委党校学报，2017（1）：59－65．

［4］陈喆．养老机构老人入住评估指标体系的构建［J］．护理研究，2018（5）：1463－1465．

［5］黄健元，姜丽兰．农村家庭养老服务与孝文化演进［J］．重庆社会科学，2016（9）：114－120．

［6］赵锡锋．医养结合养老PPP项目中的风险传导机理与防控策略研究［J］．医学与社会，2019（4）：24－27．

提升农村养老服务满意度如何发力？

——基于湖南省 76 个村庄 1154 位老年人的调查与研究

（报告摘要）

湖南文理学院"湖南农村基层治理研究中心"
教育部人文社会科学重点研究基地——华中师范
大学中国农村研究院调查咨询中心

摘　要：随着老年人对养老服务要求的不断提高，如何有效提升老年人对农村养老服务满意度、认可度、受益度，回应老年人养老期盼尤为重要。调查发现，因政府重视程度不足，湖南省农村老年人对养老服务评价总体消极，对养老机构与场所的满意度低，养老保障服务受益度不高，老年协会组织作用薄弱。但同时，老年人对养老服务内容认可度高，期待村庄完善养老服务机构与场所，开展集体活动，成立老年协会组织。因此，需推动养老主体多元化，推进老年组织常态化，增强养老服务针对性，促进老年活动多样化，保证湖南省农村老年人最大程度实现老有所养、老有所为、老有所安、老有所乐。

关键词：养老服务；满意度

《"十三五"国家老龄事业发展和养老体系建设规划》提出"着力完善老龄政策制度，着力加强老年人民生保障和服务供给，着力发挥老年人积极作用，着力改善老龄事业发展和养老体系建设支撑条件"的要求，随着老年人对养老服务要求的不断提高，如何有效提升老年人对农村养老服务满意度、认可度，回应老年人养老期盼尤为重要。为此，湖南文理学院依托"湖南农村基层治理研究中心"，对湖南省 76 个村 1154 位老年人进行了专题调查。经调查发现：由于政府重视程度不足，湖南省农村老年人对养老服务评价总体消极，对养老机构与场所的满意度低，养老保障服务受益度不高，老年协会组织作用薄弱。但同时，老年人对养老服务内容认可度高，期待完善养老服务机构与场所，开展集体活动，成立老年协会组织。为此，需推动养老主体多元化，推进老年组织常态化,增强养老服务针对性,促进老年活动多样化,保证湖南省农村老年人最大程度实现老有所养、老有所为、老有所安、老有所乐。

一、农村养老服务的评价

(一)农村养老服务的总体评价

1. 不足三成的老年人对当地养老服务感到满意

分析湖南省老年人对养老服务的满意度评价,如表1所示,在1154个有效样本中,认为"非常满意"的占比为1.90%,认为"比较满意"的占比为23.92%,此两者设为"满意",合计占比为25.82%,不足三成。由此说明,仅有不足三成的老年人对当地养老服务表示满意。

表1　　　　　　　　　　老年人对养老服务的满意度

满意情况	占比(%)	样本数(个)
非常满意	1.90	22
比较满意	23.92	276
一般	47.75	551
不太满意	22.53	260
很不满意	3.90	45
合计	100	1154

注:有效样本为1154个、缺失值为0个。

2. 70~79岁老年人对养老服务的满意度最高

考察不同年龄的老年人养老服务满意度情况,如表2所示,在1154个有效样本中,我们发现70岁以下的老年人对养老服务感到满意("非常满意"和"比较满意"两者之和)的占比为24.60%;70~79岁老年人此项占比为28.06%;80岁及以上老年人此项占比为25.83%。对比可知，70~79岁的老年人对养老服务的满意度最高。

表2　　　　　　　　不同年龄的老年人对养老服务的满意度情况

年龄分组	老年人养老服务满意度（%）					样本数（个）
	非常满意	比较满意	一般	不太满意	很不满意	
70岁以下	1.62	22.98	45.60	24.77	5.03	557
70~79岁	2.49	25.57	47.06	21.72	3.16	442
80岁及以上	1.91	23.92	47.75	22.52	3.90	155

注：有效样本为1154个、缺失值为0个。

3. 家庭经济状况宽裕程度与老年人对养老服务的满意度呈正相关

对不同家庭经济状况的老年人养老服务满意度情况进行分析，如表3所示，家庭经济状况"非常宽裕"的老年人对养老服务表示不满意（"不太满意"和"很不满意"两者之和）的占比为8.34%；经济状况"一般"的老年人对养老服务表示不满意的占比为27.21%；而经济状况"非常困难"的老年人对养老服务表示不满意的占比达到39.03%。由此说明，随着家庭经济状况越来越差，老年人对养老服务的满意度也越来越低，经济状况宽裕程度与老年人对养老服务满意度呈正相关。

表3　　　　　　　不同家庭经济状况的老年人对养老服务的满意度情况

家庭经济状况	老年人养老服务满意度（%）					样本数（个）
	非常满意	比较满意	一般	不太满意	很不满意	
非常宽裕	0	83.33	8.33	8.34	0	24
比较宽裕	1.94	21.29	61.94	12.90	1.93	155
一般	2.12	23.98	46.69	23.98	3.23	115
比较困难	1.46	18.05	48.29	26.83	5.37	205
非常困难	0	21.95	39.02	26.83	12.20	41

注：有效样本为1134个、缺失值为20个。

4. 汉族老年人对养老服务的满意度略高于少数民族老年人

针对不同民族来对老年人养老服务满意度进行考察，如表4所示，在1154个有效样本中,汉族老年人表示满意("非常满意"和"比较满意"两者之和)的占比为25.95%,略高于少数民族老年人的25.38%;同时,少数民族老年人表示不满意("不太满意"和"很不满意"两者之和)的占比达31.34%,高于汉族老年人的24.95%。由此可得,汉族老年人对养老服务的满意度略高于少数民族老年人。

表4　　　　　　　　不同民族的老年人对养老服务的满意度情况

民族分组	老年人养老服务满意度(%)					样本数(个)
	非常满意	比较满意	一般	不太满意	很不满意	
汉族	2.25	23.70	49.10	20.32	4.63	886
少数民族	0.75	24.63	43.28	29.85	1.49	268

注:有效样本为1154个、缺失值为0个。

5. 采用传统家庭养老方式的老年人人数最多但满意度最低

考察采取不同养老方式的老年人的满意度,从表5中可以发现,"依靠自己或老伴养老"和"传统家庭养老"的情况占绝大多数,其中采用"传统家庭养老"方式的老年人人数最多,有643人。但同时,对比不同养老方式老年人的满意度,"传统家庭养老"的老年人对养老服务表示满意("非常满意"和"比较满意"两者之和)的占比仅为22.86%,满意度最低。可见,传统家庭养老人数最多但满意度最低。

表5　　　　　　不同养老方式的老年人对养老服务的满意度情况

养老方式	老年人养老服务满意度(%)					样本数(个)
	非常满意	比较满意	一般	不太满意	很不满意	
依靠自己或老伴养老	2.83	25.71	48.58	20.24	2.64	494
传统家庭养老	1.24	21.62	47.28	24.88	4.98	643
机构养老	0	75.00	25.00	0	0	8
居家养老	0	28.57	71.43	0	0	7
其他	0	100	0	0	0	2

注:有效样本为1154个、缺失值为0个。养老方式中:"传统家庭养老"包括依靠子女、孙辈等亲属来养老;"机构养老"包括在养老院、敬老院或老年公寓等养老机构养老;"居家养老"包括老年人在家庭居住与社会化服务相结合,以上门服务和社区日托为主要形式。

(二) 老年人对当地养老服务满足需求程度评价

1. 当前的养老服务不能满足大多数老年人的需求

根据对湖南省老年人对养老服务是否满足自身需求程度的调查结果分析,如表6所示,在1154个有效样本中,16位老年人认为"完全能",占比1.39%;242位老年人认为"基本能"满足需求,占比20.97%,两者合计占比仅为22.36%,不足三成。而认为养老服务"一般""基本不能""完全不能"的占比分别是44.28%、28.42%、4.94%,三者累计占比达77.64%,超过七成。由此可见,目前养老服务不能满足大多数老年人的需求。

表6　　养老服务满足老年人需求程度

满足情况	占比（%）	样本数（个）
完全能	1.39	16
基本能	20.97	242
一般	44.28	511
基本不能	28.42	328
完全不能	4.94	57
合计	100	1154

注：有效样本为1154个、缺失值为0个。

2. 80岁及以上老年人的养老服务满足程度最低

考察不同年龄的老年人养老服务满足程度情况,如表7所示,在1154个有效样本中,我们发现70岁以下的老年人认为能满足自身需求("完全能"和"基本能"两者之和)的占比为22.44%;70~79岁老年人此项的占比为23.30%;而80岁及以上老年人认为能满足自身需求的占比仅为19.36%。不难看出,80岁及以上老年人的养老服务满足程度最低。

表7　　　　　　　　　　不同年龄的老年人养老服务满足程度

年龄分组	养老服务满足老年人需求程度（%）					样本数（个）
	完全能	基本能	一般	基本不能	完全不能	
70岁以下	0.90	21.54	40.22	31.60	5.74	557
70~79岁	1.81	21.49	44.57	27.38	4.75	442
80岁及以上	1.94	17.42	58.06	20.00	2.58	155

注：有效样本为1154个、缺失值为0个。

3. 家庭经济状况与老年人对养老服务满足需求程度呈正比

分析不同经济状况老年人的养老服务满足程度，如表8所示，经济状况"非常宽裕"的老年人认为不能满足需求（"基本不能"和"完全不能"两者之和）的占比为8.34%；经济状况"比较宽裕"的老年人不能满足需求的占比为19.35%；经济状况"比较困难"的老年人的占比为41.96%；而经济状况"非常困难"的老年人的占比达到56.10%，将近六成。由此可得，家庭经济状况与老年人对养老服务满足需求程度呈正比关系。

表8　　　　　　　　不同家庭经济状况的老年人养老服务满足程度

家庭经济状况	养老服务满足老年人需求程度（%）					样本数（个）
	完全能	基本能	一般	基本不能	完全不能	
非常宽裕	0	83.33	8.33	8.34	0	24
比较宽裕	4.52	29.03	47.10	18.06	1.29	155
一般	0.85	20.03	45.70	29.62	3.80	709
比较困难	1.46	10.73	45.85	32.69	9.27	205
非常困难	0	17.07	26.83	39.02	17.08	41

注：有效样本为1134个、缺失值为20个。

4. 养老服务对汉族老年人的满足程度略高于少数民族老年人

针对不同民族老年人对养老服务满足程度情况进行分析，如表9所示，汉族老年人认为养老服务能满足需求（"完全能"和"基本能"两者之和）的占比为23.14%，略高于少数民族老年人的19.77%；而少数民族老年人认为养老服务不能满足需求（"基本不能"和"完全不能"两者之和）的占比为38.44%，高于汉族老年人的31.83%。不难得出，养老服务对汉族老年人的满足程度略高于少数民族老年人。

表9　不同民族的老年人养老服务满足程度

民族分组	养老服务满足老年人需求程度（%）					样本数（个）
	完全能	基本能	一般	基本不能	完全不能	
汉族	1.81	21.33	45.03	25.96	5.87	886
少数民族	0	19.77	41.79	36.57	1.87	268

注：有效样本为1154个、缺失值为0个。

5. 机构养老的老年人认为养老服务能满足需求的程度最高

考察不同养老方式的老年人对养老服务的满足程度，基于表10我们可以发现，"传统家庭养老"的老年人认为能满足需求（"完全能"和"基本能"两者之和）的占比仅为18.19%；选择"居家养老"的老年人此项占比为28.57%，而"机构养老"的老年人此项占比却达到62.50%，超过六成。因此，选择机构养老的老年人认为养老服务能满足自身的需求程度最高。

表10　不同养老方式的老年人养老服务满足程度

养老方式	养老服务能否满足老年人需要（%）					样本数（个）
	完全能	基本能	一般	基本不能	完全不能	
依靠自己或老伴养老	1.62	25.30	42.11	27.33	3.64	494
传统家庭养老	1.24	16.95	45.72	30.02	6.07	643
机构养老	0	62.50	37.50	0	0	8
居家养老	0	28.57	71.43	0	0	7
其他	0	50.00	50.00	0	0	2

注：有效样本为1154个、缺失值为0个。养老方式中："传统家庭养老"包括依靠子女、孙辈等亲属来养老；"机构养老"包括在养老院、敬老院或老年公寓等养老机构养老；"居家养老"包括老年人在家庭居住与社会化服务相结合，以上门服务和社区日托为主要形式。

(三) 老年人对农村养老服务机构的评价

1. 逾六成的村庄认为养老机构能满足村里老年人的需求

根据湖南省老年人对养老机构对老年人养老需求满足度来分析，如表11所示，在14个有效样本中，认为养老机构"完全能"满足老年人需求的占比14.29%，认为"基本能"的占比50.00%，两者合计占比达到64.29%，超过六成。由此可见，逾六成的村庄认为养老机构能满足村里老年人的需求。

表11　　　　　村庄认为养老机构满足老年人需求程度

满足情况	占比（%）	样本数（个）
完全能	14.29	2
基本能	50.00	7
基本不能	21.43	3
完全不能	14.28	2
合计	100	14

注：有效样本为14个、缺失值为0个。

2. 近七成农村类型村庄中的养老机构能够满足本村老年人的养老需求

考察不同类型的村庄对养老机构满足本村老人的养老需求的程度，如表12所示，我们发现，在14个有效样本中，1个村为"城中村"，表示"完全不能"满足老年人需求；在13个"农村"中认为养老机构"完全能"和"基本能"满足需求的合计占比为达69.23%。由此说明，近七成农村类型村庄中的养老机构能够满足本村老年人的养老需求。

表12　　　　　不同类型村庄认为养老机构满足老年人需求程度

村庄类型	养老机构满足本村老人程度（%）				样本数（个）
	完全能	基本能	基本不能	完全不能	
城中村	0	0	0	100	1

续表

村庄类型	养老机构满足本村老人程度（%）				样本数（个）
	完全能	基本能	基本不能	完全不能	
城郊村	0	0	0	0	0
农村	15.38	53.85	23.08	7.69	13

注：有效样本为14个、缺失值为0个。

3. 六成以上的老年人对养老机构的服务满意度不高

通过分析老年人对养老机构服务的满意度，如表13所示，我们发现，在入住过养老机构的9位老年人中，对养老机构提供的服务表示满意（"非常满意"和"比较满意"两者之和）的占比为33.33%；而对养老机构提供的服务感到一般及以下（"一般""不太满意""很不满意"的累计之和）的占比达66.67%，超六成。由此可得，六成以上的老年人对养老机构的服务满意度不高。

表13　　　　　　　　老年人认为养老机构满足自身需求程度

满意度	占比（%）	样本数（个）
非常满意	22.22	2
比较满意	11.11	1
一般	33.33	3
不太满意	22.22	2
很不满意	11.12	1
合计	100	9

注：有效样本为9个、缺失值为0个。

（四）老年人对农村养老服务场所的评价

1. 近六成的村庄认为老年活动场所在服务老年人方面作用发挥大

针对村庄老年活动场所服务老年人作用的评价情况进行考察，如表14所示，认为"作用很大"和"作用较大"的占比分别为26.32%和31.58%，合计占比57.90%，近六成；而认为"一般""作用较小""作用很小"的占比依次为26.32%、0%、

15.78%，三者合计占比为42.10%。由此可知，近六成的村庄认为老年活动场所在服务老年人方面作用发挥大。

表14　　　　村庄对老年活动场所在服务老年人作用的评价情况

作用大小	占比（%）	样本数（个）
作用很大	26.32	5
作用较大	31.58	6
一般	26.32	5
作用较小	0	0
作用很小	15.78	3
合计	100	19

注：有效样本为19个、缺失值为0个。

2. 贫困村对老年活动场所服务老年人作用的评价更高

对比是否贫困村对老年活动场所服务老年人作用评价的情况，如表15所示，贫困村认为"作用很大"和"作用较大"的占比分别为44.44%和33.33%，累计占比为77.77%，超过七成；在同一评价层面，非贫困村占比分别为10.00%和30.00%，合计占比为40.00%，前者高于后者37.77个百分比。整体而言，贫困村对老年活动场所服务老年人作用评价更高。

表15　　　　是否贫困村对老年活动场所服务老年人作用评价情况

是否贫困村	老年活动场所作用评价情况（%）					样本数（个）
	作用很大	作用较大	一般	作用很小	没有作用	
是	44.44	33.33	0	22.23	0	9
否	10.00	30.00	50.00	10.00	0	10

注：有效样本为19个、缺失值为0个。

3. 老少边穷地区对老年活动场所服务老年人作用的评价更高

分析是否老少边穷地区对老年活动场所服务老年人作用的评价情况，如表16所示，老少边穷地区认为"作用很大""作用较大"的占比分别为57.14%、28.57%，合计占比为85.71%,超过八成;非老少边穷地区认为"作用很大""作用较大"的占比分别为8.33%、33.33%,合计占比为41.66%。总体而言,相对于非老少边穷地区来说,老少边穷地区对老年活动场所服务老年人的作用评价更高。

表16　　　　　老少边穷地区对老年活动场所服务老年人作用评价情况

是否老少边穷	老年活动场所作用评价情况(%)					样本数(个)
	作用很大	作用较大	一般	作用很小	没有作用	
是	57.14	28.57	0	14.29	0	7
否	8.33	33.33	41.67	16.67	0	12

注:有效样本为19个、缺失值为0个。

4. 超过五成的村庄认为老年活动场所满足老年人需要

通过村庄对老年活动场所满足老年人需要的调查显示,如表17所示,在19个有效样本中,认为"一般""基本不能""完全不能"占比分别为31.58%、10.53%、5.26%,累计占比47.37%,不足五成;而认为"完全能"和"基本能"的占比分别为5.26%和47.37%,合计占比52.63%,超过五成。由此可得,有超五成的村庄认为老年活动场所能够满足老年人需要。

表17　　　　　村庄老年活动场所满足老年人需要的情况

满足情况	占比(%)	样本数(个)
完全能	5.26	1
基本能	47.37	9
一般	31.58	6
基本不能	10.53	2
完全不能	5.26	1
合计	100	19

注:有效样本为19个、缺失值为0个。

5. 超六成的老年人认为老年人活动设施和服务不能满足自身需求程度

对老年人活动设施和服务满足自身需求程度进行考察,如表18所示,在233个有效样本中,认为"一般""基本不能""完全不能"满足自身需求的占比分别为51.07%、7.30%、1.72%,三者合计占比为60.09%,高达六成;而认为"完全能"和"基本能"满足自身需求的占比分别为2.58%和37.33%,合计占比为39.91%,不足四成。由此可以看出,超六成的老年人认为老年人活动设施和服务不能满足自身需求程度。

表18 老年人对老年活动设施和服务满足自身需求程度

满足需求程度	占比(%)	样本数(个)
完全能	2.58	6
基本能	37.33	87
一般	51.07	119
基本不能	7.30	17
完全不能	1.72	4
合计	100	233

注:有效样本为233个、缺失值为2个。

6. 80岁以上老人对老年活动设施和服务满意度更低

对比不同年龄阶段老年人对老年活动设施和服务满足自身需求情况,如表19所示,80岁以上老人认为"基本不能"和"完全不能"满足的比例最高,分别为12.90%、3.23%,两者合计为16.13%。在这两个评价层面,其他两个年龄阶段的老年人占比相对较低,70~79岁的老人的合计占比10.41%;70岁以下老人的合计占比仅为5.66%。对比而言,随着年龄的增加,老年人对老年活动设施和服务的满意度越来越低,80岁以上老人对老年活动设施和服务满足自身需求情况满意度更低。

表19 不同年龄老年人对老年活动设施和服务满足自身需求情况

年龄分组	完全能	基本能	一般	基本不能	完全不能	样本数(个)
70岁以下	2.83	33.96	57.55	4.72	0.94	106
70~79岁	3.13	42.71	43.75	8.33	2.08	96
80岁以上	0	32.26	51.61	12.90	3.23	31

注:有效样本为233个、缺失值为2个。

7. 少数民族的老年人对老年活动设施和服务满意度更高

考察不同民族的老年人对老年活动设施和服务满足自身需求情况，如表20所示，汉族老年人认为设施和服务满足自身需求"完全能"和"基本能"占比分别为2.54%、35.53%，合计占比为38.07%，不足四成；在这两个评价层面，少数民族老年人的满意度占比分别为2.78%、47.22%，合计占比为50%，达到五成。对比可知，少数民族的老年人对老年活动设施和服务满意度更高。

表20　不同民族老年人对老年活动设施和服务满足自身需求情况

民族分组	满足需求情况（%）					样本数（个）
	完全能	基本能	一般	基本不能	完全不能	
汉族	2.54	35.53	51.27	8.63	2.03	197
少数民族	2.78	47.22	50.00	0	0	36

注：有效样本为233个、缺失值为2个。

8. 随着经济状况越宽裕，老年人活动设施和服务的满意度呈曲折上升趋势

分析不同家庭经济状况的老年人对老年人活动设施和服务的满足程度情况，如表21所示，家庭条件"非常宽裕"的老年人认为设施和服务能满足自身需求（"完全能"和"基本能"累计之和）的占比为95%；家庭条件"一般"的老年人认为设施和服务能满足自身需求的占比为44.17%；而家庭条件"非常困难"的老年人此项占比为33.33%。总体而言，随着家庭经济状况越来越宽裕，老年人活动设施和服务的满意度呈曲折上升趋势。

表21　不同经济状况老年人对活动设施和服务满足自身需求情况

经济状况分组	满足需求情况（%）					样本数（个）
	完全能	基本能	一般	基本不能	完全不能	
非常宽裕	0	95.00	0	5.00	0	20
比较宽裕	0	22.41	68.97	6.90	1.72	58
一般	4.17	40.00	44.17	9.17	2.50	120
比较困难	0	19.23	76.92	3.85	0	26
非常困难	33.33	0	66.67	0	0	3

注：有效样本为227个、缺失值为8个。

(五) 老年人对农村提供的养老服务内容的评价

1. 超八成老年人对日常生活服务非常满意

分析老年人对日常生活服务的满意情况。如表22所示,在98个享受日间照料服务的老年人中表示满意("非常满意"与"比较满意"比重之和)的占比是81.63%;在39位享受过家政服务的老年人表示满意的占比为84.62%;在28位享受过安装、维修、搬运等体力活服务的老年人表示满意的占比达到100%。因此,超八成老年人对日常生活服务非常满意。

表22　　　　　　　　　　老年人对日常生活服务的满意情况

满意程度	日间照料		家政服务		安装、维修、搬运等体力活	
	占比(%)	样本数(个)	占比(%)	样本数(个)	占比(%)	样本数(个)
非常满意	31.63	31	28.21	11	100	28
比较满意	50.00	49	56.41	22	0	0
一般	15.31	15	15.38	6	0	0
不太满意	3.06	3	0	0	0	0
很不满意	0	0	0	0	0	0
合计	100	98	100	39	100	28

注:"日间照料"有效样本为98个、缺失值为1个;"家政服务"有效样本为39个、缺失值为3个;"安装、维修、搬运等体力活"有效样本为28个、缺失值为0个。

2. 老年人对医疗保健服务中的健康教育、咨询的服务满意度最低

考察老年人对医疗保健服务的满意情况。如表23所示,在792位享受过免费体检、义诊的老年人中,表示满意的("非常满意"与"比较满意"两者之和)占比为69.57%;享受过护理保健服务与健康教育、咨询服务的老年人表示满意的占比分别是68.59%、63.51%。由此可得,老年人对医疗保健服务中的健康教育、咨询的服务满意度最低。

表23　　老年人对医疗保健服务的满意情况

满意程度	免费体检、义诊 占比（%）	免费体检、义诊 样本数（个）	护理保健 占比（%）	护理保健 样本数（个）	健康教育、咨询 占比（%）	健康教育、咨询 样本数（个）
非常满意	22.98	182	17.69	49	20.00	57
比较满意	46.59	369	50.90	141	43.51	124
一般	28.54	226	29.96	83	35.79	102
不太满意	1.39	11	1.44	4	0.70	2
很不满意	0.51	4	0	0	0	0
合计	100	792	100	277	100	285

注："免费体检、义诊"有效样本为792个、缺失值为15个；"护理保健"有效样本为277个、缺失值为5个；"健康教育、咨询"有效样本为285个、缺失值为1个。

3. 老年人对精神慰藉服务中的心理咨询服务满意度最高

就老年人对精神慰藉服务的满意情况进行分析。如表24所示，在233个享受过慰问探访服务的老年人中，表示满意的（"非常满意"与"比较满意"两者之和）占比为72.96%；在101位享受过情感交流的老年人中，表示满意的占比达79.21%；享受过心理咨询的老年人中，有82.93%的老年人表示满意。对比得出，老年人对心理咨询服务满意度最高。

表24　　老年人对精神慰藉服务的满意情况

满意程度	慰问探访 占比（%）	慰问探访 样本数（个）	情感交流 占比（%）	情感交流 样本数（个）	心理咨询 占比（%）	心理咨询 样本数（个）
非常满意	20.17	47	20.79	21	24.39	10
比较满意	52.79	123	58.42	59	58.54	24
一般	25.32	59	18.81	19	14.63	6
不太满意	1.29	3	1.98	2	0	0
很不满意	0.43	1	0	0	2.44	1
合计	100	233	100	101	100	41

注："慰问探访"有效样本为233个、缺失值为5个；"情感交流"有效样本为101个、缺失值为4个；"心理咨询"有效样本为41个、缺失值为2个。

4. 老年人对休闲娱乐服务中的棋牌（麻将）室满意度最高

针对老年人对休闲娱乐服务的满意情况进行分析。如表25所示，在172位享受过棋牌（麻将）室的老年人中，表示满意的（"非常满意"与"比较满意"两者之和）的占比为61.62%；而在180个享受过戏曲歌舞的老年人中，表示满意的占比为57.22%；而体育健身设施与图书（报刊）室表示满意的占比分别是59.35%、59.55%。对比来看，老年人对休闲娱乐服务中的棋牌（麻将）室满意度最高。

表25　　　　　　　　　　老年人对休闲娱乐服务的满意程度

满意程度	棋牌（麻将）室 占比（%）	棋牌（麻将）室 样本数（个）	戏曲歌舞 占比（%）	戏曲歌舞 样本数（个）	体育健身设施 占比（%）	体育健身设施 样本数（个）	图书（报刊）室 占比（%）	图书（报刊）室 样本数（个）
非常满意	13.95	24	18.33	33	6.50	8	14.61	13
比较满意	47.67	82	38.89	70	52.85	65	44.94	40
一般	38.37	66	41.67	75	39.02	48	35.96	32
不太满意	0	0	1.11	2	1.63	2	4.49	4
很不满意	0	0	0	0	0	0	0	0
合计	100	172	100	180	100	123	100	89

注："棋牌（麻将）室"有效样本为172个、缺失值为2个；"戏曲歌舞"有效样本为180个、缺失值为3个；"体育健身设施"有效样本为123个、缺失值为3个；"图书（报刊）室"有效样本为89个、缺失值为3个。

5. 权益保障服务中法律咨询、援助服务的满意度更高

考察老年人对权益保障服务的满意情况，享受过政策咨询服务的老年人中，表示满意的（"非常满意"与"比较满意"之和）的占比达49.75%，未达一半；而享受过法律咨询、援助的老年人中，表示满意的占比为76.12%，超过七成，见表26。由此可得，老年人对休闲娱乐服务中的法律咨询、援助服务的满意度更高。

表26　　　　　　　　　　老年人对权益保障服务的满意情况

满意程度	政策咨询 占比（%）	政策咨询 样本数（个）	法律咨询、援助 占比（%）	法律咨询、援助 样本数（个）
非常满意	15.23	30	40.30	27

续表

满意程度	政策咨询 占比（%）	政策咨询 样本数（个）	法律咨询、援助 占比（%）	法律咨询、援助 样本数（个）
比较满意	34.52	68	35.82	24
一般	49.24	97	17.91	12
不太满意	0.51	1	2.99	2
很不满意	0.51	1	2.99	2
合计	100	197	100	67

注："政策咨询"有效样本为197个、缺失值为10个；"法律咨询、援助"有效样本为67个、缺失值为7个。

6. 超过八成的村庄认为老年人参与集体活动的积极性高

分析村庄认为当地老年人参与集体活动积极性情况，如表27所示，在23个有效样本中，认为老年人"非常积极"参加集体活动的占比为26.09%，"比较积极"参加的占比为56.52%，两者合计占比达82.61%，超过八成。因此，有超过八成的村庄认为老年人参与集体活动的积极性高。

表27　　　　　　　　当地老年人参与集体活动积极性的情况

积极性	占比（%）	样本数（个）
非常积极	26.09	6
比较积极	56.52	13
一般	17.39	4
不太积极	0	0
很不积极	0	0
合计	100	23

注：有效样本为23个、缺失值为0个。

（六）老年人对农村养老保障服务与优待服务的评价

1. 老人对新农合满意度最低

老年人的医疗保障服务分为新型农村合作医疗、大病保险、商业医疗保险、城镇职工或居民医疗保险这四个方面。如表 28 所示，在享受新农合服务的 1021 个有效样本中，认为新农合能"满足"（"完全能"和"基本能"）自身需要的占比为 44.46%；在享受大病保险服务的 192 个有效样本中，选择能"满足"自身需要的老年人占比达到 45.83%；在 44 个享受商业医疗服务的样本中，认为可以"满足"自身需要的老年人占比为 61.30%；在 39 个享受城镇职工或居民医疗保险服务的样本中，老人选择能"满足"自身需要的占比 76.92%。可见，老人对新农合的满意度最低。

表 28   老年人对医疗保障服务的满意度

满足程度	新农合 占比（%）	新农合 样本数（个）	大病保险 占比（%）	大病保险 样本数（个）	商业医疗保险 占比（%）	商业医疗保险 样本数（个）	城镇医疗保险 占比（%）	城镇医疗保险 样本数（个）
完全能	5.09	52	5.73	11	2.27	1	0	0
基本能	39.37	402	40.10	77	59.03	26	76.92	30
一般	39.57	404	45.83	88	36.36	16	23.08	9
基本不能	14.10	144	8.33	16	2.27	1	0	0
完全不能	1.86	19	0	0	0	0	0	0
合计	100	1021	100	192	100	44	100	39

注："新农合"有效值为 1021 个、缺失值为 13 个；"大病保险"有效值为 192 个、缺失值为 3 个；"商业医疗保险"有效值为 44 个、缺失值为 4 个；"城镇医疗保险"有效值为 39 个、缺失值为 9 个。

2. 老年人对新型农村养老保险的满意度最低

老年人的养老保障服务分为新型农村养老保险医疗、商业养老保险、城镇职工或居民养老保险这三个方面。将"完全能"和"基本能"设为"满足"，如表 29 所示，在享受新型农村养老保险服务的 859 个有效样本中，认为新型农村养老保险能"满足"自身需要的占比为 41.91%；在 9 个享受商业养老保险服务的样本中，能"满足"老年人自身需要的占比为 55.55%；在 47 个享受城镇职工或居民养老保险服务的样本中，74.47% 的老人选择能"满足"其自身需要。可见，在老年人养老保障服务方面，农村老年人对新型农村养老保险的满意度最低。

表29　　　　　　　　　　　老年人对养老保障服务的满意度

满足程度	新农村养老保险 占比（%）	新农村养老保险 样本数（个）	商业养老保险 占比（%）	商业养老保险 样本数（个）	城镇养老保险 占比（%）	城镇养老保险 样本数（个）
完全能	6.40	55	11.11	1	4.26	2
基本能	35.51	305	44.44	4	70.21	33
一般	38.88	334	33.33	3	23.40	11
基本不能	14.44	124	0	0	2.13	1
完全不能	4.77	41	11.11	9	0	0
合计	100	859	100	9	100	47

注："新型农村养老保险"有效值为859个、缺失值为7个；"商业养老保险"有效值为9个、缺失值为3个；"城镇医疗保险"有效值为47个、缺失值为1个。

3. 老年人对低保与五保的满意度均不高

考察农村老年人对低保和五保服务的满意程度，如表30所示，在享受低保的75个有效样本中，认为能满足自身需要（"完全能"与"基本能"两者之和）的占比为41.33%；在47个享受五保保障的样本中，只有34.04%的老人选择能满足其自身需要。由此可见，老年人对低保和五保的满意度不高。

表30　　　　　　　　　　　老年人对其他保障的满意度

满足程度	低保 占比（%）	低保 样本数（个）	五保 占比（%）	五保 样本数（个）
完全能	1.33	1	0	0
基本能	40.00	30	34.04	16
一般	44.00	33	36.17	17
基本不能	10.67	8	23.40	11
完全不能	4.00	3	6.39	3
合计	100	75	100	47

注："低保"有效值为75个、缺失值为8个；"五保"有效值为47个、缺失值为8个。

4. 农村老年人对高龄补贴服务的满意度最低

老年人的优待服务分为高龄补贴、失能老人补贴和办理老年证用于公共交通等优惠三方面。如表 31 所示,将"完全能"和"基本能"设为"满足",在享受高龄补贴服务的 208 个有效样本中,认为该项服务能"满足"自身需要的占比为 28.37%;在 2 个享受失能老人补贴服务的样本中,能"满足"老年人自身需要的占比为 100%;在享受老年证服务的 224 个样本中,38.42% 的老人选择能"满足"其自身需要。可见,在老年人优待服务方面,农村老年人对高龄补贴服务的满意度最低。

表 31　　老年人对优待服务的满意度

满足程度	高龄补贴 占比(%)	高龄补贴 样本数(个)	失能老人补贴 占比(%)	失能老人补贴 样本数(个)	老年证 占比(%)	老年证 样本数(个)
完全能	5.77	12	0	0	11.57	25
基本能	22.60	47	100	2	26.85	58
一般	47.12	98	0	0	48.15	104
基本不能	15.87	33	0	0	8.80	19
完全不能	8.64	18	0	0	4.63	10
合计	100	208	100	2	100	216

注:"高龄补贴"有效值为 208 个、缺失值为 7 个;"失能老人补贴"有效值为 2 个、缺失值为 8 个;"城镇医疗保险"有效值为 216 个、缺失值为 8 个。

(七) 老年人对农村养老服务组织的评价

1. 不足二成的老年人认为老年协会在服务老年群体的作用发挥大

从老年人对老年协会在服务老年群体作用的评价来看,如表 32 所示,在 159 个有效样本中,评价"作用很大"或"作用较大"的占比分别是 3.78% 和 15.09%,两者合计占比为 18.87%,未足二成。而评价"一般""作用较小""作用很小"的占比分别是 53.46%、17.61%、10.06%,三者累计占比高达 81.13%。由此可得,不足二成的老年人认为老年协会在服务老年群体的作用发挥大。

表32　　　　　　老年人对老年协会在服务老年群体的作用评价情况

老年协会作用评价情况	占比（%）	样本数（个）
作用很大	3.78	6
作用较大	15.09	24
一般	53.46	85
作用较小	17.61	28
作用很小	10.06	16
合计	100	159

注：有效样本为159个、缺失值为3个。

2. 汉族老年人认为老年协会在服务老年群体的作用发挥更大

针对不同民族的老年人对老年协会服务作用的评价，如表33所示，汉族老年人对老年协会服务作用的评价"作用很大"和"作用较大"占比分别为3.55%和17.02%，合计为20.57%；少数民族老年人对老年协会作用的评价"作用很大"和"作用较大"的合计占比仅为5.56%。对比可知，汉族老年人认为老年协会在服务老年群体的作用发挥更大。

表33　　　　　不同民族的老年人对老年协会服务作用的评价情况

民族分组	作用很大	作用较大	一般	作用较小	作用很小	样本数（个）
汉族	3.55	17.02	53.19	14.89	11.35	141
少数民族	5.56	0	55.55	38.89	0	18

注：有效样本为159个、缺失值为3个。

3. 经常参加老年协会的老年人对老年协会认可度更高

分析不同参与老年协会情况的老年人对老年协会作用发挥的评价，如表34所示，"经常参加"老年协会的老年人认为老年协会作用大（"作用很大"和"作用较大"占比之和）的占比为60%，达到六成；"偶尔参加"老年协会的老年人认为老年协会作用大的占比23.41%；而"从不参加"老年协会的老年人认为老年协会作用大的占比仅4.60%。对比可得，"经常参加"老年协会的老年人认为老年协会作用发挥更大，认可度更高。

表34　　　　　老年人参与情况对老年协会服务老年群体的作用评价情况

老年人参与分组	老年协会作用评价情况（%）					样本数（个）
	作用很大	作用较大	一般	作用较小	作用很小	
经常参加	16.00	44.00	32.00	4.00	4.00	25
偶尔参加	2.13	21.28	63.83	8.51	4.25	47
从不参加	1.15	3.45	54.02	26.44	14.94	87

注：有效样本为159个、缺失值为3个。

4. 不到四成的村庄认为老年协会在服务老年群体方面评价作用大

从村庄对老年协会在服务老年群体方面作用评价的调查显示，如表35所示，在湖南省18个有效样本中，认为"作用很大"和"作用较大"的占比分别是11.11%和27.78%，合计占比为38.89%，不足四成；而认为"一般""作用较小""作用很小"的占比分别为50.00%、0%、11.11%，三者累计占比达61.11%。从数据分析中可以看出，村庄对老年协会在服务老年群体方面评价作用大的占比不到四成。

表35　　　　　村庄对老年协会在服务老年群体方面作用评价情况

老年协会作用情况	占比（%）	样本数（个）
作用很大	11.11	2
作用较大	27.78	5
一般	50.00	9
作用较小	0	0
作用很小	11.11	2
合计	100	18

注：有效样本为18个、缺失值为0个。

5. 非贫困村对老年协会服务老年群体的认可度高于贫困村

考察是否贫困村对老年协会服务老年群体方面作用评价情况，如表36所示，贫困村对老年协会服务老年群体方面评价"作用很大"和"作用较大"占比都是12.50%，累计占比为25%；而非贫困村对老年协会服务老年群体评价"作用很大"和"作用较大"占比分别是10.00%和40.00%，总计占比50.00%。不难看出，非贫困村对老年协会服务老年群体评价高于贫困村。

表36　是否贫困村对老年协会服务老年群体方面作用评价情况

贫困分组	老年协会作用评价情况（%）					样本数（个）
	作用很大	作用较大	一般	作用较小	作用很小	
是	12.50	12.50	62.50	0	12.50	8
否	10.00	40.00	10.00	0	10.00	10

注：有效样本为18个、缺失值为0个。

6. 非老少边穷地区对老年协会服务老年群体作用的评价更高

考察不同地区对老年协会服务老年群体作用的评价情况，如表37所示，老少边穷地区认为老年协会作用大（"作用很大"和"作用较大"两者之和）的占比为33.34%；而非老少边穷地区认为作用大的占比达41.67%，非老少边穷地区较老少边穷地区高出8.33个百分比，由此可得，非老少边穷地区对老年协会服务老年群体作用的评价更高。

表37　不同地区对老年协会服务老年群体方面作用评价情况

老少边穷分组	老年协会作用评价情况（%）					样本数（个）
	作用很大	作用较大	一般	作用较小	作用很小	
是	16.67	16.67	50.00	0	16.66	6
否	8.34	33.33	50.00	0	8.33	12

注：有效样本为18个、缺失值为0个。

二、农村养老服务的期待

（一）农村养老服务面临的问题

1. 老年人认为农村养老服务的主要问题是政府工作不到位

考察老年人对当地养老服务主要问题的意见，如表38所示，在1153个有效样本中，有61.74%的老年人认为"政府重视程度不够，投入不足"为主要问题，占比超过六成；其次，有51.69%的老年人认为"福利机构设施不健全"是主要问题；而"子女照顾不足"的占比最低，仅为9.11%，不足一成。总体来看，在农村养老服务中，老年人认为政府工作不到位是主要问题。

表38　　老年人认为当地养老服务工作面临的主要问题

养老服务面临的问题	占比（%）	样本数（个）
政府重视程度不够，投入不足	61.74	712
社会力量参与不足	31.14	359
福利机构设施不健全	51.69	596
缺乏专业服务人员	28.54	328
国家政策落实不到位	47.44	547
子女照顾不足	9.11	105
养老服务不符合老年人需求	15.35	177
其他	1.58	18
合计	246.49	2842

注：有效样本为1153个、缺失值为1个。此表为多重响应。

2. 村庄认为养老服务存在的主要问题是政府工作不到位

进一步从村庄角度分析养老服务面临的主要问题，如表39所示，我们发现，村庄认为"政府重视不够，投入不足"是主要问题的占比达到63.38%；认为"福利机构设施不健全"和"社会力量参与不足"是主要问题的占比为56.34%、54.93%；而认为"养老服务不符合老年人需求"为主要问题的占比仅为11.25%，仅为一成。由此可知，村庄认为政府工作不到位还是首要问题。

表39　　村庄认为当地养老服务工作面临的主要问题

养老服务面临的问题	占比（%）	样本数（个）
政府重视不够，投入不足	63.38	45
社会力量参与不足	54.93	39
福利机构设施不健全	56.34	40
缺乏专业服务人员	40.85	29

续表

养老服务面临的问题	占比（%）	样本数（个）
国家政策落实不到位	21.13	15
子女照顾不足	29.58	21
养老服务不符合老年人需求	11.25	8
其他	1.42	1
合计	278.87	198

注：有效样本为71个、缺失值为5个。此表为多重响应。

（二）老年人对养老服务承担主体的期待

1. 近五成老年人认为子女是养老服务的承担主体

对老年人认为养老服务应该由谁承担进行调查，如表40所示，在1154个有效样本中，有554人选择了应由子女承担养老责任，占比48.01%，接近五成；有449人选择养老应由"政府、子女、老人共同承担"，占比38.91%，接近四成；而认为养老应由政府承担的占比8.23%，不到一成。由此说明，近五成老年人认为子女是养老服务的承担主体。养老主体多元化的观念正在形成，但传统的子女养老观念仍然占主要地位。

表40　　　　　　　　老年人认为养老服务的承担主体

承担主体	占比（%）	样本数（个）
政府	8.23	95
村集体或社区	1.04	12
子女	48.01	554
老年人自己或配偶	2.43	28
政府、子女、老人共同承担	38.91	449
其他	1.38	16
合计	100	1154

注：有效样本为1154个、缺失值为0个。

2. 老年人年龄越大，对子女养老的依赖程度越高

考察不同年龄的老年人对养老承担主体的选择，由表41可知，在三个不同的年龄

分组的老年人中,子女养老的依赖程度都较高,其中,70岁以下老年人选择"子女"承担的占比为44.77%;而70~79岁老年人选择此项的占比为48.42%;而80岁及以上的老年人选择此项的占比最高,达58.71%。由此可以推出,老年人年龄越大,对子女养老的依赖程度越高。

表41　　　　　　　不同年龄的老年人对养老承担主体的选择情况

年龄分组	养老承担主体(%)						样本数(个)
	政府	村集体或社区	子女	老年人自己或配偶	政府、子女、老人共同承担	其他	
70岁以下	8.80	1.44	44.77	2.69	41.14	1.2	557
70~79岁	9.05	0.45	48.42	2.04	38.01	2.03	442
80岁及以上	3.87	1.29	58.71	2.58	33.55	0	155

注:有效样本为1154个、缺失值为0个。

3. 老年人的家庭经济收入越低,对政府养老的期待程度越高

从不同家庭经济状况老人对养老承担主体的选择来看,如表42所示,家庭经济状况"比较宽裕"的老人认为养老承担主体为政府的占比为1.94%,家庭经济状况"一般"的老年人此项占比为7.33%,家庭经济状况"比较困难"的老年人此项占比为13.66%,而家庭经济状况"非常困难"的老年人此项占比上升到21.95%。由此可见,随着家庭经济收入越来越低,老年人对由政府承担养老服务的期待程度越高。

表42　　　　　　不同家庭经济状况的老年人对养老承担主体的选择

家庭经济状况	养老承担主体(%)						样本数(个)
	政府	村集体或社区	子女	老年人自己或配偶	政府、子女、老人共同承担	其他	
非常宽裕	0	4.17	8.33	8.33	79.17	0	24
比较宽裕	1.94	1.94	52.26	2.58	41.28	0	155
一般	7.33	0.71	50.63	2.26	37.24	1.83	709
比较困难	13.66	1.46	44.88	1.46	37.56	0.98	205
非常困难	21.95	0	29.27	4.88	43.90	0	41

注:有效样本为1134个、缺失值为20个。

(三) 老年人对农村养老服务机构的期待

1. 超八成的村庄希望当地提供老年活动室或服务中心

考察村庄对当地提供养老服务机构或设施的意愿显示,如表43所示。首先,选择"老年活动室或服务中心"的占比80.28%,超过八成;其次,选择提供"健身康复中心"的比重次高,为59.15%;而选择提供"老年人日间照料中心"的最少,占比18.31%,不足两成。由此表明,当地提供老年活动室或服务中心是村庄的重要关注点。

表43 村庄希望当地提供的养老服务机构或设施

养老机构或设施	占比(%)	样本数(个)
老年活动室或服务中心	80.28	57
养老院、敬老院、老年公寓等机构	43.66	31
老年人日间照料中心	18.31	13
健身康复中心	59.15	42
休闲娱乐中心	56.34	40
文化学习中心	23.94	17
其他	0	0
合计	281.68	200

注:有效样本为71个、缺失值为5个。此表为多重响应。

2. 八成以上的老年人希望当地提供老年活动室或服务中心

分析老年人对当地提供养老服务机构或场所的期待,如表44所示,根据1150个有效样本数据,81.04%的老年人选择"老年活动室或服务中心",占比最高,达八成以上。其次有59.13%的老年人选择"休闲娱乐中心",而选择希望提供"文化学习中心"的老人占比为14.96%,不足两成。由此可知,希望当地提供老年活动室或服务中心是八成以上老年人的共同需求。

表 44　　老年人希望当地提供的服务机构或场所

养老机构或设施	占比（%）	样本数（个）
老年活动室或服务中心	81.04	932
养老院、敬老院、老年公寓等机构	24.52	282
老年人日间照料中心	20.26	233
健身康复中心	43.57	501
休闲娱乐中心	59.13	680
文化学习中心	14.96	172
其他	0.78	9
合计	244.26	2809

注：有效样本为1150个、缺失值为4个。此表为多重响应。

3. 农村老年人对村里建设养老机构的期待值随年龄逐渐增加而降低

调查不同年龄的老人对村里建设养老机构的看法，如表45所示，根据1151个有效样本数据，将"非常必要"和"比较必要"设为"有必要"，70岁以下老年人认为村庄"有必要"建设养老机构占比为41.33%；70~79岁的老年人认为"有必要"的占比为34.85%；而80岁以上的老年人选择此类的占比为30.96%。对比可知，老年人年龄越大，对当地建设养老机构的期望值降低。

表 45　　不同年龄的老年人认为村里建设养老机构的必要性

年龄分组	村里建设养老机构的必要性（%）					样本数（个）
	非常必要	比较必要	一般	不太必要	没有必要	
70岁以下	11.73	29.60	25.81	24.01	8.85	554
70~79岁	7.47	27.38	31.45	26.24	7.46	442
80岁以上	11.61	19.35	36.77	26.45	5.82	155

注：有效样本为1151个、缺失值为3个。

4. 少数民族老年人对村庄建设养老机构的期望略高于汉族老年人

比较不同民族的老年人对村里建设养老机构的看法，如表46所示，将"非常必要"和"比较必要"设为"有必要"，汉族老人、少数民族老人选择村庄"有必要"建设养老机构的占比分别是36.72%和39.85%，均近四成，但少数民族老年人认为村庄"有必要"建设养老机构的占比略高。由此表明,不同民族的老年人对村里建设养老机构看法基本一致,但汉族老年人对村庄建设养老机构的期望略低于少数民族老年人。

表46 不同民族的老年人认为村里建设养老机构的必要性

民族分组	村里建设养老机构的必要性（%）					样本数（个）
	非常必要	比较必要	一般	不太必要	没有必要	
汉族	10.17	26.55	29.60	24.97	8.71	885
少数民族	9.77	30.08	28.95	25.94	5.26	266

注：有效样本为1151个、缺失值为3个。

5. 家庭经济状况与老年人对村庄建设养老机构的期望呈负相关

分析不同家庭经济状况的老年人对建设养老机构的期待,如表47所示,依据1132个有效样本数据,将"非常必要"和"比较必要"设为"有必要",家庭经济状况"非常宽裕"的老年人"有必要"建设养老机构的占比为4.17%;家庭经济状况"一般"的老年人选择此项的占比为38.92%;而家庭经济状况"非常困难"的老年人的占比达60.97%,超过六成。由此表明,家庭经济状况是影响老年人选择的重要因素,家庭经济状况困难的老年人对村庄建设养老机构的需求更强烈。

表47 不同经济状况的老年人认为建设养老机构的必要性

家庭经济状况	村里建设养老机构的必要性（%）					样本数（个）
	非常必要	比较必要	一般	不太必要	没有必要	
非常宽裕	0	4.17	83.33	8.33	4.17	24
比较宽裕	5.16	18.71	30.97	36.77	8.39	155
一般	11.42	27.50	28.63	24.54	7.91	709
比较困难	8.37	32.51	26.60	22.66	9.86	203
非常困难	19.51	41.46	21.95	17.08	0	41

注：有效样本为1132个、缺失值为22个。

6. 近四成老年人认为村庄有必要建设养老机构

考察老年人对村里建设养老机构的必要性的看法,如表48所示,在1151个有效样本中，将"非常必要"和"比较必要"合计为"有必要"，有37.45%的老年人选择村庄"有必要"建设养老机构。可见，近四成老年人认为村庄有必要建设养老机构，农村老年人对村庄建设养老机构的必要性较高。

表48　　　　　　　　老年人认为村里建设养老机构的必要性

是否有必要建立养老机构	占比（%）	样本数（个）
非常必要	10.08	116
比较必要	27.37	315
一般	29.45	339
不太必要	25.20	290
没有必要	7.90	91
合计	100	1151

注：有效样本为1151个、缺失值为3个。

（四）老年人对农村养老服务场所的期待

1. 超过六成的老年人认为有必要建设专门的老年人活动场所

考察老年人对村庄建设专门老年人活动场所必要性的看法，如表49所示，在1141个有效样本中，将"非常必要"和"比较必要"设为"有必要"，将"一般""不太必要""没有必要"设为"不必要"，认为村庄"有必要"建设专门老年人活动场所的老人占比为65.12%，超过六成；而认为"不必要"建设专门老年人活动场所的老人的占比为34.88%，仅有三成。由此可见，超六成农村老年人认为有必要建设专门的老年人活动场所，农村老年人对村庄建设专门老年人活动场所的期望较高。

表49　　　　　　　　建设农村专门老年人活动场所的必要性

老年人活动场所必要性	占比（%）	样本数（个）
非常必要	19.98	228
比较必要	45.14	515
一般	24.36	278

续表

老年人活动场所必要性	占比（%）	样本数（个）
不太必要	7.98	91
没有必要	2.54	29
合计	100	1141

注：有效样本为1141个、缺失值为13个。

2. 年龄越低的老年人对村庄专门建设老年人活动场所的期望值越高

对比不同年龄的老人对建设专门的老年人活动场所的期望，如表50所示，将"非常必要"和"比较必要"设为"有必要"，70岁以下、70~79岁、80岁及以上的老年人认为村庄"有必要"建设专门的老年人活动场所的占比分别是66.55%、65.91%、57.79%，对比可知，建设专门的老年人活动场所是不同年龄老年人的共同选择，而老年人年龄越小，对村庄建设专门的老年人活动场所的期待值越高，两者呈反比关系。

表50　　　　不同年龄的老年人认为建设老年人活动场所的必要性

年龄分组	建设专门的老年人活动场所的必要性（%）					样本数（个）
	非常必要	比较必要	一般	不太必要	没有必要	
70岁以下	20.91	45.64	22.73	7.45	3.27	550
70~79岁	20.14	45.77	24.03	8.47	1.59	437
80岁及以上	16.23	41.56	31.17	8.44	2.60	154

注：有效样本为1141个、缺失值为13个。

3. 少数民族老年人对村庄建设专门的老年人活动场所期望更高

比较不同民族的老年人对村里建设养老机构的看法，如表51所示，将"非常必要"和"比较必要"设为"有必要"，汉族老人、少数民族老人选择村庄"有必要"建设专门的老年人活动场所的占比分别是62.40%和74.06%，比重均超六成，同时，少数民族老年人的占比高出前者一成多。从数据分析中可以看出，建设专门的老年人活动场所是不同民族老年人的共识，但少数民族老年人呼声更高。

表51　　　　不同民族的老年人认为建设老年人活动场所的必要性

民族分组	建设专门的老年人活动场所的必要性（%）					样本数（个）
	非常必要	比较必要	一般	不太必要	没有必要	
汉族	20.91	41.49	25.49	9.03	3.08	875
少数民族	16.92	57.14	20.68	4.51	0.75	266

注：有效样本为1141个、缺失值为13个。

4. 随着家庭经济状况越宽裕，老年人对村庄建设老年人活动场所的期望波动上升

针对不同经济状况的老年人对建设老年人活动场所必要性的考察，如表52所示。我们发现，将"非常必要"和"比较必要"设为"有必要"，家庭经济状况"非常宽裕"的老年人认为村庄"有必要"建设专门的老年人活动场所的占比为86.96%；家中"比较宽裕"的老年人认为"有必要"的占比有51.30%；家中"一般"的老年人认为"有必要"的占比为67.66%；而家中"比较困难"的老年人选择"有必要"的占比达到61.09%。不难看出，随着家庭经济状况越来越宽裕，老年人对村中建设老年人活动场所的期待值呈波动上升趋势。

表52　　　　不同经济状况的老年人认为建设老年人活动场所的必要性

家庭经济状况	建设专门的老年人活动场所的必要性（%）					样本数（个）
	非常必要	比较必要	一般	不太必要	没有必要	
非常宽裕	0	86.96	13.04	0	0	23
比较宽裕	14.29	37.01	35.71	9.09	3.90	154
一般	22.08	45.58	22.79	7.26	2.29	702
比较困难	18.23	42.86	24.14	11.33	3.44	203
非常困难	25.00	52.50	17.50	5.00	0	40

注：有效样本为1122个、缺失值为32个。

（五）老年人对农村养老服务内容的期待

1. 超一半的老年人对村庄集体活动期待较高

对村庄开展老年人集体活动的必要性进行调查，如表53所示。我们发现，选择

"非常必要"和"比较必要"开展集体活动的合计占比56.49%，超过一半；而老年人认为"不太必要"和"没有必要"开展集体活动的合计占比仅为12.53%，只有一成。总体来说，老年人对村庄集体活动的期待较高。

表53　　　　　　　老年人认为村庄开展老年人集体活动的必要性

必要性	占比（%）	样本数（个）
非常必要	18.89	217
比较必要	37.60	432
一般	30.98	356
不太必要	10.01	115
没有必要	2.52	29
合计	100	1149

注：有效样本为1149个、缺失值为5个。

2. 70岁以下老年人对集体活动开展的期待最高

对比不同年龄的老年人对开展集体活动的意愿情况，如表54所示。在湖南省1154个有效样本中，80岁及以上老年人认为"非常必要"开展的占比为14.19%；70~79岁老年人认为"非常必要"的占比为16.55%；70岁以下老年人此项占比达22.06%。由此可知，老年人年龄越小，对开展集体活动的意愿越强，其中70岁以下的老年人对集体活动的期待最高。

表54　　　　　　　不同年龄的老年人对开展集体活动的意愿情况

年龄分组	开展集体活动的必要性（%）					样本数（个）
	非常必要	比较必要	一般	不太必要	没有必要	
70岁以下	22.06	36.53	29.11	9.40	2.90	553
70~79岁	16.55	40.59	30.39	10.43	2.04	441
80岁及以上	14.19	32.90	39.35	10.97	2.59	155

注：有效样本为1154个、缺失值为5个。

3. 家庭经济状况越好的老年人对集体活动开展的期待值越高

从不同家庭经济状况对老年人活动开展意愿的比较来看，如表55所示。家庭经济状况"非常困难"的老人认为村庄有必要开展集体活动("非常必要"和"比较必要"之和)占比为58.53%;家庭经济状况"一般"的老年人认为有必要的占比为60.03%;而家庭经济状况"非常宽裕"的老人认为有必要的占比高达70.84%,超过七成。可见,家庭经济状况越好的老年人对集体活动开展的期待值越高。

表55　　　　　不同家庭经济状况的老年人对开展集体活动意愿情况

经济状况	开展集体活动的必要性(%)					样本数(个)
	非常必要	比较必要	一般	不太必要	没有必要	
非常宽裕	4.17	66.67	29.16	0	0	24
比较宽裕	11.11	33.99	39.21	13.73	1.96	153
一般	21.61	38.42	28.11	9.32	2.54	708
比较困难	17.56	33.17	34.15	11.71	3.41	205
非常困难	17.07	41.46	36.59	4.88	0	41

注:有效样本为1154个、缺失值为23个。

4. 少数民族老人对村庄集体活动的期待程度更高

通过对汉族和少数民族老年人开展集体活动意愿情况的比较,如表56所示。湖南省汉族老年人认为有必要开展集体活动("非常必要"和"比较必要"两者之和)的占比为53.87%;而少数民族老年人认为有必要开展集体活动的占比为65.04%,少数民族老年人比汉族老年人的占比高了11.17个百分点。由此说明,少数民族老人对村庄组织集体活动的期待程度更高。

表56　　　　　汉族与少数民族的老年人对开展集体活动意愿情况

民族	开展老年人集体活动的必要性(%)					样本数(个)
	非常必要	比较必要	一般	不太必要	没有必要	
汉族	18.12	35.75	31.82	11.44	2.87	883
少数民族	21.43	43.61	28.20	5.26	1.50	266

注:有效样本为1149个、缺失值为5个。

（六）老年人对农村养老服务组织的期待

1. 超四成的老年人对老年协会组织有较高期待

调查农户是否认为有必要成立老年协会组织，如表57所示，在1150个有效数据中，将"非常必要"和"比较必要"合并为"有必要"。认为"有必要"成立老年协会组织的老人占比为45.05%，超过四成。因此，有超四成的老年人认为村中"有必要"成立老年协会组织。

表57　　　　老人选择是否有必要成立老年协会组织

必要性	占比（%）	样本数（个）
非常必要	14.96	172
比较必要	30.09	346
一般	38.35	441
不太必要	13.30	153
没有必要	3.30	38
合计	100	1150

注：有效值为1150个、缺失值为4个。

2. 年龄越低的老人对老年协会组织的期望越高

通过考察不同年龄的老人对成立老年协会组织的必要程度，如表58所示，在1150个有效数据中，将"非常必要"和"比较必要"合并为"有必要"。"70岁以下""70~79岁""80岁及以上"的老人认为"有必要"成立老年协会组织的占比分别为47.93%、42.86%、40.91%。由此可见，年龄越低的老人对老年协会组织的期望越高，两者呈反比关系。

表58　　　　年龄对老人选择是否有必要成立老年协会组织的影响

年龄分组	是否有必要成立老年协会组织（%）					样本数（个）
	非常必要	比较必要	一般	不太必要	没有必要	
70岁以下	16.94	30.99	35.68	11.71	4.68	555

续表

年龄分组	是否有必要成立老年协会组织（%）					样本数（个）
	非常必要	比较必要	一般	不太必要	没有必要	
70~79岁	13.61	29.25	41.49	14.06	1.59	441
80岁及以上	11.69	29.22	38.96	16.88	3.25	154

注：有效样本为1150个、缺失值为4个。

3. 家庭经济状况与老年人对老年协会组织的期望呈负相关

分析家庭经济状况对老人选择成立老年协会组织必要性的影响，如表59所示，在1130个有效样本中，将"非常必要"和"比较必要"合并为"有必要"。家庭经济状况"非常宽裕"的老年人选择"有必要"成立老年协会组织的占比为8.34%；而家庭"一般"的老年人认为"有必要"的占比为48.16%；而家庭"非常困难"的老年人的占比达到53.66%，呈现上升趋势。不难得出，家庭经济状况愈差的老人对老年协会组织的期望越高，家庭经济状况与老年人对老年协会组织的期望呈负相关。

表59　　　　　不同家庭经济状况下老人选择成立老年协会组织的情况

家庭经济状况	是否有必要成立老年协会组织（%）					样本数（个）
	非常必要	比较必要	一般	不太必要	没有必要	
非常宽裕	4.17	4.17	83.33	8.33	0	24
比较宽裕	7.74	23.87	47.74	18.71	1.94	155
一般	17.28	30.88	36.83	11.47	3.54	706
比较困难	11.76	33.82	35.78	14.22	4.42	204
非常困难	21.95	31.71	21.95	24.39	0	41

注：有效样本为1130个、缺失值为24个。

4. 少数民族老年人对老年协会组织的期望略高于汉族老年人

分析不同民族的老人对老年协会组织期望值的差异，如表60所示，将"非常必要"和"比较必要"合并为"有必要"。少数民族老年人和汉族老年人认为"有必要"成立老年协会组织的占比分别为48.88%和43.88%，前者高于后者5个百分点。由此可见，少数民族老年人对老年协会组织的期望略高于汉族老年人。

表60　　　　　　不同民族状况下老人选择成立老年协会组织的情况

民族状况	是否有必要成立老年协会组织（%）					样本数（个）
	非常必要	比较必要	一般	不太必要	没有必要	
汉族	14.74	29.14	38.66	14.40	3.06	882
少数民族	15.67	33.21	37.31	9.71	4.10	268

注：有效样本为1150个、缺失值为4个。

三、提升农村养老服务满意度的实现路径

综合上述分析，湖南省农村老年人对村庄养老服务的满意度总体偏低，认为目前农村养老服务的首要问题是政府重视程度不够，投入不足。其中，老年人对养老机构与场所的满意度低，养老保障服务受益度不高，老年协会组织作用薄弱。但同时，老年人对养老服务内容认可度高，期待完善养老服务机构与场所，开展集体活动，成立老年协会组织。为此，需推动养老主体多元化，推进老年组织常态化，增强养老服务针对性，促进老年活动多样化，保证湖南省农村老年人最大程度实现老有所养、老有所为、老有所安、老有所乐。

（一）推动养老主体多元化，使农村老年人"老有所养"

1. 加大政府养老兜底力度，合理布局养老机构

调查显示，湖南省农村老年人对社会保障的满意度偏低，湖南省应加大财政投入力度，提高新农合报销比例，扩大新农保覆盖面，提升低保五保、高龄补贴的额度。此外，针对湖南省养老机构供给不足的问题，政府应优化升级基层养老机构的设置单元，根据地域相近、文化相连、规模适度的原则，在农村合理布局养老机构，满足多元需求，力争建成覆盖全体的养老空间格局，使公办养老机构真正落地。

2. 扩大社会养老参与广度，提升养老服务质量

湖南省应拓展资金投入渠道，整合社会资本，鼓励社会组织、企业、义工、志愿者等社会力量进入农村养老服务业，化解政府投入不足、农村养老市场化程度偏低、家庭

养老功能弱化等困境，探索多元主体养老服务体系，精准识别农村老年群体的多样诉求，促使养老产品均衡化，建设专业化养老服务人才队伍，全面提升养老服务质量。

3. 感受家庭养老基础温度，巩固中华孝道传统

据调查，家庭养老仍然是湖南省农村养老的最主要方式，中华民族孝道伦理仍发挥着教化作用。因此，应弘扬新时代的养老观念，加强以孝道为核心的家庭伦理道德建设，突出强调家庭养老的责任和义务，并强化家庭养老从伦理型向法制型的转变，把家庭养老的功能以制度的形式确定下来。在物质赡养老年人的同时，营造良好的养老敬老的社会氛围，倡导子女给予父母精神陪伴，满足农村老年人的亲情需求。

（二）推进老年组织常态化，使农村老年人"老有所为"

1. 健全老年协会组织

根据湖南省老年人组织化程度不高的现状，建议推进老年协会组织常态化，以充分发挥老年人余热。应遵循老年人意愿，动员广大农村老年人积极参与社会公益和志愿服务活动，可依托老年协会组织进行村庄公共事务的管理，特别是鼓励老年人调解村庄纠纷，维护村庄和谐稳定，使其在服务他人的过程中创造社会价值，不断提升自我认同，回应老年人的养老期待。

2. 建立多层乡贤组织

实现"老有所为"可充分发挥乡贤组织的力量。应根据各地实际情况，以培育镇级乡贤联谊会、村级乡贤参事会、族级乡贤理事会为载体，发挥乡贤人缘、地缘、亲缘优势，凝聚共识和人心，制定乡贤组织发展规划，聚财聚智，实现资金吸纳并服务老年群体，如对老年人进行慰问、募捐、帮扶老弱病残等弱势群体，多措并举以提高老年人养老服务满意度。

3. 搞活互助养老组织

针对湖南省农村老年人对子女养老依赖较高的现状，我们建议改变老年人传统养老观念，创新养老方式，合理开发利用人力资源，提倡留守妇女关爱本村失能老人、留守老人邻里互助养老、低龄老人照顾高龄老人、体强老人帮扶体弱老人、学医老人热心问诊等形式，通过多元互助养老组织以减轻子女养老负担，提升农村老年群体自我服务满意度。

（三）增强养老服务针对性，使农村老年人"老有所安"

1. 提供农村养老健康服务

经调查发现，湖南省老年人对健康教育和咨询服务满意度偏低。为此，政府和社会应该通过大力普及新型农村合作医疗保险的覆盖面、建立农村老年医疗救助制度，优化农村老年医疗保障；定期组织老年人免费体检、提供义诊服务，加强健康和卫生教育，提升老年人疾病预防能力；开发湖南省老年人多层级健康信息云系统，及时追踪老年人健康状况；建立健全老年人异地就医一体化机制，打破地域障碍、消除区域差异，以满足农村老年人的医疗服务需求，促进其健康状况的改善，实现农村老人"健康老龄化"。

2. 完善农村养老法律服务

根据湖南省农村老年人权益保障服务供给不足的现状，老年群体迫切需求政策咨询与法律援助服务。因此，基层司法人员应根据农村老年群体的特点，设立政策咨询服务平台；采取多种宣传方式普及法律知识，提升送法下乡服务效能；针对老年人权益保障、家庭财产继承、子女赡养等问题提供相应的法律援助，引导老年人用法律武器保护自己的合法权益。同时，完善养老服务相关法规和准入、退出、监管制度、规范养老服务市场行为，加快出台和完善养老服务的相关服务标准、设施标准和管理规范。

（四）促进老年活动多样化，使农村老年人"老有所乐"

1. 因地制宜，灵活设置老年人活动场所

调查发现，湖南省老年人对村庄设立活动场所的期待值较高。为此，应在村庄现有活动场所的基础上，因地制宜，依据老年人的兴趣爱好和所在区域的经济、地理条件，灵活设立更多健身休闲娱乐场所，以期满足老年人的娱乐、社交需求，丰富农村老年人精神世界，打造农村老年群体喜闻乐见、充实温馨的精神文化阵地。

2. 因需制宜，广泛开展丰富多彩文体活动

根据老年人对休闲娱乐服务的需求，应为老年人提供多元化的文娱集体活动。包括组织老人体验需要一定场所的体育活动，如门球等；观看湖南各地丰富的地方戏，如花鼓戏、常德汉剧、张家界阳戏等；参与老年人兴趣小组，如书画小组、棋牌小组、武术队、舞蹈队等，借此消除老年人的孤独寂寞感，确保老年人在享受丰富文娱活动的同时，追求健康的生活方式，回应老年人对文娱集体活动的期盼。

3. 因效制宜，精心打造少数民族老年特色活动

为满足少数民族老年人的文化娱乐需求，应立足于湖南省少数民族的分布特征和土、侗、苗、瑶、白等少数民族的文化特征，创新富有各民族文化传统的特色老年人娱乐活动，如结合现代艺术形式，创作老年人既可参与又可享受的文化娱乐活动，如大型民族情景史诗剧、历史纪录片、大型歌舞演出等特色活动，以传承各民族宝贵的精神文化遗产，使少数民族老年人最大程度实现"老有所乐"。

参考文献

[1] 国务院关于印发"十三五"国家老龄事业发展和养老体系建设规划的通知[EB/OL]. http://www.gov.cn/zhengce/content/2017-03/06/content_5173930.htm, 2017-03-06.

[2] 常雪，苏群，周春芳. 新农合补偿方案对农村中老年居民医疗负担的影响[J]. 农村经济，2019（3）：105-112.

[3] 周红云，董叶. "互联网+"推动养老服务精准化的机理及实现路径[J]. 中州学刊，2019（3）：60-65.

[4] 张静. 道德权利视阈下我国农村养老保障伦理研究[J]. 郑州大学学报（哲学社会科学版），2018（5）：25-28.

[5] 赵秀玲. 乡贤重塑与乡村善治[J]. 东吴学术，2019（1）：5-12.

[6] 伍萍，付颖光. 对我国居家养老服务法律保障的思考[J]. 贵州社会科学，2016（11）：107-112.

环境治理篇

莫让农民成为环境治理攻坚战的"看客"
——基于湖南省2197位村民"农村生态环境治理"的调查

湖南文理学院"湖南农村基层治理研究中心"
教育部人文社会科学重点研究基地——华中师范
大学中国农村研究院调查咨询中心

摘　要：《乡村振兴战略规划（2018－2022年）》中提出："要推动乡村生态振兴，建设生活环境整洁优美、生态系统稳定健康、人与自然和谐共生的生态宜居美丽乡村。"农民作为乡村振兴的主体，也应成为环境治理的主要受益者与参与者。然而，当前农村生态环境治理仍然存在以下问题：一是参与场域狭隘，公共环保意识待增强；二是参与程度有限，环境治理能力需提高；三是参与方式松散，组织化程度待提升。鉴于此，调研组建议：首先，明确农民主体，增强环境治理意识；其次，完善参与配套，加强环境治理服务；最后，扩展参与路径，健全环境治理体系。

关键词：环境治理；农民参与

中共中央关于《全面加强生态环境保护坚决打好污染防治攻坚战的意见》指出，"良好生态环境是实现中华民族永续发展的内在要求，是增进民生福祉的优先领域。"农民是环境治理的创造者，也是生态环境的最终受益者，为了更全面地了解湖南省农村生态环境治理及其农民参与的现状，湖南文理学院于2018年7月对湖南省2197个村民进行问卷调查。结果显示：当前农村环境治理存在以下三个方面问题：一是参与场域狭隘，公共环保意识待增强；二是参与程度有限，环境治理能力需提高；三是参与方式松散，组织化程度待提升。鉴于此，课题组提出以下建议：首先，明确农民主体，增强环境治理意识；其次，完善参与配套，加强环境治理服务；最后，扩展参与路径，健全环境治理体系。

一、生态环境治理的现实需求

(一) 村庄环境污染现状

1. 超四成村庄存在散养家畜家禽、露天焚烧秸秆现象

考察村庄中不同类型污染现象的具体情况,如表1所示,散养家畜家禽这类污染现象的占比最高,在1670个有效样本中,占比为55.81%,在五成以上;其次是露天焚烧秸秆,在1636个有效样本中,占比为46.27%,接近五成。另有近四成村庄存在旱厕异味大的问题,近三成村庄存在"垃圾围村"或垃圾随意堆放的问题,乱搭乱建、人畜不分离的占比分别为22.38%、19.24%。可见,当前农村污染类型多样,其中散养家畜家禽、露天焚烧秸秆两种污染现象相对比较严重。

表1　　　　　　　　　　村庄污染现象分类情况

现象分类	是否存在(%) 是	是否存在(%) 否	样本数(个)
"垃圾围村"或垃圾随意堆放	27.17	72.83	1579
旱厕异味大	37.33	62.67	1563
人畜不分离	19.24	80.76	1518
散养家畜家禽	55.81	44.19	1670
乱搭乱建	22.38	77.62	1519
露天焚烧秸秆	46.27	53.73	1636
滥垦滥牧	10.85	89.15	1456

注:"'垃圾围村'或垃圾随意堆放"有效样本为1579个、缺失值为618个;"旱厕异味大"有效样本为1563个、缺失值为634个;"人畜不分离"有效样本为1518个、缺失值为679个;"散养家畜家禽"有效样本为1670个、缺失值为527个;"乱搭乱建"有效样本为1519个、缺失值为678个;"露天焚烧秸秆"有效样本为1636个、缺失值为561个;"滥垦滥牧"有效样本为1456个、缺失值为741个。

2. 近两成的农户认为村庄环境污染程度严重

分析农户对于村庄环境污染程度的认识情况,如表2所示,在1899有效样本中,有238位农户认为村庄环境污染比较严重，占比为12.53%，其中认为环境污染非常严重的占比为2.37%，两者合计占比为14.90%，不足两成。由此可见，虽然目前农村环境问题已有所改善，但仍有一部分农户认为村庄污染严重。

表2　　　　　　　　　　　村庄环境污染程度概况

村庄环境污染	占比（%）	样本数（个）
非常严重	2.37	45
比较严重	12.53	238
一般	35.76	679
比较轻微	24.17	459
非常轻微	8.74	166
没有	16.43	312
合计	100	1899

注：有效样本为1899个、缺失值为298个。

3. 未成立过环保合作组织的村庄农户认为村庄环境污染程度更为严重

考察村庄是否成立环保合作组织对农户村庄环境污染程度认识的影响，如表3所示，在成立过环保合作组织的497位农户中，认为村庄环境污染程度非常严重和比较严重的占比分别为1.81%和11.27%，合计占比为13.08%，在没有成立环保合作组织的1311位农户中，认为村庄环境污染程度非常严重和比较严重的占比分别为2.21%和12.74%，合计占比为14.95%，高于前者1.87个百分点。可见，未成立过环保合作组织的村庄农户认为村庄环境污染程度更为严重。

表3　　　　成立环保合作组织的村庄农户对于环境污染程度的认知

环保合作组织	村庄环境污染（%）						样本数（个）
	非常严重	比较严重	一般	比较轻微	非常轻微	没有	
是	1.81	11.27	37.42	17.91	11.27	20.32	497
否	2.21	12.74	35.77	26.32	8.16	14.80	1311

注：有效样本为1808个、缺失值为389个。

(二)"生态宜居"开展情况

1. 不足三成农户表示村庄开展过"美丽乡村"或"生态宜居"建设

考察村庄开展"美丽乡村"或"生态宜居"建设的情况,如表4所示,在1906个有效样本中,571位农户明确表示村庄开展过"美丽乡村"或"生态宜居"建设,占比为29.96%,不足三成;表示村庄没有开展过或者不清楚的农户占比分别是24.08%和45.96%,合计占比达到70.04%。整体来看,当前村庄开展"美丽乡村"或"生态宜居"建设有待进一步推进。

表4　开展"美丽乡村"或"生态宜居"建设情况

开展"美丽乡村"或"生态宜居"	占比（%）	样本数（个）
是	29.96	571
否	24.08	459
不清楚	45.96	876
合计	100	1906

注：有效样本为1906个、缺失值为291个。

2. 环保合作组织村庄开展"美丽乡村"或"生态宜居"建设具有积极作用

对比村庄是否成立环保合作组织对村庄开展"美丽乡村"或"生态宜居"建设的影响,如表5所示,在1828个有效样本中,成立过环保合作组织的村庄中,有493位农户表示开展过"美丽乡村"或"生态宜居"建设,占比为42.39%,而没有成立过环保合作组织的村庄,有1335位农户表示开展过"美丽乡村"或"生态宜居"建设,占比为24.49%,低于前者17.90个百分点。由此可见,成立环保合作组织有助于推动"美丽乡村"或"生态宜居"建设的开展。

表5　成立环保合作组织与开展"美丽乡村"或"生态宜居"的关系

环保合作组织	开展"美丽乡村"或"生态宜居"（%）			样本数（个）
	是	否	不清楚	
是	42.39	20.89	36.72	493
否	24.49	25.32	50.19	1335

注：有效样本为1828个、缺失值为369个。

二、生态环境治理中的农民参与

（一）村庄公共卫生清理中的农民参与

1. 超五成农户未参与过本村的垃圾清理工作

就农户参与本村垃圾清理工作的情况而言，如表6所示，在1909位有效样本中，有1079位农户表示未参与过本村的垃圾清理工作，占比为56.52%，有830位农户表示参与过本村的垃圾清理工作，占总数的43.48%，比前者低13.04个百分点。这表明，超五成农户未参与过本村的垃圾清理工作，农户对于本村垃圾清理工作参与度有待提升。

表6　农户参与本村的垃圾清理工作情况

参与过本村的垃圾清理工作	占比（%）	样本数（个）
是	43.48	830
否	56.52	1079
合计	100	1909

注：有效样本为1909个、缺失值为288个。

2. 具有干部身份的农户对于本村垃圾处理工作的参与度更高

分析是否担任干部对农户参加本村垃圾处理工作的影响来看，如表7所示，在1780

个有效样本中,具有干部身份的 77 位农户中,表示参与过本村垃圾处理工作的占比为 51.95%,超过总数的一半;而非干部的 1703 位农户参与垃圾处理仅为 41.22%,比前者低 10.73%。综上,在村庄的垃圾处理工作中,干部参与度相对高于非干部身份的农户。

表 7　　是否干部与参与本村垃圾处理工作的关系

是否干部	参与本村垃圾处理工作(%)		样本数(个)
	参加过	没参加过	
是	51.95	48.05	77
否	41.22	58.78	1703

注:有效样本为 1780 个、缺失值为 417 个。

3. 超过五成接受过环境保护宣传的农户参与过本村的垃圾处理工作

进一步分析接受环境保护宣传对农户参与本村垃圾处理工作的影响,如表 8 所示,在接受过环境保护宣传的 1286 个农户中,逾半数的农户参与过本村的垃圾处理工作,占比为 50.93%;而没有接受过环境保护宣传的 557 个农户中,参与过本村垃圾处理工作的比重仅为 25.85%,比前者低 25.08 个百分点。可见,接受过环境保护宣传的农户参与本村垃圾处理工作的比重更高,环境保护宣传对于提升农户的环保意识具有重要作用。

表 8　　接受环境保护宣传与参与本村垃圾处理工作的关系

接受环境保护宣传	参与本村垃圾处理工作(%)		样本数(个)
	参加过	没参加过	
接受过	50.93	49.07	1286
没接受过	25.85	74.15	557

注:有效样本为 1843 个、缺失值为 354 个。

4. 成立过新的村民自治组织的农户对本村的垃圾处理工作的参与度更高

考察村民自治组织对农户参与本村垃圾处理工作的情况影响,如表 9 所示,成立了村民自治组织的村庄中的 522 位农户参与过本村垃圾处理工作,比重超过一半,为

54.21%，没有成立村民自治组织村庄的 363 位农户参与本村垃圾清理的比重为 33.06%，低于前者 21.15 个百分点。综上，成立村民自治组织的村庄农户对本村的垃圾处理工作的参与度更高。

表 9　　成立村民自治组织对农户参与本村垃圾处理工作的影响

是否成立村民自治组织	参与本村垃圾处理工作（%）		样本数（个）
	参加过	没参加过	
是	54.21	45.79	522
否	33.06	66.94	363
不清楚	42.02	57.98	940

注：有效样本为 1825 个、缺失值为 372 个。

5. 开展普法宣传活动对于农户参与本村垃圾处理工作有推动作用

考察村庄开展普法宣传活动与农户参与本村垃圾处理工作的关系，如表 10 所示，在开展过普法宣传活动的村庄的 839 位农户中，参与过本村垃圾处理工作超过五成，占比为 56.85%，没开展过普法宣传活动的 308 位农户参与的比重为 25.65%，低于前者 31.2 个百分点。可见，开展普法宣传活动对于农户参与本村垃圾处理工作有推动作用。

表 10　　开展普法宣传活动与参与本村垃圾处理工作的关系

开展普法宣传活动	参与本村垃圾处理工作（%）		样本数（个）
	参加过	没参加过	
是	56.85	43.15	839
否	25.65	74.35	308
不清楚	35.40	64.60	661

注：有效样本为 1808 个、缺失值为 389 个。

6. 开展道德宣传活动对于农户参与本村垃圾处理工作有积极作用

分析村庄开展道德宣传活动对农户参与本村垃圾处理工作的影响，如表 11 所示，在开展过道德宣传活动的 829 位农户中，参与过本村垃圾处理工作超过五成，占比为 53.32%；没开展过普法宣传活动的 332 位农户参与的比重为 35.24%，不足四成，较前者低了18.08个百分点。可见,开展道德宣传活动对于农户参与本村垃圾处理工作有推动作用。

表11　　　　　　开展道德宣传活动与参与本村垃圾处理工作的关系

开展道德宣传活动	参与本村垃圾处理工作(%)		样本数(个)
	参加过	没参加过	
是	53.32	46.68	829
否	35.24	64.76	332
不清楚	36.03	63.97	655

注:有效样本为1808个、缺失值为389个。

7. 超过五成的农户表示愿意付费进行垃圾清理

考察农户对于付费进行垃圾清理的意愿,如表12所示,在1944位有效样本中,有1037位农户表示愿意付费进行垃圾清理,占比为53.34%,不足两成的农户表示不愿意付费进行垃圾清理,占比为18.52%,低于前者34.82个百分比,另有28.14%的农户对于付费进行垃圾处理的态度较为模糊。这表明,逾半数的农户愿意付费进行垃圾清理。

表12　　　　　　　　农户对付费进行垃圾清理的意愿

付费进行垃圾清理	占比(%)	样本数(个)
是	53.34	1037
否	18.52	360
说不清	28.14	547
合计	100	1944

注:有效样本为1944个、缺失值为253个。

8. 教育水平与农户付费进行垃圾清理的意愿呈正相关关系

对比不同教育水平的农户付费进行垃圾清理的意愿,如表13所示,在1787个有效样本中,文盲、小学、初中、高中或中专、大专及以上学历的农户愿意付费进行垃圾清理的占比分别为44.74%、49.86%、57.75%、61.94%和61.59%,整体呈递增趋势,其中大专及以上水平占比高出文盲水平 16.85 个百分点。整体来看，随着教育水平的提高，农户付费进行垃圾清理的意愿整体呈上升趋势。

表 13　　　　　　　　不同教育水平的农户对付费进行垃圾清理的意愿

教育水平	付费进行垃圾清理（%）			样本数（个）
	是	否	说不清	
文盲	44.74	15.79	39.47	38
小学	49.86	20.60	29.54	738
初中	57.75	15.01	27.24	613
高中或中专	61.94	15.79	22.27	247
大专及以上	61.59	12.58	25.83	151

注：有效样本为 1787 个、缺失值为 410 个。

9. 具有干部身份的农户更愿意付费进行垃圾清理

考察农户是否担任干部与付费进行垃圾清理的意愿之间的关系，如表 14 所示，在 1812 个有效样本中，具有干部身份的农户表示愿意付费进行垃圾清理的占比为 61.25%，超过六成；而非干部表示愿意付费的占比为 53.00%，低于前者 8.25 个百分点。综上，具有干部身份的农户更愿意付费进行垃圾清理。

表 14　　　　　　　　是否干部与农户对付费进行垃圾清理意愿的关系

是否干部	付费进行垃圾清理（%）			样本数（个）
	是	否	说不清	
是	61.25	11.25	27.50	80
否	53.00	17.73	29.27	1732

注：有效样本为 1812 个、缺失值为 385 个。

10. 接受过环境保护宣传的农户更愿意付费进行垃圾清理

分析接受过环境保护宣传的农户付费进行垃圾清理的意愿，如表 15 所示，在 1875 个样本中，其中接受过环境保护宣传的农户中，有一半以上的农户参与过本村的垃圾处理工作，占比为 58.12%，接近六成；而没有接受过环境保护宣传的农户参与过本村垃圾处理工作的比重为45.49%，比前者低12.63个百分点。可见，接受过环境保护宣传的农户付费进行垃圾处理的意愿更高。

表15　　　　　接受过环境保护宣传的农户对付费进行垃圾清理的意愿

接受环境 保护宣传	付费进行垃圾清理（%）			样本数 （个）
	是	否	说不清	
接受过	58.12	15.32	26.56	1299
没接受过	45.49	22.74	31.77	576

注：有效样本为1875个、缺失值为322个。

11. 开展过道德宣传活动的村庄，农户不愿意付费进行垃圾清理的意愿稍低

分析村庄开展道德宣传活动与村民付费进行垃圾处理意愿之间的关系，如表16所示，在1848个有效样本中，开展过道德宣传活动的村庄里，农户不愿意付费进行垃圾处理占比为20.02%，而在未开展过普法宣传活动的村庄里，不愿意付费进行垃圾处理的农户占比为22.16%，高出前者2.14个百分点。可见，开展过道德宣传活动的村庄，农户不愿意付费进行垃圾处理的比重稍低。

表16　　　　　开展道德宣传活动与农户对付费进行垃圾清理意愿的关系

开展道德 宣传活动	付费进行垃圾清理（%）			样本数 （个）
	是	否	说不清	
是	53.20	20.02	26.78	844
否	59.18	22.16	18.66	343
不清楚	49.62	14.37	36.01	661

注：有效样本为1848个、缺失值为349个。

（二）生活垃圾清理中的农民参与

1. 超七成的农户能将生活垃圾收集到公共集散点

考察农户处理生活垃圾的情况，如表17所示，在1897位有效样本中，有1363位农户表示通过收集起来放到村庄垃圾收集点或公共垃圾箱的方式处理生活垃圾，占比最高，为71.85%；另外，农户自家焚烧处理垃圾的占比为17.72%，而自家掩埋处理、随意丢弃以及其他占比分别为6.27%、3.74%和0.42%，均不足一成。由此可知，超七成的农户能将生活垃圾收集到公共集散点。

表17　　　　　　　　　　　　　农户生活垃圾处理情况

处理情况	占比（%）	样本数（个）
收集起来放到村庄垃圾收集点或公共垃圾箱	71.85	1363
自家焚烧处理	17.72	336
自家掩埋处理	6.27	119
随意丢弃	3.74	71
其他	0.42	8
合计	100	1897

注：有效样本为1897个、缺失值为300个。

2. 收入水平与农户合理处理生活垃圾的方式选择呈正相关关系

考察不同收入水平的农户选择处理生活垃圾方式的情况，如表18所示，在1425个有效样本中，低收入、中低收入、中等收入、中高收入、高收入的农户选择通过将垃圾收集起来放到村庄垃圾收集点或公共垃圾箱的占比分别为61.96%、69.60%、72.64%、78.31%、78.60%，整体呈递增趋势，其中高收入的农户占比高出低收入的占比16.64个百分点。整体来看，随着收入水平的提高，农户选择合理处理生活垃圾的比重也随之增加。

表18　　　　　　　　　　　　不同收入的农户处理生活垃圾的情况

收入	收集起来放到村庄垃圾收集点或公共垃圾箱	自家焚烧处理	自家掩埋处理	随意丢弃	其他	样本数（个）
低收入	61.96	17.39	11.59	9.06	0	276
中低收入	69.60	17.95	8.05	4.40	0	273
中等收入	72.64	18.92	5.06	3.38	0	296
中高收入	78.31	14.23	4.41	2.32	0.83	295
高收入	78.60	14.04	3.86	3.15	0.35	285

注：有效样本为1425个、缺失值为772个。

3. 教育水平越高的农户越愿意将垃圾统一收集到公共垃圾回收处

考察不同教育水平的农户选择处理生活垃圾方式的情况，如表19所示，文盲、小学、初中、高中或中专、大专及以上学历的农户选择将垃圾收集起来放到村庄垃圾收集点或公共垃圾箱的占比分别为63.89%、68.05%、74.87%、74.07%和76.87%，整体呈递增趋势，其中大专及以上水平占比最高，为76.87%，比文盲水平农户占比高12.98个百分点。整体来看，教育水平越高的农户越愿意将垃圾统一收集到公共垃圾回收处。

表19　　　　　　　　不同教育水平的农户处理生活垃圾的情况

教育水平	收集起来放到村庄垃圾收集点或公共垃圾箱	自家焚烧处理	自家掩埋处理	随意丢弃	其他	样本数（个）
文盲	63.89	16.67	0	16.67	2.77	36
小学	68.05	20.33	7.33	3.60	0.69	723
初中	74.87	15.41	7.02	2.53	0.17	597
高中或中专	74.07	16.45	5.35	4.13	0	243
大专及以上	76.87	16.33	1.36	5.44	0	147

注：有效样本为1746个、缺失值为451个。

4. 中青年农户更愿意将垃圾统一收集到公共垃圾回收处

考察不同年龄的农户选择处理生活垃圾方式的情况，如表20所示，在1838个有效样本中，选择通过将垃圾收集起来放到村庄垃圾收集点或公共垃圾箱的情况中，30岁以下的农户占比为76.60%，30~39岁的农户该项占比为78.81%，40~49岁的农户该项占比为73.88%，三个年龄段占比均高于七成。而50~59岁的农户该项占比为68.89%，60岁及以上的农户该项占比为69.59%，均不足七成。由此可知，中青年农户将垃圾统一收集到公共垃圾回收处的意愿高于中老年农户。

表 20　　　　　　　　　不同年龄的农户处理生活垃圾的情况

年龄	收集起来放到村庄垃圾收集点或公共垃圾箱	自家焚烧处理	自家掩埋处理	随意丢弃	其他	样本数（个）
30 岁以下	76.60	15.42	3.19	4.79	0	188
30~39 岁	78.81	14.41	4.24	2.54	0	118
40~49 岁	73.88	17.99	5.35	2.78	0	467
50~59 岁	68.89	20.44	7.56	2.67	0.44	450
60 岁及以上	69.59	17.24	6.99	5.20	0.98	615

处理生活垃圾的情况（%）

注：有效样本为 1838 个、缺失值为 359 个。

5. 接受过环境保护宣传的农户更愿意选择环保的方式进行生活垃圾的处理

分析接受过环境保护宣传的农户选择处理生活垃圾方式的情况，如表 21 所示，在 1828 个有效样本中，其中接受过环保宣传教育的农户选择将垃圾收集起来放到村庄垃圾收集点或公共垃圾箱的占比为 73.90%，超过七成；而没有接受过环境保护宣传的农户此项占比为 67.99%，比前者低 5.91 个百分点。综上，接受过环保宣传教育的农户更愿意将垃圾统一收集到公共垃圾回收处。

表 21　　　　　　　　接受环保宣传教育的农户处理生活垃圾的情况

是否接受过环保宣传教育	收集起来放到村庄垃圾收集点或公共垃圾箱	自家焚烧处理	自家掩埋处理	随意丢弃	其他	样本数（个）
接受过	73.90	16.59	6.60	2.75	0.16	1272
没有接受过	67.99	20.31	4.68	5.94	1.08	556

处理生活污水的情况（%）

注：有效样本为 1828 个、缺失值为 369 个。

6. 成立村民自治组织村庄的农户更愿意以环保的方式进行生活垃圾的处理

考察村民自治组织对农户选择处理生活垃圾方式的关系，如表 22 所示，成立过新的村民自治组织的村庄，农户将垃圾收集起来放到村庄垃圾收集点或公共垃圾箱的占比高达 71.21%，超过七成；而没有成立过新的村民自治组织的村庄农户占比为 66.48%，比前者低 4.73 个百分点。综上，成立过新的村民自治组织的村庄农户更愿意将垃圾统一收集到公共垃圾回收处。

表22　成立新的自治组织的村庄农户处理生活垃圾的情况

是否成立新的自治组织	处理生活污水的情况（%）					样本数（个）
	收集起来放到村庄垃圾收集点或公共垃圾箱	自家焚烧处理	自家掩埋处理	随意丢弃	其他	
是	71.21	19.32	6.25	2.84	0.38	528
否	66.48	21.22	6.15	4.75	1.40	358
不清楚	74.97	15.42	5.83	3.67	0.11	927

注：有效样本为1813个、缺失值为384个。

7. 普法教育的开展有助于农户选择环保的方式处理生活垃圾

从开展普法教育对农户处理生活垃圾的影响情况中可以看出，如表23所示，在1792个有效样本中，在开展过普法教育的情况下，农户选择收集起来放到村庄垃圾收集点或公共垃圾箱的占比为75.03%，高于没有开展过教育情况下该项占比9.22个百分点。而在没有开展普法教育的情况下，有24.60%的农户选择自家焚烧处理生活垃圾，高于开展过普法教育活动的9.52%。由此可以看出，普法教育的开展有助于农户选择环保的方式处理生活垃圾。

表23　开展普法教育对农户处理生活垃圾的影响情况

是否开展普法教育	处理生活垃圾的情况（%）					样本数（个）
	收集起来放到村庄垃圾收集点或公共垃圾箱	自家焚烧处理	自家掩埋处理	随意丢弃	其他	
是	75.03	15.08	5.91	3.62	0.36	829
否	65.81	24.60	2.56	5.75	1.28	313
不清楚	70.77	18.92	7.54	2.62	0.15	650

注：有效样本为1792个、缺失值为405个。

8. 道德宣传教育的开展有助于农户选择环保的方式处理生活垃圾

考察开展宣传教育对农户处理生活垃圾的影响情况，如表24所示，在1800个有效样本中，开展过道德宣传教育的农户选择收集起来放到村庄垃圾收集点或公共垃圾箱的占比为77.12%，高于没有开展过情况下该项占比11.63个百分点；而在没有开展普法教育的情况下，有24.19%的农户选择自家焚烧处理生活垃圾，高于开展过情况的情况下该项占比10.87个百分点。由此可以看出，道德宣传教育的开展有助于农户选择环保的方式处理生活垃圾。

表24　　　　　开展道德宣传教育对农户处理生活垃圾的影响情况

是否道德宣传教育	处理生活垃圾的情况（%）					样本数（个）
	收集起来放到村庄垃圾收集点或公共垃圾箱	自家焚烧处理	自家掩埋处理	随意丢弃	其他	
是	77.12	13.32	6.05	3.15	0.36	826
否	65.49	24.19	4.13	5.31	0.88	339
不清楚	69.61	20.00	6.46	3.62	0.31	635

注：有效样本为1800个、缺失值为397个。

9. 仅一成农户选择将生活污水收集起来再次利用

在农户生活污水处理情况中，如表25所示，在1886个有效样本中，农户处理生活污水时，选择倒入村庄生活废水沟渠的占比最高，为44.54%；选择随地倒掉的占比次之，为41.62%，两者合计占比为86.16%；而将生活污水收集起来再次利用比仅为10.71%，比前者低75.54个百分点。由此可以看出，仅一成的农户选择将生活污水收集起来再次利用。

表25　　　　　　　　农户生活污水处理情况

处理情况	占比（%）	样本数（个）
随地倒掉	41.62	785
倒入村庄生活废水沟渠	44.54	840
收集起来再次利用	10.71	202
其他	3.13	59
合计	100	1886

注：有效样本为1886个、缺失值为311个。

10. 没有接受过环保教育的农户倾向于随地倒掉污水

分析接受环保宣传教育对农户处理生活污水的影响,如表26所示,在1822个有效样本中,接受过环保宣传教育的农户中,选择随地倒掉的农户占比为37.85%,相比之下,没有接受过环保宣传教育的农户占比50.63%,比前者高12.78个百分点。另外,接受过环保宣传教育的农户中,选择将污水倒入村庄生活废水沟渠的农户占比为49.01%,比没有接受过环保宣传教育的农户高15.2个百分点。由此可以看出,没有接受过教育的农户倾向于随地倒掉污水,接受过环保宣传教育的农户则倾向于将废水倒入村庄生活废水沟渠。

表26 接受环保宣传教育对农户处理生活污水的影响情况

是否接受过 环保宣传教育	处理生活污水的情况(%)				样本数 (个)
	随地倒掉	倒入村庄生活 废水沟渠	收集起来 再次利用	其他	
接受过	37.85	49.01	9.74	3.40	1263
没有接受过	50.63	33.81	13.24	2.32	559

注:有效样本为1822个、缺失值为375个。

11. 没有开展道德宣传教育的农户倾向于选择随地倒掉污水

考察开展道德宣传教育对农户处理生活污水的影响,如表27所示,在开展过道德宣传教育的情况中,选择随地倒掉方式的农户占比为36.96%,相比之下,没有开展过道德宣传教育情况下该项占比为42.77%,高于前者5.81个百分点。另外,开展过道德宣传教育的情况中,选择将污水倒入村庄生活废水沟渠的农户占比为49.28%,高于没有接受过环保宣传教育的农户该项占比6.51个百分点。由此可以看出,没有开展道德宣传教育情况下,农户更倾向于选择随地倒掉污水。

表27 开展道德宣传教育对农户处理生活污水的影响情况

是否道德 宣传教育	处理生活污水的情况(%)				样本数 (个)
	随地倒掉	倒入村庄生活 废水沟渠	收集起来 再次利用	其他	
是	36.96	49.28	9.90	3.86	828

续表

是否道德宣传教育	处理生活污水的情况（%）				样本数（个）
	随地倒掉	倒入村庄生活废水沟渠	收集起来再次利用	其他	
否	42.77	42.77	12.95	1.51	332
不清楚	47.19	39.53	10.47	2.81	640

注：有效样本为1800个、缺失值为397个。

（三）生产垃圾清理中的农民参与

1. 农业生产中化肥使用仍比较普遍

在农户使用农家肥和化肥的情况中，如表28所示，在1907个有效样本中，农户使用化肥居多的样本量为657个，占比为34.45%，而使用农家肥居多的占比为24.07%，低于前者10.38个百分点，此外有21.76%的农户两者都使用，与使用化肥居多的合计占比为56.21%。由此可以看出，农村中使用化肥进行农业生产仍比较普遍。

表28　　　　　　　　　农户使用农家肥和化肥的情况

使用情况	占比（%）	样本数（个）
化肥居多	34.45	657
农家肥居多	24.07	459
两者差不多	21.76	415
没进行农业生产	19.72	376
合计	100	1907

注：有效样本为1907个、缺失值为290个。

2. 农户使用化肥的情况与教育水平呈负相关

通过分析不同教育水平的农户使用农家肥和化肥的情况，如表29所示，在1753个有效样本中，教育水平为文盲的农户使用化肥居多的占比最高，为45.71%，相比之下，教育水平为小学、初中、高中或中专、大专及以上的农户该项占比分别为33.01%、34.60%、32.22%、25.00%，整体呈递减趋势，其中文盲此项占比比大专及以上高25.71个百分点。由此可以看出，农户使用化肥的情况与教育水平呈负相关。

表29　不同教育水平的农户使用农家肥和化肥的情况

教育水平	使用农家肥和化肥的情况（%）				样本数（个）
	化肥居多	农家肥居多	两者差不多	没进行农业生产	
文盲	45.71	5.71	17.14	31.44	35
小学	33.01	28.18	22.10	16.71	724
初中	34.60	23.23	21.42	20.75	607
高中或中专	32.22	23.01	23.85	20.92	239
大专及以上	25.00	18.24	27.03	29.73	148

注：有效样本为1753个、缺失值为444个。

3. 四成农户选择统一回收农药瓶/袋

具体分析农户处理农药瓶/袋的情况，如表30所示，在1875个有效样本中，统一回收的样本量为801个，占比达42.72%；随意丢弃的样本量为540个，占比达到28.80%，低于前者13.92个百分点。由此可以看出，四成农户选择统一回收农药瓶/袋。

表30　农户处理农药瓶/袋的情况

处理情况	占比（%）	样本数（个）
随意丢弃	28.80	540
统一回收	42.72	801
没使用农药	9.17	172
没进行农业生产	19.31	362
合计	100	1875

注：有效样本为1875个、缺失值为322个。

4. 收入越高的农户更倾向于统一回收的方式处理农药瓶

具体考察不同收入的农户处理农药瓶/袋的情况，如表31所示，在1398个有效样本中，收入水平为低收入、中低收入、中等收入、中高收入、高收入的农户随意丢弃农药瓶/袋的占比分别为35.77%、27.64%、29.21%、24.83%、24.47%，总体呈波动下降趋势。此外，低收入、中低收入、中等收入、中高收入、高收入的农户在统一回收中占比分别为37.31%、45.82%、41.24%、45.86%、46.10%，总体呈波动上升趋势。由此可以看出，收入越高的农户更倾向于统一回收的方式处理农药瓶。

表31　　　　　　　　　　不同收入的农户处理农药瓶/袋的情况

收入水平	处理农药瓶/袋的情况（%）				样本数（个）
	随意丢弃	统一回收	没使用农药	没进行农业生产	
低收入	35.77	37.31	11.15	15.77	260
中低收入	27.64	45.82	10.54	16.00	275
中等收入	29.21	41.24	7.22	22.33	291
中高收入	24.83	45.86	9.66	19.65	290
高收入	24.47	46.10	4.61	24.82	282

注：有效样本为1398个、缺失值为799个。

5. 随意丢弃的情况与教育水平升呈负相关趋势

通过分析不同教育水平的农户处理农药瓶/袋的情况，如表32所示，在1721个有效样本中，教育水平为文盲的农户随意丢弃农药瓶/袋的占比最高，为38.24%，与之相比，教育水平为小学、初中、高中或中专、大专及以上的该项占比分别为29.45%、25.04%、29.05%、22.97%，总体呈递减趋势，其中文盲的该项占比比大专及以上高出15.27%。由此可见，随意丢弃的情况与教育水平升呈负相关趋势。

表32　　　　　　　　　不同教育水平的农户处理农药瓶/袋的情况

教育水平	处理农药瓶/袋的情况（%）				样本数（个）
	随意丢弃	统一回收	没使用农药	没进行农业生产	
文盲	38.24	29.41	5.88	26.47	34
小学	29.45	44.24	8.81	17.50	703
初中	25.04	46.05	9.92	18.99	595
高中或中专	29.05	41.08	9.13	20.74	241
大专及以上	22.97	36.49	12.16	28.38	148

注：有效样本为1721个、缺失值为476个。

6. 年龄越大的农户随意丢弃农药瓶/袋情况越普遍

在不同年龄的农户处理农药瓶/袋的情况中，如表33所示，在1816个有效样本中，30岁以下的农户随意丢弃农药瓶/袋的占比最低，为25.39%，与之相比，年龄为30~39岁、40~49岁、50~59岁、60岁及以上的该项占比分别为19.83%、26.78%、30.84%、28.03%，总体呈递增趋势，其中30岁以下的该项占比比50~59岁低5.45个百分点。由此可见，年龄越大的农户更倾向于随意丢弃农药瓶/袋。

表33 不同年龄的农户处理农药瓶/袋的情况

年龄	处理农药瓶/袋的情况（%）				样本数（个）
	随意丢弃	统一回收	没使用农药	没进行农业生产	
30岁以下	25.39	39.38	10.36	24.87	193
30~39岁	19.83	37.93	18.10	24.14	116
40~49岁	26.78	42.76	8.21	22.25	463
50~59岁	30.84	42.18	7.26	19.72	441
60岁及以上	28.03	46.93	9.78	15.26	603

注：有效样本为1816个、缺失值为381个。

7. 农户更倾向于选择焚烧处理秸秆

通过分析农户处理农药瓶/袋的情况，如表34所示，在1739个有效样本中，焚烧处理秸秆的占比最高，为27.72%，分别比粉碎后就地还田、作为生活燃料、作为养殖饲料的占比高9.49个、10.3个、22.26个百分点。由此可见，农户更倾向于选择焚烧处理秸秆。

表34 农户处理秸秆的情况

处理情况	占比（%）	样本数（个）
粉碎后就地还田	18.23	317
焚烧处理	27.72	482
作为生活燃料	17.42	303
作为养殖饲料	5.46	95

续表

处理情况	占比（%）	样本数（个）
生产中没有产生秸秆	11.56	201
没进行农业生产	18.75	326
其他	0.86	15
合计	100	1739

注：有效样本为1739个、缺失值为458个。

8. 开展普法教育的村庄农户焚烧秸秆相对较少

具体考察开展普法教育的村庄农户处理秸秆的情况，如表35所示，在1656个有效样本中，在开展普法教育的情况下，焚烧处理秸秆的占比为30.09%，比没有开展过普法教育的该项占比低3.47个百分点。与此同时，在开展普法教育情况下，粉碎后就地还田的占比为22.60%，比没有开展过普法教育的该项占比高3.91个百分点。可见，开展普法教育村庄的农户倾向于粉碎秸秆后就地还田，而非直接焚烧。

表35　　　　　　　　开展普法教育的村庄农户处理秸秆的情况

是否开展普法教育	处理秸秆的情况（%）							样本数（个）
	粉碎后就地还田	焚烧处理	作为生活燃料	作为养殖饲料	生产中没有产生秸秆	没进行农业生产	其他	
是	22.60	30.09	14.45	4.47	9.59	18.53	0.27	761
否	18.69	33.56	24.22	3.46	8.65	11.07	0.35	289
不清楚	12.71	23.10	16.67	8.09	14.03	23.76	1.64	606

注：有效样本为1656个、缺失值为541个。

9. 开展道德宣传教育有助于农户减少以焚烧方式处理秸秆的占比

通过分析开展道德宣传教育的村庄农户处理秸秆的情况，如表36所示，在1670个有效样本中，在开展道德宣传教育的情况下，焚烧处理秸秆的占比为27.81%，而没有开展过道德宣传教育的该项占比为33.54%，比前者高5.73个百分点。与此同时，在开展道德宣传教育情况下，粉碎后就地还田的占比为19.87%，没有开展过道德宣传教育的该项占比为18.35%，比前者低1.52个百分点。由此可见，开展道德宣传教育使农户减少焚烧处理秸秆的方式，并更倾向于粉碎秸秆后就地还田。

表36　　　　　　　　开展道德宣传教育的村庄农户处理秸秆的情况

是否开展道德宣传教育	处理秸秆的情况（%）							样本数（个）
	粉碎后就地还田	焚烧处理	作为生活燃料	作为养殖饲料	生产中没有产生秸秆	没进行农业生产	其他	
是	19.87	27.81	17.48	4.11	12.72	17.88	0.13	755
否	18.35	33.54	17.41	8.23	9.18	12.03	1.26	316
不清楚	16.53	24.54	15.86	5.84	11.52	24.21	1.50	599

注：有效样本为1670个、缺失值为527个。

三、生态环境整治的农户评价

（一）农民对生态环境整治的满意度

1. 近六成的农户对于污水处理不满意

通过考察农户对本村各项生态环境治理的满意程度，如表37所示，农户对垃圾处理情况"比较不满意""非常不满意"的占比为32.96%，对饮水安全情况"比较不满意""非常不满意"的占比为28.27%，对乱搭乱建治理情况"比较不满意""非常不满意"的占比为27.12%，对路面硬化治理情况"比较不满意""非常不满意"的占比为28.74%，对环境绿化情况"比较不满意""非常不满意"的占比为27.57%，占比均接近三成。而对污水处理情况不满意的占比最高，达到66.92%，接近七成。由此可见，饮水安全问题是农村生态中的棘手问题，近六成的农户对于污水处理不满意。

表 37　　　　　　　农户对本村各项生态环境治理的满意程度

内容	非常满意	比较满意	一般	比较不满意	非常不满意	不清楚	样本数（个）
垃圾处理	8.05	28.50	29.69	24.57	8.39	0.80	1502
污水处理	0.66	8.70	23.72	38.54	20.66	7.72	1505
饮水安全	10.46	26.61	33.65	19.84	8.43	1.01	1492
乱搭乱建	11.31	25.30	34.25	20.26	6.86	2.02	1486
路面硬化	14.17	24.31	31.30	21.56	7.18	1.48	1489
环境绿化	14.05	26.96	29.86	18.58	8.99	1.56	1480

注："垃圾处理"有效样本为1502个、缺失值为92个；"污水处理"有效样本为1505个、缺失值为89个；"饮水安全"有效样本为1492个、缺失值为102个；"乱搭乱建治理"有效样本为1486个、缺失值为108个；"路面硬化治理"有效样本为1489个、缺失值为105个；"环境绿化"有效样本为1480个、缺失值为114个。

2. 超五成农户对本村生态环境治理状况总体满意

通过观察农户对本村生态环境治理的总体满意程度情况，如表38所示，在1941个有效样本中，对本村生态环境治理评价为非常满意和比较满意占比分别为11.64%、42.09%，两项合计占比为53.73%，超过五成。评价为一般的占比为41.32%，评价为比较不满和非常不满占比分别为4.53%和0.42%，合计为4.94%，不足一成。由此可知，超五成农户对本村生态环境治理状况总体满意。

表 38　　　　　　　农户对本村生态环境治理的总体满意程度情况

是否满意	占比（%）	样本数（个）
非常满意	11.64	226
比较满意	42.09	817
一般	41.32	802
比较不满意	4.53	88
非常不满意	0.42	8
合计	100	1941

注：有效样本为1941个、缺失值为256个。

3. 中老年农户相比中青年农户对本村生态环境治理状况更满意

在不同年龄的农户对本村生态环境治理的满意度情况中，如表39所示，在1784个有效样本中,30岁以下的农户评价本村生态环境治理情况为非常满意和比较满意的合计占比为49.74%,30~39岁的农户该项占比为41.32%,两个年龄段占比均低于五成。而40~49岁的农户评价为非常满意和比较满意的合计占比为55.67%,50~59岁的农户该项占比为58.26%,60岁及以上的农户该项占比为54.89%,三个年龄占比均高于五成。由此可以看出,中老年农户相比中青年农户对本村生态环境治理状况更满意。

表39　　　　　　不同年龄的农户对本村生态环境治理的满意度情况

年龄	对本村环境治理的满意度（%）					样本数（个）
	非常满意	比较满意	一般	不太满意	很不满意	
30岁以下	6.35	43.39	44.97	5.29	0	38
30~39岁	6.61	34.71	53.72	4.13	0.83	740
40~49岁	9.45	46.22	39.29	4.41	0.63	610
50~59岁	11.86	46.40	35.81	5.51	0.42	245
60岁及以上	16.21	38.68	41.09	3.69	0.33	151

注：有效样本为1784个、缺失值为316个。

4. 对生活的满意度与对环境治理满意度成正相关趋势

考察对生活不同满意度的农户对本村生态环境治理的满意度情况,如表40所示,在1615个有效样本中,对生活持非常满意态度的农户中,对本村环境治理状况非常满意和比较满意的合计占比最高,为64.66%,与之相比,对生活比较满意、一般、不太满意、很不满意的农户该项占比分别为61.55%、47.34%、40.00%、44.44%,整体呈递减趋势,其中对生活非常满意农户占比高于对生活很不满意的20.22%。由此可以看出,对生活的满意度与对环境治理满意度成正相关趋势。

表40　　　对生活不同满意度的农户对本村生态环境治理的满意度

对生活的满意度	对本村环境治理的满意度（%）					样本数（个）
	非常满意	比较满意	一般	不太满意	很不满意	
非常满意	19.83	44.83	30.17	4.31	0.86	116
比较满意	12.60	48.95	33.73	4.33	0.39	762
一般	9.22	38.12	46.99	4.96	0.71	564

续表

对生活的满意度	对本村环境治理的满意度（%）					样本数（个）
	非常满意	比较满意	一般	不太满意	很不满意	
不太满意	8.39	31.61	50.32	9.68	0	155
很不满意	0	44.44	44.44	11.12	0	18

注：有效样本为1615个、缺失值为582个。

5. 生活的压力越大的农户对环境治理满意度越低

通过考察不同生活压力下的农户对本村生态环境治理的满意度情况，如表41所示，在1607个有效样本中，感到生活压力很大的农户中，对本村环境治理状况非常满意和比较满意的占比分别是12.92%和31.58%，合计占比最低为44.50%；相比之下，感到生活压力较大、一般、压力很小、没有压力的农户占比分别为52.72%、55.7%、65.67%、66.13%，整体呈递增趋势，其中压力很大的此项占比比没有压力低21.63个百分点。由此可以看出，生活的压力越大对环境治理满意度越低。

表41　　　　不同生活压力下的农户对本村生态环境治理的满意度

生活压力	对本村环境治理的满意度（%）					样本数（个）
	非常满意	比较满意	一般	不太满意	很不满意	
压力很大	12.92	31.58	47.85	6.70	0.95	209
压力较大	9.69	43.03	41.33	5.61	0.34	588
一般	12.54	43.16	39.74	4.23	0.33	614
压力很小	11.19	54.48	30.60	2.99	0.74	134
没有压力	12.90	53.23	25.81	6.45	1.61	62

注：有效样本为1607个、缺失值为590个。

6. 开展过"美丽乡村"或"生态宜居"建设的村庄农户对环境治理的满意度略高

考察开展"美丽乡村"或"生态宜居"建设与农户对于本村环境治理满意度的关系，如表42所示，在1879个样本中，其中开展过"美丽乡村"或"生态宜居"建设的村庄，农户对村庄环境治理持满意态度的占比为54.42%，而没有开展过"美丽乡村"或"生态宜居"建设的村庄农户此项占比为52.55%，比前者低1.87个百分点。

综上,开展过"美丽乡村"或"生态宜居"建设的村庄农户对环境治理的满意度略高。

表42　开展"美丽乡村"或"生态宜居"建设与农户对村庄环境治理满意度的关系

是否开展	对本村环境治理的满意度（%）					样本数（个）
	非常满意	比较满意	一般	不太满意	很不满意	
是	16.96	37.46	42.76	2.65	0.17	566
否	9.76	42.79	38.58	7.76	1.11	451
不清楚	7.54	45.01	43.15	4.18	0.12	862

注：有效样本为1879个、缺失值为318个。

（二）生态宜居发展前景及制约因素

1. 超七成的农户参加过"美丽乡村"或"生态宜居"建设

通过观察"美丽乡村"或"生态宜居"建设的农户参与情况，如表43所示，可以得出，在546个有效样本中，有402个农户参加过"美丽乡村"或"生态宜居"建设，占比为73.63%；另有144个农户没有参加过"美丽乡村"或"生态宜居"建设，占比仅为26.37%，不足三成，比前者低了47.26个百分点。因此，超七成的农户参加过"美丽乡村"或"生态宜居"建设。

表43　"美丽乡村"或"生态宜居"的农户参与情况

是否参与	占比（%）	样本数（个）
是	73.63	402
否	26.37	144
合计	100	546

注：有效样本为546个、缺失值为25个。

2. 年轻人更倾向于参与"美丽乡村"或"生态宜居"建设

通过分析不同年龄的农户参与"美丽乡村"或"生态宜居"建设的情况，如表44所示，在505个有效样本中，30岁以下的农户参加过"美丽乡村"或"生态宜居"建设的占比最高，为97.83%，比年龄为30~39岁、40~49岁、50~59岁、60岁及以上的该项占比分别高25.42个、29.77个、30.35个、24.82个百分点，总体呈递减趋势。由此可以看出，年轻人更倾向于参与"美丽乡村"或"生态宜居"建设。

表44 不同年龄的农户参与"美丽乡村"或"生态宜居"建设的情况

年龄	是否参与（%） 是	是否参与（%） 否	样本数（个）
30岁以下	97.83	2.17	46
30~39岁	72.41	27.59	29
40~49岁	68.06	31.94	144
50~59岁	67.48	32.52	123
60岁及以上	73.01	26.99	163

注：有效样本为505个、缺失值为66个。

3. 成立自治组织村庄的农户更积极参与"美丽乡村"或"生态宜居"建设

具体考察是否成立自治组织对农户参与"美丽乡村"或"生态宜居"建设的影响，如表45所示，在522个有效样本中，在成立有新的自治组织的情况下，参与过"美丽乡村"或"生态宜居"建设的农户占比为74.15%，超过七成；而没有成立新的自治组织的情况下该项占比为51.55%，低于前者22.6个百分点。由此可以看出，在成立有新的自治组织的情况下，有更多的农户参与过"美丽乡村"或"生态宜居"建设。

表45 不同自治组织建设状况村庄农户参与"美丽乡村"或"生态宜居"建设的情况

是否成立新的自治组织	是否参与（%） 是	是否参与（%） 否	样本数（个）
是	74.15	25.85	236
否	51.55	48.45	97
不清楚	86.77	13.23	189

注：有效样本为522个、缺失值为49个。

4. 开展普法教育使农户倾向于参与"美丽乡村"或"生态宜居"建设

具体分析开展普法教育的村庄农户参与美丽乡村或生态宜居建设的情况，如表46

所示,在527个有效样本中,开展过普法教育的村庄农户参与过"美丽乡村"或"生态宜居"建设的占比为80.17%,与此同时,没有开展过普法教育的该项占比为40.28%,低于前者近40个百分点。由此可见,开展普法教育使农户更倾向于参与"美丽乡村"或"生态宜居"建设。

表46　开展普法教育的村庄农户参与"美丽乡村"或"生态宜居"建设的情况

是否开展 普法教育	是否参与（%）		样本数 （个）
	是	否	
是	80.17	19.83	353
否	40.28	59.72	72
不清楚	72.83	27.17	92

注：有效样本为527个、缺失值为54个。

5. 开展道德宣传教育的村庄农户更积极参与"美丽乡村"或"生态宜居"建设

在开展道德宣传教育的村庄农户参与"美丽乡村"或"生态宜居"建设的情况中,如表47所示,在529个有效样本中,开展过道德宣传教育的村庄农户参与过"美丽乡村"或"生态宜居"建设的占比为73.67%,而没有开展过教育的该项占比为66.67%,比前者低出7%。由此可以看出,开展道德宣传教育使农户更积极参与"美丽乡村"或"生态宜居"建设。

表47　开展道德宣传教育的村庄农户参与"美丽乡村"或"生态宜居"建设的情况

是否开展道德 宣传教育	是否参与（%）		样本数 （个）
	是	否	
是	73.67	26.33	376
否	66.67	33.33	60
不清楚	78.31	21.69	83

注：有效样本为529个、缺失值为52个。

6. 超六成的农户认为"美丽乡村"或"生态宜居"建设的效果好

具体分析农户对"美丽乡村"或"生态宜居"建设的效果评价情况,如表48所示,在553个有效样本中,对"美丽乡村"或"生态宜居"建设的评价为非常好和比较好的占比分别为22.24%和40.51%,合计占比为62.75%,超过六成;而评价效果为不太好、很不好的占比分别为4.16%、0.72%,均不足一成,远低于前者。由此可以看出,超六成的农户认为"美丽乡村"或"生态宜居"建设的效果好。

表48 农户对"美丽乡村"或"生态宜居"建设的效果评价情况

效果	占比（%）	样本数（个）
非常好	22.24	123
比较好	40.51	224
一般	32.37	179
不太好	4.16	23
很不好	0.72	4
合计	100	557

注：有效样本为553个、缺失值为18个。

7. 村民意识弱以及政府投入不足是制约在"美丽乡村"或"生态宜居"建设的主要因素

通过考察开展"美丽乡村"或"生态宜居"建设的制约因素情况,如表49所示,在571个有效样本中,认为"政府重视程度不够,投入资金不足"是制约因素的占比最高,为28.59%;"村民意识弱,参与积极性低"是制约因素的占比紧随其后,为28.38%,两者合计占比为56.97%,接近六成;而"环保治理技术落后,设施匮乏"和"村庄长效管理和维护机制不到位"的占比分别为23.80%、11.64%。由此可以看出,村民意识弱以及政府投入不足是制约在"美丽乡村"或"生态宜居"建设的主要因素。

表49 开展"美丽乡村"或"生态宜居"建设的制约因素情况

制约因素	占比（%）	样本数（个）
村民意识弱,参与积极性低	28.38	173
政府重视程度不够,投入资金不足	28.59	175
环保治理技术落后,设施匮乏	23.80	139

续表

制约因素	占比（%）	样本数（个）
村庄长效管理和维护机制不到位	11.64	112
都很好，不存在制约因素	6.96	67
其他	0.63	6
合计	100	571

注：有效样本为571个，缺失值为0个。

四、让农民成为环境治理的"主力军"

（一）明确农民主体，增强环境治理意识

1. 激活参与意识

开展农村生态治理，通过有效的环保宣传和教育，让农民意识到污染的危害性和环保的重要性，进而才能实现意识转换为行为。

（1）广铺宣传之路，环保消息全推送。一是创新宣传媒介，确保信息传达到位，如通过微信、QQ等手机App媒介，将新出台的政策文件、垃圾处理规范等信息精准传达给村民，方便相关信息的查询，节约村民学习成本；二是活化宣传形式，灵活运用村庄文化广场、礼堂等基础设施，积极开展农民喜闻乐见的活动，如编排与环境保护相关的相声、戏曲、小品等，寓环保道理于活动之中，增强环保知识的宣传效果。

（2）紧接"三治"体系，教育效果全显现。基于本村"三治结合"的治理体系，结合生态保护开展"三治"活动。首先进行法治教育，开展环保法律知识讲座，明确教育村民哪些行为不可为；其次推进德治教育，召开道德评定会，由村民作为主体，针对生活中具体环保、污染行为进行评判，增强村民的荣辱感；最后结合自治教育，将环保作为自治的主题，让村民在村民代表大会、村民议事会等活动的实际参与中，更为直接的接受宣传教育，从而提高村民环保意识。

2. 打造示范样板

树立环保先行人物或家庭，以典型示范为村民提供学习的样板，形成模范带动效

应。一方面，要选准示范个人或者示范小组，选取在环保方面表现优异、整体形象正面、有一定影响力的示范个人、示范小组，增强标杆示范的效果；因此可以优先考虑乡贤能人、村庄干部等人群，利用其本来具备的高影响力，在更大范围、更深的程度上影响农民的行为。另一方面，量身定做示范活动，根据选取出来的示范个人和小组的实际情况，对症下药的开展示范活动，可以围绕示范标杆举行"参观学习""环保讲座""现场宣讲会"等活动，使农民对先进的环保经验更有切身体会，增强农民开展环保行为的意愿。

3. 发挥规约作用

村规民约作为村庄的"微法本"，以其规范力、公信力，结合运用于农村生态建设，"有导有堵"的规范村民日常与环保有关的行为。首先，确保村民认可度，应结合村庄环境实际，广泛征求村民、村民代表、乡贤能人的意见，采取"四议两公开"议事规则，提升村规民约的认可度，制定出全体村民认可并能共同遵循的准则。其次，提高规约完整度，完善村规民约的内容，要将涉及农村环境卫生保护、人居生活环境整治、培育良好生活习惯等相关内容全部纳入村规民约，要经过"模拟推演""实验区"等方式，确保农村环保各要素包含在村规民约中。最后，增强奖惩规范性，充分发挥村规民约作用，设立"红黑榜"及奖惩制度，有奖有罚，规范村民行为，提升村民参与生态环境整治的积极性和主动性，鼓励农民参与农村环境整治规划、建设、运营、管理。

（二）完善参与配套，加强环境治理服务

1. 铺好基础设施"道"

各地区应当制定本地区基础设施建设标准，完善农村地区环境基础设施，并跟随发展步伐更进一步优化设施配置。设施配置的"硬件""软件"要两手抓，首先，在"硬件"上，在有条件的地区，加快排污管网和垃圾清运处理设施建设，抓好乡镇污水处理厂、垃圾中转站、人工湿地等环保基础设施建设；在无法综合配置治污设施地区，扶持村民以地域为单位，自建小型污染处置设施，基本实现环境基础设施全覆盖。其次，在"软件"上，要健全基础设施的维护和更新制度，各村庄要定好设施负责人，制定基础设施的定期巡检制度，给环境设施"建档立卡"，确保设施状态可查、运行持续；同时

要构建环境监测网络,制定生态污染预案,环保部门会同村庄做好定期跟踪监测,针对重点、易发污染事件,要做到"一天一测一汇报",将生态污染制止于初期。

2. 指好服务引导"路"

用活现有基础设施和环保手段,推动先进环保技术的普及,从生活、生产两方面为农民、乡村企业等提供指导。首先,生活性服务指导。一是举行环保治理培训会,对"改厕""垃圾分类处理"等活动进行有针对性的培训;二是入户进行指导,发现实施过程中的难点进行指导,解决饮用水过滤、垃圾处理设施等和实际不匹配的问题,如进行"饮用水设备安装和使用"和"垃圾分类处理"的入户、现场指导,手把手教会村民环保技术。其次,生产性技术指导,着力于农业生产中的生态建设,利用专业技术者和环保企业,组织绿色种植、养殖技术专业培训,以及化肥、农药、农膜减量增效的专业指导,综合推进畜禽粪污资源、秸秆资源全量化综合利用,培育种植、养殖产业的模式生态化;针对工业生产中的生态建设,环保部门着力对企业自身污染处理技术进行指导,会同行业组织对相关企业进行专业帮扶,积极引进环保技术人才,建立人才培养模式,改进工业环保生产技术。

3. 通好资金支持"车"

加大农村生态治理的投入是农村生态建设的保障,其中政府对农村环保经费的足额投入是实现农村环境综合整治的重要支撑。一方面,要确保财政资金投入,完善生态补偿制度。其一是保证资金稳定投入,要建立稳定的农村生态环境治理经费增长机制,完善治污、修复生态等专项资金支出制度,确保农村生态环境治理能够得到适时的足额投入;其二是完善生态补偿制度,根据"谁破坏谁恢复,谁受益谁补偿,谁污染谁付费"的原则,为"退耕还林""退塘还湖"提供补偿资金,探索实行异地开发、跨区域生态补偿,以实物补偿作为资金补偿的补充等多种补偿形式。另一方面,要完善环境治理的融资制度。为解决缺乏多元投资主体参与的问题,政府可以推动创业投资基金、股权投资基金、村庄自有基金的发展,鼓励民间资本融资农村生态环境治理领域,鼓励由村干部、党员、乡贤能人带头成立环保基金,用于村庄环境的治理,呼吁有条件的村民积极参与,并由成立专门的组织负责管理和计划使用环保基金,使村庄环境治理有资金保障。

（三）扩展参与路径，健全环境治理体系

1. 搭建组织平台，推进环保参与专业化

首先，要结合村党组织、村民议事会、村民委员会等村庄自治组织，成立相对应的环境保护组织，将不同群体的人纳入组织体系，并将其不同的利益诉求反馈给政府部门，为农民参与提供组织载体，如成立生态文明委员会等；定期开展生态讨论会，让不同农民群体在利益博弈中参与生态治理，维护其合法权利。其次，细化环保组织的内部结构，设立环境管理岗位、环境教育岗位、环境服务岗位、环境监督岗位等，为农民量身定制志愿服务岗，比如"环保宣传员""环保监督员""环保督导员"等，让农民结合自身的需求，有选择地进行加入环保组织。最后，明确各个岗位职责，进一步增强责任意识，如教育岗位可以通过印刷环保知识小册子的方式进行宣传教育，同时对于破坏环境的村民进行教育，服务岗位可以动员村民成立"义务清扫队"等。

2. 推行单元治理，实现农民参与大众化

一是划分片区，针对有些行政村面积过大、人口过多的现实问题，根据地区实际情况，合理划分片区，由片区内的村民担任其中的负责人，使农民能够先在小范围内树立环保意识。加强片区内公共区域的卫生责任划分，实行卫生责任到户到人，充分调动村内群众参与公共区域垃圾整治的积极性与主动性。二是开展片区评比，根据年度环保行为和环保成效进行评比，以片区为评比单元，营造评比氛围，提高农民参与实效。三是实施片区帮扶，针对片区之间的差异，建立"先进"帮"后进"的模式，利用地缘、业缘、血缘等关系，发动片区之间结成帮扶对，"一对一"进行指导，共同提升环保治理效果。

3. 健全责任机制，促使环保参与制度化

确保农村生态建设的制度化，一方面要落实乡村生态治理的责任机制，通过签署环保治理责任书，落实"首长负责制""河长制""湖长制"等责任制度，将污染治理、环境保护的相关责任落到直接负责人身上；并明确各级政府在生态环境保护中的职责，如建立"治理无能被问询、污染问题被问责、环保事故被停职"等制度，强化问责机制，始终把农村生态治理摆在重要位置。另一方面要建立定期的目标考核制度，根据本

地区所制定的目标规划,按照"季度小评,年度大考"的方式进行考核,将考核结果和绩效评定、资金发放、干部任职等相挂钩,提升地方干部的改进动力。

| 参考文献 |

[1] 中共中央国务院关于全面加强生态环境保护坚决打好污染防治攻坚战的意见 [EB/OL]. http://www.gov.cn/zhengce/2018 - 06/25/content_5300978.htm, 2018 - 06 - 25.

[2] 李文欢,王桂霞. 社会规范对农民环境治理行为的影响研究——以畜禽粪污资源化利用为例 [J]. 干旱区资源与环境, 2019 (7): 10 - 15.

[3] 肖磊. 多元治理语境下的环境权力优化及其制度因应 [J]. 中国矿业大学学报(社会科学学报), 2019 (3): 59 - 69.

[4] 贾亚娟,赵敏娟. 农村生活垃圾分类处理模式与建议 [J]. 资源科学, 2019 (2): 338 - 351.

[5] 刘小鹏,刘自强,王亚娟. 农地生态治理融资渠道的拓宽和投资模式的创新——以宁夏为例 [J]. 农业现代化研究, 2006 (6): 424 - 427.

[6] 吴蓉,施国庆. 农村环境合作治理生成的过程与机理研究——基于 S 村的案例 [J]. 农村经济, 2019 (3): 113 - 121.

技术篇

技术分析报告

湖南文理学院"湖南农村基层治理研究中心"

一、研究背景与研究目标

湖南省一直以来就是农业大省，也是实施乡村振兴战略的重点区域。位于湘西北的常德市是武陵山连片特困地区和洞庭湖区的中心城市，而湖南文理学院又是当地仅有的一所全日制本科院校，是国家授权认定的"产教融合工程应用型本科规划高校"。2017年，湖南文理学院与华中师范大学中国农村研究院就社会调查相关事宜展开合作，2018年1月，湖南文理学院正式成立"湖南调研基地"，并利用每年的寒暑假以及社会实践等活动，组织在校师生深入农村开展不同主题的实地调研，在此基础上形成一系列的研究成果及政策建议，为地方政府制定相关决策提供必要的参考。

二、调查对象与调查内容

本项目的调查对象是湖南省农村15周岁及以上的常住人口。调查采用农户问卷和村庄问卷，按照"15+1"[①]的方式开展调查。考虑到数据的完整性，本书中所使用的数据主要为农户调查数据，其中，农户问卷主要包括基础数据和专题数据两大部分，基础数据中包括：家庭基本情况；农业生产基本情况；农民生活基本情况；家庭的休闲与社会交往情况；补充基础数据。专题数据中包括："能人回乡"状况；乡村振兴中的农民参与；"并村改革"及其影响；农地流转与规模经营；农村生态环境治理；农村养老保障。

---

① "15+1"的模式是指15份农户调查问卷+1份村庄调查问卷。

三、研究样本及其代表性

问卷由湖南文理学院"湖南农村基层治理研究中心"成员和华中师范大学中国农村研究院"湖南调研基地"成员共同编写统一印发。为保证数据的质量及其代表性，项目组对问卷质量进行了严格把控。首先，在全校范围内选拔热衷于实地调研的组织员和调查员，由项目负责人对调查员做集中统一的培训，包括填写规范与访谈技巧，确保准确、统一理解调查内容和调查问卷。其次，问卷发放布点采用分层抽样方法进行设计，湖南省的专题调查涉及湖南省14个地级市的40个县、281个行政村。教育扶贫专题调查数据主要依托华中师范大学政治科学高等研究院/中国农村研究院"百村观察"调研平台2018年暑假对全国31个省份240个村庄3437个农户进行的走访调查。样本具有很好的代表性。再其次，调查员直接访问村/居委会负责人或农户，填写村庄和农户调查问卷，并对所填问卷进行自查，调查组织负责审核，以保证问卷的完整性和基本逻辑关系。最后，回收问卷由湖南文理学院经济与管理学院学生录入汇总，项目负责老师对汇总数据进行最终的清理和筛选。数据清查之后，将调查质量评估结果通报各学院，并对做出重大贡献的调研员颁发奖项。

2018年，以湖南省各地市州的村庄为基本抽样框，以寒暑假调查员归宿地为主要去向，采取分层、多阶段、与人口规模成比例的PPS方法进行抽样，剔除无效和错填问卷后，最终形成2197份有效问卷。

四、研究方案与数据说明

（一）研究方案

本抽样方案采用分层、多阶段、与人口规模成比例的PPS抽样方法。抽样中将各地市州单位提出的代表性村庄视为必选层，省内其余村庄作为一层。具体方案如下：

1. 分层

（1）将湖南省内14个地市州作为子总体。在计算省级指标时，需要根据各子总体的比例进行加权，各层内为自加权样本。

（2）将湖南省内重点建设村庄以及常德市具有代表性的村庄作为必选层，其他村庄作为一层。

（3）为便于统计，在每个层内按调查员所在学院的调查顺序进行编号排序，不再按调查选中的乡镇街道进行内隐分层。

2. 多阶段

第一阶段：按PPS法抽选乡镇街道。

第二阶段：在抽中的乡镇街道内按PPS法抽选村委会。乡镇街道、村居委会的抽选由项目组统一进行。

第三阶段：在抽中的村委会内抽取个人调查对象。

（1）本阶段采用二相抽样方法。由项目组成员与当地村委会共同商议抽选村委会中符合条件的农户数量，统一确定"调查分组数"并随机给出具体的"调查组别"。各地调查人员负责第一相调查，即确定30名"调查组别"内的合格个人对象以及其同住全部家庭成员的简单信息（性别、年龄、受教育程度等）。根据第一相的调查结果，进行第二相抽样，抽取15名合格个人对象。

（2）在村委会内，以个人作为抽样单位。一个家庭内只调查不超过8名15周岁及以上的本地常住人口。

（二）数据说明

本书所进行的定量分析主要以频数分析为主，所涉及的变量共563个。在基础数据中，家庭基本情况涉及变量208个，农业生产基本情况涉及变量110个，农民生活基本情况涉及变量52个，家庭的休闲与社会交往情况涉及变量9个，补充基础数据涉及变量8个。在专题数据中，"能人回乡"状况专题涉及变量30个，乡村振兴中的农民参与专题涉及变量51个，"并村改革"及其影响专题涉及变量22个，农地流转与规模经营专题涉及变量46个，农村生态环境治理专题涉及变量27个。所有数据分析均是通过统计分析软件SPSS 22.0完成的。